AF233469

TAPARELLI D'AZEGLIO

DE LA COMPAGNIE DE JÉSUS

EXAMEN CRITIQUE

DES

GOUVERNEMENTS REPRÉSENTATIFS
DANS LA SOCIÉTÉ MODERNE

Traduit de l'italien
PAR LE P. PICHOT, S. J.

TOME III

APPLICATION DES PRINCIPES

LA NATION MODERNISÉE — LA LÉGISLATURE

LE POUVOIR EXÉCUTIF ; LA PATRIE ; L'ÉTAT

PARIS
P. LETHIELLEUX, LIBRAIRE-ÉDITEUR
10, RUE CASSETTE, 10

EXAMEN CRITIQUE

DES

GOUVERNEMENTS REPRÉSENTATIFS

DANS LA SOCIÉTÉ MODERNE

III

EXAMEN CRITIQUE

DES

GOUVERNEMENTS REPRÉSENTATIFS DANS LA SOCIÉTÉ MODERNE

Traduit de l'italien
PAR LE P. PICHOT, S. J.

TOME III

APPLICATION DES PRINCIPES

LA NATION MODERNISÉE — LA LÉGISLATURE

LE POUVOIR EXÉCUTIF; LA PATRIE; L'ÉTAT

PARIS

P. LETHIELLEUX, LIBRAIRE-ÉDITEUR

10, RUE CASSETTE, 10

PRINCIPES
DES GOUVERNEMENTS MODERNES
APPLICATION

CHAPITRE PREMIER (1)

Introduction et Division

673. — Nous avons exposé, dans la 1re partie de notre examen critique, le principe d'où sort, comme de sa racine, cet esprit que des catholiques plus ou moins dignes de ce nom ont accoutumé d'appeler l'esprit du siècle, l'esprit de la société moderne. A la fin de cette 1re partie, en forme d'épilogue, nous avons résumé la série de nos raisonnements. Nos lecteurs, espérons-le, ont non seulement compris notre pensée, mais

(1) Avec le 3e volume commence le 2e partie de l'Examen critique, ou « l'application pratique des principes théoriques des gouvernements modernes ».

encore partagé notre conviction, au moins dans une certaine mesure. Les catholiques éclairés auront maudit cette hérésie qui change la fraternité en discorde et l'Europe en un champ de bataille... Les mécréants auront exulté de joie en sentant que leur raison émancipée et dégagée de tout frein pouvait, sans rien craindre, se jeter dans toutes les voies de la licence. Mais malgré cette diversité d'opinions tous auront dit, sans aucun doute : « Oui, c'est bien là l'esprit moderne ; il a pour principe caractéristique l'indépendance ; il admet comme des propriétés qui en découlent « le juste milieu, la liberté de la presse, la félicité dans le plaisir, le gouvernement par la multitude, la division des pouvoirs ». Ce sont là, pourrions-nous dire, ses principes théoriques de second ordre : il les tient pour des axiomes qui ne se démontrent pas ; en ce sens que chacun les regarde, par une sorte d'intuition, comme virtuellement contenus dans ce principe premier : « l'indépendance ».

Si cette persuasion n'était point devenue pleinement celle de nos lecteurs, ils nous permettront de le leur dire avec respect, c'est qu'ils auraient peut-être parcouru trop superficiellement notre démonstration. Qu'ils veuillent bien du reste ne pas imputer à orgueil la certitude que nous avons d'être dans la vérité et de l'avoir établie solidement, au moins quant aux points capitaux. Ce n'est point orgueil chez un catholique de croire ses doctrines d'autant plus vraies qu'elles sont plus conformes au principe fondamental du catholicisme et plus contraires à cette indépendance condamnée par l'Eglise. Ajoutez à cette raison évidente un motif qui ne tient

pas à la foi, mais qui n'en est pas moins très palpable :
le silence auquel se sont condamnés tous ceux qui
avaient un intérêt suprême à nous réfuter. Parmi eux,
certains nous maudissent, d'autres nous tournent en
dérision, ceux-ci nous calomnient en falsifiant nos doctrines, en nous déclarant hostiles à tout gouvernement
tempéré, ceux-là nous ont promis des réponses avec
menaces d'une confusion absolue ; la lanterne de Diogène à la main, ils se sont mis en quête d'un apologiste
parmi les champions du régime parlementaire. Mais
en fin de compte tout ce grand travail a rappelé la montagne du fabuliste. Enfin, d'aucuns nous apprennent
qu'un honnète et noble esprit, César Balbo, se serait
chargé de cette besogne et que nous allions voir paraître la réfutation de nos articles parmi ses œuvres pos-
thumes. — Soit ; nous attendons. — Mais il est certain
que jusqu'ici personne n'a réfuté sérieusement notre
démonstration, et nous pouvons à bon droit le répéter :
« Ce que les libéraux appellent l'esprit du siècle est
bien ce que nous avons montré comme un fruit naturel
de l'indépendance hétérodoxe. »

674. — Nous ne ferons certainement pas ce reproche
au XIXᵉ siècle, à la véritable société moderne. Dans
son sein, l'esprit catholique fait éclater chaque jour de
nouvelles splendeurs et reprend de nouvelles forces...
Et c'est pourquoi précisément nous avons entrepris de
combattre, non pas les gouvernements contemporains,
mais les gouvernements à la moderne, argumentant
« ad hominem » et retournant contre eux, dans le sens
où ils le prennent, le mot même de nos adversaires.

Ceux-ci sont, à leur propre avis, les seuls êtres raisonnables ici-bas, les seuls à composer la société... Quiconque ne pense pas comme eux doit être banni du genre humain et du monde nouveau, comme une brute sans [intelligence, comme un déchet moisi des siècles écoulés. Selon nous l'esprit de la société moderne est renfermé tout entier dans les principes que nous avons exposés. Et en les appliquant successivement à la société concrète nous verrons, par leurs effets, que l'expérience confirme notre démonstration.

Mais avant d'aborder ces applications, rappelons brièvement certains articles de journaux où l'on a comparé le principe représentatif avec le principe féodal, et dépeint le premier avec des traits bien différents de ceux que nous avons trouvés dans le principe de la société moderne. On verra par là les moyens de défense de nos adversaires, et l'on se persuadera de plus en plus qu'aucune réfutation de notre doctrine n'a été tentée ni en Italie ni ailleurs.

L'article paru dans «le Constitutionnel de Florence» (13 avril 1851) a pour but de montrer que les gouvernements seront d'autant plus parfaits qu'ils seront plus respectueux du principe représentatif, à l'exclusion pourtant du principe de la féodalité. Il commence par la définition suivante :

« Le principe représentatif suppose une société for-
« mée par le libre consentement de tous ses membres,
« basée sur l'égalité des droits et des devoirs, sur le
« travail et la coopération de tous au bien commun, sur
« l'harmonie des parties, sur l'ordre naturel, et sur les

« intérêts généraux et constants; une société qui ne
« fait violence à personne, ne méprise personne, une
« société qui renferme également en soi et la cause de
« sa conservation et l'élément de son progrès : la cause
« de sa conservation, car la richesse et le savoir inspi-
« rent la justice, l'équité, la prudence; l'élément de
« son progrès, inséparable de l'élément conservateur,
« car elle laisse libre la manifestation de tout ce qui
« peut lui venir en aide, libre dans tous ses membres
« le développement de leurs facultés; parce qu'elle subs-
« titue ainsi des vertus nouvelles aux forces qui dépé-
« rissent et fait sortir la vie de la corruption elle-même.

« Le principe de la féodalité, au contraire, a son ori-
« gine dans la conquête; il admet la violence, la domi-
« nation d'une partie de la société sur l'autre; au droit,
« à la loi il substitue le privilège, à la liberté le mono-
« pole, à l'égalité sociale la division des castes, à l'har-
« monie entre les membres de la société, la lutte, le
« contraste, l'antagonisme; avec lui, point de chances
« pour l'élection des bons; il fraie le chemin à la cor-
« ruption et pousse les Etats au désordre et à la ruine,
« etc..., etc... »

Après cette définition ou mieux cette description pro-
lixe des deux principes, l'auteur cherche à démontrer
que, dans l'histoire, l'égalité a toujours marché en
gagnant du terrain; abolissant d'abord l'esclavage
payen, tempérant ensuite la féodalité barbare au moyen
de la représentation par métiers comme à Florence et,
de nos jours, au moyen de la représentation *censitaire*,
système, dit-on, moins imparfait qu'il semble à plusieurs.

Mais tout n'est pas idéal dans la représentation moderne. Aussi l'auteur voudrait-il qu'on l'organisât avant tout par communes et que, dans chaque commune, l'on se basât sur la loi naturelle qui ordonne tout au bien de la famille. Il espérerait par là donner à la représentation nationale elle-même une harmonie et une stabilité qui, visiblement, lui font trop défaut. Enfin pour la rendre encore plus solide elle devrait être pénétrée de ce principe chrétien : « que le droit ne va jamais sans le devoir ». Incarné dans toutes les institution d'un État, il formerait les usages, les mœurs, il se répandrait jusqu'aux dernières classes de la société, il la préserverait de toute corruption.

675. — Entendues dans un sens pleinement chrétien, c'est-à-dire catholiquement, ces dernières phrases seraient loin de nous déplaire. Elles nous mettraient, l'auteur et moi, pleinement d'accord dans ce que j'ai dit et ce que je dirai par la suite. Car si j'ai trouvé défectueuse la représentation des États modernes, c'est parce que le principe chrétien n'en pénètre ni n'en vivifie les lois et les usages, et nous sommes persuadés que l'absence de ce principe, produite par l'élément hétérodoxe, est la vraie plaie des sociétés et des gouvernements représentatifs modernes.

676. — Cette observation faite, examinons rapidement l'idée qu'on nous a tracée plus haut du principe représentatif et du principe féodal. Si, dans sa longue description, l'auteur s'était simplement proposé de nous donner une définition nominale, afin de nous bien faire voir ce qu'il entend lui-même, il eût été inutile d'exa-

miner ce concept. Nous l'eussions pris tel quel, bien qu'il y ait toujours un inconvénient à changer le sens usuel des mots.

Mais lorsque les mots doivent exprimer des faits historiques et non de simples hypothèses, alors une définition arbitraire n'est point permise : il faut tirer des faits le sens même des mots.

Ceci posé, voyons si les faits sont d'accord avec la description de l'auteur.

« Selon lui, le principe représentatif suppose une société formée par le libre consentement de tous ses membres. »

Or, nous le demandons : « Quelle est la société européenne dont les membres individuels n'ont point passé de l'enfance à l'adolescence, de l'adolescence à la virilité sous un gouvernement qu'ils n'avaient ni choisi, ni librement accepté? »

En Portugal, les partisans de D. Miguel, en Espagne les carlistes, en France les communistes, en Angleterre les soutenants de la Charte, en Piémont les républicains, en Allemagne les unitaristes et nombre d'autres partis ont-ils jamais consenti cette société qu'ils attaquent sans cesse? Si ces partis vivent dans une société sans lui avoir donné leur consentement, si, par conséquent, le consentement de tous leurs membres ne se retrouve pas dans toutes les sociétés représentatives, nous ne comprenons pas comment ce consentement entre dans la définition du principe générateur de ces sociétés !

L'auteur dira-t-il qu'il ne sert de rien aux adversaires de nier leur consentement, qu'ils sont obligés de le donner, que leur réaction contre la société est un crime, etc.? Alors nous lui ferons remarquer que son « principe représentatif » appartient en propre à toute société légitime, quelle que soit sa forme. Bien plus, les autres caractères assignés par lui au régime représentatif entrent réellement dans la notion universelle de toute société. En effet les associés sont obligés d'en admettre l'existence, de respecter tous les droits, d'observer leurs devoirs respectifs, de coopérer avec tous au bien commun; point de société qui ne soit fondée sur l'harmonie de ses parties, sur l'ordre naturel, sur les intérêts généraux et constants; enfin, point de société qui ne doive s'interdire la violence et le mépris à l'égard d'un seul de ses membres. Il est donc bien clair que l'auteur a tracé sous le nom de principe représentatif l'ordre idéal lui-même qui devrait exister dans toute société bien gouvernée; et sous le nom de « principe de la féodalité le désordre réel introduit par l'égoïsme des barbares dans le gouvernement féodal, exaltant ainsi le premier et abaissant le second de ces deux régimes.

Quoi d'étonnant après cela qu'il place dans le premier un élément de conservation et de progrès, tandis que le second mènerait sûrement au désordre et à la ruine? Oui, si l'on identifie le principe représentatif avec l'ordre social, tout dans les gouvernements représentatifs marchera parfaitement; les plus savants et les puissants mettront leur influence à soutenir la justice, l'équité, la prudence. Mais si l'auteur ne commence pas par supposer que le principe représentatif fait de tous les associés des anges, il pourra fort bien arriver que savants et puissants abusent de leur influence dans leur intérêt personnel et au détriment du bien public : c'est ce qui est advenu en Angleterre pour le malheur des Irlandais; en France, sous la monarchie de Juillet, et en Suisse contre les droits des catholiques; dans les Etats-Unis pour l'oppression des noirs, et de même en beaucoup d'autres nations (1). A ces observations, nous pourrions en ajouter d'autres sur le principe de la féodalité, mais surtout sur les reproches dont on le couvre. Ce qu'il y a de sûr en effet c'est que les vices dont on parle s'expliquent très facilement par les conditions encore incultes des hommes du moyen âge et qu'on ne peut y voir une conséquence nécessaire du principe de la féodalité.

677. — Pour démontrer philosophiquement sa proposition l'auteur aurait dû se dégager de ses préjugés contre l'ancien ordre de choses et ne pas supposer à priori toutes les qualités au gouvernement représentatif moderne. Après avoir défini la féodalité et le principe représentatif, il aurait montré ces deux idées se réalisant sous l'influence de la nature humaine, c'est-à-dire de la

(1) Tel est, dit, dans une longue note le P. Taparelli, le défaut de tous ceux qui parlent des institutions sociales d'après un idéal qui les jette dans l'admiration, mais non d'après les effets réels d'une nature corrompue par la faute originelle. — Et il cite en preuve un ouvrage français de 1827 : *Des lois pénales considérées comme moyen de répression*, par Sévestre. Celui-ci donne aussi le gouvernement représentatif comme un principe de vie, de durée et de splendeur nationale... La raison est que le prince ne peut faire le mal...; qu'il a toujours la capacité de réparer les erreurs de ses ministres et qu'il ne peut jamais devenir un chef d'oppression contre ses peuples, etc., etc.! Témoin, dit Taparelli, le roi Louis-Philippe.

raison et des sens ; il aurait ensuite prouvé que, dans la société féodale, les sens l'emportent nécessairement sur la raison, tandis que le contraire doit arriver dans l'ordre représentatif. De cette manière, il s'en serait pris à des réalités au lieu d'affirmer gratuitement une opinion. Du reste la question se serait présentée sous une forme beaucoup moins absolue et notre écrivain n'aurait pas été longtemps sans s'apercevoir que les lois de la justice et de l'équité ont la vertu de rendre supportable toute organisation sociale, pourvu que les individus se laissent diriger à ces influences et les incarnent dans leur conduite. Au contraire, toute forme de gouvernement, fût-elle en elle-même très parfaite, peut désorganiser un peuple dès que ses forces vives se font les tributaires des passions.

678. — Je vais expliquer un peu ma pensée : — Qu'est-ce qu'un principe ?

C'est une proposition première d'où l'on tire logiquement une série de conséquences spéculatives ou pratiques. Principe féodal, principe représentatif... voilà donc deux propositions d'où résultera comme légitime conséquence le gouvernement féodal et le gouvernement représentatif.

Or, nous l'avons dit, quand il s'agit d'un gouvernement humain dont les droits naissent de deux principes, d'un côté la justice éternelle et immuable, de l'autre côté un fait historique soumis à cet ordre éternel, il est nécessaire que la nature concrète de ce gouvernement tienne de deux éléments, la justice universelle et l'application historique de cette justice.

L'élément universel doit remonter jusqu'au principe même de tout gouvernement, c'est-à-dire jusqu'à la raison première de l'association et de l'autorité; car tous les hommes étant appelés à coopérer librement à l'obtention d'une fin commune, celle de leur nature, mais ne pouvant pas, en raison même de leur liberté, unir leurs efforts vers ce but sans la direction d'une volonté ordonnatrice, il s'ensuit que tous doivent se soumettre à ce principe d'unité, c'est-à-dire à l'autorité. Mais cette autorité peut revêtir bien des formes : et dès lors se pose cette question : « Quel est le principe qui lui communiquera soit la forme féodale soit la forme représentative? »

Le gouvernement féodal s'entend du régime qui substitue au pouvoir universel quelques pouvoirs particuliers, mais avec obligation pour ceux-ci de rendre à un souverain certains services, surtout en temps de guerre, moyennant quoi les seigneurs particuliers gouvernaient librement leurs propres terres. Ces pouvoirs subordonnés ont eu pour origine tantôt la donation volontaire d'un prince, tantôt une conquête violente ou une soumission libre. — Principe féodal équivaut donc à une proposition universelle d'où doit résulter, dans l'application au fait historique, cette division du pouvoir suprême. Or, une telle proposition, si l'on y réfléchit, n'est rien autre chose que le principe monarchique appliqué à un gouvernement faible et primitif. « Une doit être la volonté ordonnatrice pour produire l'unité sociale . » Voilà le principe universel d'où sortent toutes les monarchies... Se produisant dans une société cultivée, sous un gouvernement fort, elles réussissent à ordonner, sur un vaste territoire, d'immenses multitudes, grâce à un organisme artificiel qui les concentre, pour ainsi dire, dans une intelligence maîtresse et de là communique aux individus les plus éloignés une même volonté de direction.

Mais la société est-elle inculte et le gouvernement faible, alors le prince ne peut ni embrasser par l'intelligence ni guider par la volonté la masse sociale. Il retient de son autorité suprême ce qui est capital : « la suprématie du pouvoir, quelques attributions dont il est plus jaloux, etc. » ; mais il laisse le reste à des chefs inférieurs. Tels ont été les satrapes en Perse, les grands mandarins en Chine sous la 1re dissolution de l'Empire, tels les petits rois du Japon sous le Cubosama, tels enfin, dit Vico, les héros d'Homère et, selon Schlegel, quelques princes indiens.

Le principe de la féodalité n'est donc rien autre chose en définitive que le principe monarchique lui-même, appliqué à une société plus ou moins inculte par un gouvernement faible. Si vous perfectionnez cette société, les feudataires deviendront des gouverneurs ; si vous l'exagérez, vous la réduirez à une centralisation napoléonienne... Du reste le principe est toujours celui de la monarchie et il ne renferme en lui-même ni injustice ni tyrannie. Voilà pourquoi le catholicisme, qui tend à perfectionner et non pas à détruire, accepte le régime féodal comme un fait historique. — Il cherche en suivant partout dans la société les justes idées du droit, à faire avancer peu à peu ce régime dans la voie du progrès véritable. Et Dieu sait jusqu'à quel point il l'aurait fait monter si la rébellion luthérienne n'était venue enseigner aux princes le despotisme et aux sujets la rébellion (1).

679. — On voit donc clairement que le principe féodal est loin de concorder avec la description qu'on nous en a faite plus haut : « La conquête et la violence ont été un fait, le fait des barbares s'emparant des terres de l'empire romain ; ce n'a pas été un principe de partage et de gouvernement ; la domination d'une partie de la société sur l'autre a été corrigée par l'Église sans détriment pour le principe de la féodalité : l'abus du privilège, le monopole, l'antagonisme et autres défauts semblables, sont dus, sous cette forme de gouvernement comme sous toutes les autres, aux vices des hommes et non au principe lui-même : sans cela en effet il ne serait plus un principe d'ordre. Ce qui est vraiment le principe du gouvernement féodal, c'est l'idée monarchique entre les mains d'un prince encore faible. Les adversaires de la monarchie ont vu dans la féodalité tous les défauts attribués par eux au pouvoir absolu, plus la faiblesse de celui qui est revêtu de l'autorité supérieure. Je n'ai pas à prendre ici la défense de ces différentes sortes de gouvernement : il nous suffit qu'ils soient légitimes en eux-mêmes et puissent être aussi bons que tout autre.

Mais leur donner pour principe la violence, les vexa-

____

(1) A cette objection tacite qu'il y a eu des barons oppresseurs au moyen-âge, Taparelli répond que beaucoup aussi ont été les pères de leurs sujets... Le mal ne vient donc pas du régime féodal, mais des hommes.

tions, les injustices, etc., ne peut être que l'effet d'un préjugé : il est impossible qu'une société éminemment catholique, comme fut celle du moyen-âge, prenne pour principe social une doctrine hautement condamnée par le catholicisme. Ici nous donnons au mot principe son sens philosophique : car, par ailleurs, nous admettons sans peine que la conquête et les violences qui l'accompagnent ont été comme le berceau de la féodalité. Mais ne dites pas que de ces éléments de désordre sort naturellement le régime féodal : ce qui en sort, c'est la matière dans laquelle il s'incarne, la disposant et l'organisant d'après des relations de justice et d'équité qui ont eu pour point de départ le fait de la violence. N'est-ce pas ce que le Code Napoléon et la Charte de Louis XVIII ont prétendu faire au commencement de ce siècle, en mettant l'ordre dans ce chaos des relations sociales, grossi, depuis eux, par la révolution et le délire républicain ?

680. — Et maintenant analysons de la même manière le principe opposé : celui du gouvernement représentatif. Puisque nous avons ici un gouvernement, il faut le faire remonter jusqu'au principe universel d'autorité nécessaire pour unir une société et jusqu'à une volonté ordonnatrice qui en fasse l'application... Or à ce principe universel, d'où sort comme de sa racine tout gouvernement, les constitutionnels ajoutent : « Cette unité de gouvernement n'est pas autre chose que le consentement de la nation ; d'où il suit qu'il lui appartient d'élire ses gouvernants et de régler leur action. »

Ces dernières paroles expriment ou bien un fait historique ou bien une proposition nécessaire et absolue. Dans le 1er cas, elles peuvent énoncer une vérité; car il est clair que si un nombre d'hommes égaux s'associent librement, aucun d'eux n'a le droit d'imposer aux autres sa volonté comme une loi. — De là l'origine de tant de républiques et constitutions du moyen-âge; elles ont progressé peu à peu sous l'influence de l'idée catholique, et produit des gouvernements qui ont subsisté, plusieurs du moins, jusqu'à nos jours. — A Florence, à l'origine, quel droit les Amédée Buondelmonte auraient-ils pu revendiquer sur les Uberti; quel droit avaient l'un sur l'autre les fugitifs des lagunes de Venise?. Dans les Associations fédérales, qui donnerait, par exemple, à un canton helvétique ou bien à un Etat Américain le droit d'imposer aux autres une loi? Dans ces cas vous aviez antérieurement une égalité de fait ; elle a produit le droit de représentation... Et l'axiome universel : « l'égal ne fait pas la loi à son égal » est précisément le principe prochain universel des gouvernements représentatifs.

Supposez maintenant qu'à ce principe très vrai se joigne un fait faux; il est évident qu'il en sortira une conséquence fausse et pernicieuse. Or c'est là, selon nous, avant toute autre, la source qui a vicié les gouvernements modernes : ils ont d'abord établi, comme un fait réel, ce mensonge historique de l'égalité et de l'indépendance naturelle de tous les individus dans l'humanité... Nous verrons par la suite les funestes effets de ce mensonge.

Pour le moment, retenons ceci : « que le principe

représentatif se trouverait dans l'égalité réelle et historique des individus associés et dans l'impossibilité de les admettre tous au gouvernement d'après cette vérité de sens commun : « L'égal ne peut donner de loi à son égal. » C'est en substance une application du principe républicain de même que la féodalité est une application du principe monarchique. — Mais les principes dans leur union avec notre nature terrestre peuvent facilement dégénérer; et rien d'étonnant si les deux que nous comparons ici produisent de funestes conséquences sous l'influence de la corruption humaine. Comme au contraire, si l'influence de la Rédemption vient à répandre, dans une société, ses divins ferments elle l'amènera vite à recevoir et les principes et les conséquences de l'ordre surnaturel, de l'éternelle justice; elle la dégagera de ses éléments vicieux, et en incarnant les principes éternels dans des faits véritables, elle rétablira sur ses bases légitimes la société régénérée.

681. — Voilà comment et pourquoi le Christianisme accepte toutes les formes de gouvernement, sans prendre parti pour aucune. Dominant les volontés et les intelligences, il fait pénétrer par elles le principe de l'ordre dans les régimes les plus arbitraires.

Aussi est-il injuste de confondre comme font certains le principe chrétien avec le principe représentatif : l'égalité fraternelle prêchée par le Rédempteur n'est point celle des démagogues. Elle en est, pourrait-on dire, tout le contraire puisqu'elle découle d'une vérité contraire.

L'égalité et la fraternité des républicains anarchistes a pour racine l'indépendance, suppose la cupidité sans frein des jouissances matérielles, accorde à chacun le droit de se les procurer ; puis avec une simplicité qui serait étonnante, si elle n'était hypocrite, elle exhorte tous les hommes à ne pas vouloir l'emporter sur les autres. A l'opposé, le principe chrétien repose sur l'obéissance due au Créateur ; il suppose la vanité de tous les plaisirs matériels ; il nous exhorte, en conséquence, à nous en priver par amour de nos frères, et il nous montre une égalité spirituelle où l'homme le plus pauvre et le plus méprisé peut l'emporter sur les riches et sur les grands de ce monde.

Or, je vous le demande, quoi de plus contraire que ces deux enseignements ? Le premier dit au peuple : « Vous êtes tous égaux ; et tous vous avez droit à jouir comme les riches ; faites donc tout pour leur ressembler. »

Le second au contraire : « Vous avez tous été créés également par Dieu pour une vie meilleure ; donc tous les biens de ce monde sont pour vous sans valeur : et plus vous vous en servirez pour secourir le prochain, plus vous serez sage et heureux. »

Sans doute ces deux doctrines admettent une égalité universelle. Mais la première en tire le droit du pauvre à dépouiller le riche ; la seconde le devoir pour le riche de secourir le pauvre. Celle-ci porte le riche à donner spontanément et volontiers ; elle encourage le pauvre à la patience, s'il n'est pas secouru. Celle-là au contraire soutient les prétentions et les violences du pauvre, voulant, par la terreur, forcer le riche à lui venir en aide. — Calculez les effets pratiques de deux doctrines si opposées et vous verrez l'abîme infranchissable qui sépare l'égalité chrétienne du communisme anarchique.

La différence ne nous paraîtra pas moins grande, si nous considérons, dans les deux enseignements, ce respect du droit dont les publicistes à la moderne nous parlent si souvent. Autre chose est en effet de respecter toute sorte de droit, et autre chose de rendre les hommes égaux en droits. Le respect de toute sorte de droit fait partie du principe chrétien ; c'est un élément de conservation pour la société, puisque la société est essentiellement une multitude d'hommes unis par le droit. — A l'opposé, le niveau passé sur toutes les têtes afin de les rendre égales en droit renferme essentiellement une injustice : cela suppose qu'il faudrait dépouiller d'une partie de leurs droits ceux qui en possèdent plus, pour enrichir ceux qui en ont moins ; communisme plus ou moins prononcé, violation flagrante du 7e commandement !

Les partisans des Etats à la moderne nous répètent sans cesse que notre doctrine catholique ou, comme ils disent, réactionnaire n'est propre qu'à préparer de nouvelles révolutions. Car au lieu d'inviter la foule au banquet fraternel de ces biens auxquels la nature convoque, nous proclamons inviolables les droits du riche et ne voulons pas reconnaître ceux du pauvre à dépouiller les opulents : « Oui, disent-ils ; vous condamnez le pauvre à pâtir, et vous autorisez le riche égoïste et sans cœur à se gaudir dans son abondance. Et puis vous prétendrez que le pauvre instruit désormais de tous ses droits se résignera à cette condition d'ilote ? »

Ces déclamations manquent leur but : « Nous voulons les pauvres assistés et nous le voulons autant et peut-être plus que nos censeurs. Mais nous catholiques nous ne voulons pas cet ordre à la façon des communistes. Louis Blanc, Proudhon disent au peuple : « Fais-toi riche en dépouillant autrui : » nous disons au riche : « Secourez le pauvre en lui donnant de vos biens pro-pres. » — Laquelle de ces deux méthodes est la plus révolutionnaire ? Laquelle la plus efficace ? Les incré-dules sont à plaindre si, par de semblables proclama-tions, ils espèrent toucher les oreilles des riches... Tous leurs moyens se réduisent à des loteries qui excitent la cupidité, à des bals philanthropiques qui arrachent une mince obole au divertissement de l'épicurien.

Le catholique prêche l'aumône au riche et la patience au pauvre ; mais il sait de vieille date et par expérience combien forte est la grâce et combien riche la charité. Grâce et charité ! telle est l'âme du principe chrétien et c'est par ces deux puissances divines qu'il est également capable de modérer et les ambitions des monarques sous un régime monarchique et les délires des anarchistes sous un gouvernement représentatif. C'est aussi par elles que ces deux sortes de gouvernements pourraient se sanctifier dans le Christianisme, et, en s'élevant à une vraie et haute perfection, rendre les peuples réelle-ment heureux.

682. — Mais ce qui répugne essentiellement à toute sanctification, c'est le principe de l'indépendance absolue de la raison : car, nous l'avons dit ailleurs, il vicie et rend intolérable toute sorte de gouvernement, aussitôt que le prince ou les chefs ne connaissent plus aucun frein; avec ce principe, les monarques deviennent des despotes dont les passions sont des vertus, et, c'est, dans les polyarchies, la guerre interminable des partis, le malheur et souvent la ruine des nations. Tel est le principe non des gouvernements représentatifs en tant que représentatifs, mais de tout gouvernement constitué à la moderne et au sens des hétérodoxes. C'est de ce principe uniquement que nous parlons dans notre examen critique. Nous l'avons dit plusieurs fois : ce qui ne nous a pas tout à fait garantis contre certaines accusations d'hommes honnêtes, bien intentionnés sans doute, mais qui ne sont point familiers avec ce genre de discussion. — Cette déclaration réitérée aujourd'hui, je l'espère du moins, préservera nos lecteurs de toute confusion nouvelle.

683. — Entrons maintenant en matière et considérons quels effets devra produire le principe hétérodoxe, d'abord dans le sujet même du Gouvernement, la nation; puis dans les autres pouvoirs qui la gouvernent elle-même. L'organisme des institutions représentatives à la moderne, on le sait, est ainsi composé : le monarque ou « président », les ministres, le parlement avec ses deux chambres, haute et basse. Nous étudierons d'abord les influences du principe moderne sur le pouvoir législatif... Nous passerons ensuite au pouvoir

exécutif, que nous considérerons dans ses quatre parties : Gouvernement, Administration, Magistrature, Armée. — Nous répondrons aux difficultés qui se présenteront. Et nous conclurons.

CHAPITRE II

La Nation modernisée

§ I

ÉCLAIRCISSEMENTS SUR LA PROPOSITION

684. — Je n'ai ni l'intention ni le devoir de raisonner d'une manière générale et en politique des gouvernements représentatifs. Je veux simplement faire ressortir, comme publiciste catholique, les vices funestes introduits par la réforme dans des régimes qui, à d'autres époques, ont été sages et heureux. — Je montrerai, dans ce chapitre, le mal que l'esprit hétérodoxe fait à la représentation nationale, en corrompant la nation même qu'il s'agit de représenter. Je réserverai pour les chapitres suivants la considération des vices inhérents aux fonctions des députés.

L'altération de l'unité nationale peut s'entendre soit de l'abolition de l'ancien organisme social, soit de la reconstruction du nouveau. — Nous traiterons de l'une et l'autre dans les deux parties du présent article.

685. — Mais avant d'entrer en matière, je voudrais prévenir une difficulté dont la solution éclairera notre marche.

Pourquoi, diront certains lecteurs, parler encore de la représentation des intérêts, après avoir montré si clairement (1) qu'il n'appartient pas aux intérêts de donner des lois à la société ?

Cette objection, si on la formulait, me ferait croire que mon explication a manqué de clarté ; et qu'on en a tiré des conséquences exagérées. Or, l'exagération est mauvaise, même dans le bien, lorsqu'on le mutile d'un côté pour le faire prédominer de l'autre. C'est ce qui arriverait, si l'on changeait cette proposition : « Ce n'est pas à l'intérêt de faire des lois » dans celle-ci : « La loi n'a pas à s'occuper des intérêts. » Ces deux propositions en effet sont très différentes ; comme on peut s'en convaincre, en les comparant aux deux suivantes qui sont d'ordre privé : « L'appétit n'est pas la loi de l'honnête ; et « la loi de l'honnête ne tient aucun compte de l'appétit ». Qui ne voit en effet la fausseté de la seconde proposition. Il est bien vrai que l'honnête ne reçoit pas la loi des appétits ; mais il est vrai aussi qu'il doit les coordonner à la fin de la nature humaine, par conséquent, en tenir un compte exact et en proportionner le jeu à la sublimité de cette fin. Les appétits sont donc la matière gouvernée par les lois de l'honnêteté individuelle, comme les intérêts sont la matière des lois sociales. D'où il suit que ne tenir aucun compte de ces intérêts

(1) Première partie de l'Examen critique.

constituerait un stoïcisme social de même que le mépris des appétits et des passions constituait autrefois le stoïcisme individuel.

Tout sage publiciste doit donc faire entrer dans ses calculs les intérêts, et montrer au législateur comment ils seront justement représentés, afin que celui-ci en établisse les droits, dans le code, avec une pleine équité. De même que l'on doit montrer en toute vérité à un juge, les intérêts des parties, afin qu'il soit en mesure de porter une sentence équitable. Sans doute jamais un juge digne de ce nom ne fera prévaloir l'intérêt de dix personnes sur l'intérêt d'une seule, si celle-ci a raison, puisque la sentence est un acte de raison. Pourtant le juge ne doit pas ignorer l'intérêt de ces dix personnes, s'il veut prononcer en connaissance de cause.

686. — L'idée protestante a donc faussé le principe ou le critérium du droit en substituant l'utile à l'honnête. Que si elle vicie encore la représentation de l'intérêt pris par elle comme la règle suprême de l'ordre social, son crime sera double. Elle aura ravi à la société non seulement l'équité morale des lois, mais encore, si l'on peut parler ainsi, leur équité matérielle. Or, c'est là précisément ce que j'affirme et ce que je veux expliquer maintenant en rappelant une preuve que j'ai déjà donnée de cette vérité.

687. — Nous avons montré que la loi de la pluralité se réduit en substance à la loi de la force. Et la force, chacun le sait, peut très facilement, ou se conquérir par un coup de main heureux ou s'acheter avec de l'or. Nous l'avons vu jadis au 18 Brumaire, nous le voyons

tous les jours dans le commerce des électeurs et des députés. Or représenter les intérêts est tout autre chose qu'obéir à la prépotence de la force. Donc cela suffirait déjà pour démontrer que la société hétérodoxe ne peut pas être la représentation des intérêts, puisque cette représentation peut si facilement céder à la menace ou à la corruption vénale.

Mais ces démonstrations générales laissent toujours un je ne sais quoi de vague et d'ondoyant dans l'application, un trouble et une confusion dans les esprits peu spéculatifs. D'où il suit ou bien qu'ils restent indifférents à ces vérités, ou bien que, n'en étant pas profondément convaincus, ils s'en servent mal dans la pratique.

688. — Entrons donc plus avant dans cette pratique et laissons le terrain libre à l'Idée réformatrice pour faire manœuvrer comme des marionnettes la représentation des intérêts au sens de la société modernisée. Pour bien les représenter, elle devra : 1° les chercher avec soin et bien les connaître ; 2° organiser un corps législatif apte à les défendre par des lois ; 3° avoir un pouvoir exécutif mû par ces lois elles-mêmes :

Quelles sont les industries modernes dirigées à ce triple but sous l'influence de l'idée protestante ?

Commençons par le premier point.

L'idée hétérodoxe devrait connaître les vrais intérêts de la société, et, pour cela, connaître aussi la vraie société, c'est-à-dire celle que la nature a faite, non celle qu'elle-même a travestie et torturée afin de l'adapter à ses théories. Autrement, elle nommera intérêt de la société ce qui en est la ruine et croira en posséder la représentation fidèle, quand elle n'aura sous les yeux que des avortons et des monstres.

Or voilà ce que j'affirme et prétends démontrer dans ce chapitre, à savoir que, le principe une fois admis, il est impossible que la société soit connue dans son organisme et représentée dans ses véritables intérêts; impossible qu'elle se connaisse elle-même dans la vraie unité de son esprit, ni se défende par des lois convenables.

Si je réussis à faire cette démonstration, vous verrez du même coup que les gouvernements représentatifs, en se laissant pénétrer par les théories protestantes, deviennent un mensonge, une contradiction dans leur être, et qu'en joignant l'action à la théorie ils ne peuvent que produire la ruine de la société livrée à leur despotisme. Pour faire cette preuve je n'ai qu'à laisser l'Idée hétérodoxe évoluer librement dans le champ qu'elle s'est ouvert, celui de l'indépendance naturelle et inaliénable de l'homme divinisé.

§ II

ABOLITION DE L'ORGANISME NATUREL

SOMMAIRE. — 689. Le principe utilitaire. — 690. Dissolution qu'il produit. — 691. Manie de la politique. — 692. Propagation de ce dissolvant. — 693. Confirmée par les faits. — 694. Et cela malgré le péril et le dommage. — 695. Folie de ceux qui ne prévoient pas ces effets. — 696. Horreur des hétérodoxes pour l'association catholique. — 697. Au mépris des lois. — 698. Horreur pour tout lien de droit. — 699. Le principe utilitaire dissout la famille. — 700. Et jusqu'à l'individu lui-même (suicide).

689. — La voilà donc cette Idée qui chemine comme un émissaire de la Réforme et s'en va redisant à tous sa bonne nouvelle : « Vous êtes indépendants. » La bonne nouvelle entre dans les cerveaux, dans les cœurs où un intérêt privé se débat contre les morsures d'un intérêt plus fort. Et de suite le premier s'attaque au second, dans l'espoir de se dégager, mais en égrenant la Société, comme dit Beccaria, et en détachant les unes des autres ses molécules primitives rendues indépendantes des attractions et des affinités sociales.

690. — Afin que vous compreniez bien l'effet réel et pratique que cet égrènement pourra produire au point de vue de la représentation des intérêts, rappelez-vous ce que nous avons dit ailleurs (ch. IV) de l'organisme naturel de la société. Nous l'avons vu, cet organisme qui comprend la famille, la commune, la province, l'Etat, etc., est toute autre chose qu'une addition ou agglomération d'individus, puisque chacun de ces organes doit avoir sa fin propre et par conséquent une vitalité et une autorité spéciales, avec une composition et une forme particulières. D'où il suit, vous le voyez, que chacun de ces organes sociaux a aussi son intérêt propre, et que cet intérêt, tout en profitant aux fibres ou molécules participant à sa vie et à sa noblesse, est pourtant distinct de l'intérêt privé de chacune des molécules, c'est-à-dire de chacun des individus.

Prenons des exemples : l'armée est une partie de la société ; elle a des intérêts différents de ceux de la magistrature, et celle-ci des intérêts autres que ceux des corps enseignants. De plus, l'intérêt de l'armée, de la magistrature, des Universités est différent de l'intérêt des individus, considérés séparément, bien que les individus, les corps enseignants, la magistrature, l'armée doivent subordonner leurs opérations respectives au bien de la société tout entière, but de leur activité sociale. Ainsi dans le corps humain, l'intérêt de l'œil, qui consiste dans la pureté de la vue, profite à chacune de ces fibres en rendant cet organe très précieux pour l'homme tout entier (1). Mais cet intérêt est distinct de l'intérêt des fibres elles-mêmes qui reviendraient à leurs premiers éléments et se dégageraient de leur orbite, s'ils n'y étaient maintenus par le principe vital. Enfin l'intérêt de l'œil consiste encore en ce que ses molécules sont immédiatement reliées à la tête et à l'homme tout entier, mais cela sous deux conditions nécessaires : la première que la vie du tout se communique à chacune de ses fibres; la seconde, que toutes et chacune coopèrent par leur activité au bien du tout. Qu'une de ces deux conditions ne soit pas remplie, tout sera en souffrance, la fibre, l'œil, la tête, l'homme tout entier. Or c'est précisément ainsi que, dans la société, l'individu acquiert de l'importance par son union avec sa famille et avec toute sa parenté, que la famille et la parenté par leur action dans la commune acquièrent de l'importance jusque dans la province, et par la province une certaine influence sur la marche de l'État tout entier. A son tour et grâce à l'union bien proportionnée de toutes ces influences, l'Etat obtient et garde cette unité de jugements, de goûts, d'affections, d'opérations qui constituent la

(1) Nam quid carius est oculis (Catull.).

santé du corps social. Enfin de tout le corps, cette santé reflue à chaque individu, et lui communique ce calme, cette aisance, ce contentement qui sont les propriétés mêmes de la paix dans l'ordre. Voilà pourquoi, si l'individualisme de la Réforme tend à détruire, dans ses parlements et dans la société, cet intérêt qui affecte tout le corps des associations inférieures, il doit amener du même coup une très mauvaise représentation des intérêts de la société, au lieu de la paix, produire la discorde, au lieu de l'unité, la dissolution. La nature crée ces associations inférieures en vue de l'individu, avant toute délibération de sa part, avant même qu'il soit capable d'en avoir connaissance. Par là, le petit enfant, sur le sein de sa mère, exerce déjà une influence dans l'ensemble de la société. Il l'exerce précisément en vertu de cette dépendance qui le lie à la famille chargée de prévoir et de défendre ses futurs intérêts; et cette dépendance par sa famille et avec elle le lie à la commune, puis par celle-ci à la province et par la province à l'Etat. Vient la furie de la réforme : que fait-elle? Elle affranchit cet enfant. Mais, en l'affranchissant, elle l'isole, et cet isolement d'un individu seul parmi les milliers d'antagonistes disposés à l'opprimer et le faire périr jette la Réforme et les Réformés dans l'épouvante.

Les voilà qui cherchent le moyen de dissiper leur crainte et de parer au danger... Que font-ils? Ils avaient proclamé que l'homme devait se regarder comme indépendant de la société; ils ajoutent maintenant : Mais il est libre de s'associer par intérêt. « Ainsi l'indépendance abolit l'unité naturelle de toute la société : elle abolit avec elle toute idée de ce bien commun naturel qui n'a pas d'autre source que la dépendance constitutive des parties entre elles... Voilà pourquoi, dans une pareille société, le bien commun repose sur l'opinion de la majorité, c'est-à-dire sur l'arbitraire. Nous le verrons en son lieu.

691. — Autre observation beaucoup plus importante et très pratique sur l'esprit que la destruction de son organisme naturel provoque et développe dans la société. Cette destruction, nous l'avons dit, ravit à chacune des associations inférieures l'influence qu'elle devrait légitimement exercer, selon sa nature, sur l'association supérieure qui la suit immédiatement. Cet esprit, fruit d'un brisement antinaturel, devient, chez la plupart, la manie du pouvoir politique. Ils veulent ainsi protéger par eux-mêmes leurs droits civils.

Expliquons un peu cette idée en l'appliquant à ce qu'on pourrait appeler le premier échelon des pouvoirs publics, à la commune, au bourg, au municipe...

La destruction des pouvoirs qui appartiennent naturellement à la commune produit et doit produire toujours la manie dont nous parlons, celle des pouvoirs politiques.

Que faut-il, en effet pour cela? Rien autre chose que cette ardeur de caractère qui pousse un grand nombre d'hommes à agir et qui a besoin pour se dépenser d'un objet présent. Cet objet, ces hommes le trouvaient dans la commune et d'autant mieux fait pour satisfaire leur légitime ambition qu'il était mieux proportionné à leurs connaissances, plus conforme à de justes désirs, plus favorable à leurs intérêts. Les affaires de la commune en effet ne sont pour eux que l'ordre et l'équité dans les relations de famille à famille : et par là même que chaque père de famille est capable de connaître les intérêts de sa maison, il peut aussi juger sainement de ses relations sociales avec les familles de son voisinage. Par conséquent, le désir d'avoir une influence sur la législation positive qui précisera les relations naturelles, mais encore indéterminées entre les familles, ce désir, disons-nous, n'a rien de désordonné; c'est un devoir qui incombe au père. Quant aux intérêts de la famille, il y pourvoit en maintenant l'ordre dans les relations communales. Tout dans cette sphère de la commune le porte donc à agir, son ambition légitime, la proportion de l'œuvre avec ses forces, la certitude de ses droits, le vif sentiment de ses intérêts et la joie d'un devoir accompli.

Eh bien! enlevez maintenant à ces chefs de maison, pour les confier à un gouvernement central, tous les intérêts de la commune, que devra-t-il arriver? Chaque blessure faite aux intérêts privés frappera tous les cœurs. Et de même que, dans le corps, l'œil et la main se portent immédiatement au membre lésé, de même chaque individu de la commune s'empressera, dès que le droit sera violé, d'en rechercher la cause et d'en demander la réparation. Mais la réparation dépendant de l'autorité centrale, voilà chacun des habitants de la commune placé dans la nécessité d'examiner si l'autorité centrale accomplit son devoir... Par ailleurs, il arrive souvent, pour ne pas dire d'ordinaire, que l'habitant de la commune en connaît beaucoup mieux les intérêts que le ministre de l'intérieur. Les plaintes de celui-là seront donc raisonnables autant que seront déraisonnables les ordonnances ou décrets du ministre... Et voilà par suite l'esprit de mécontentement qui naît dans toute une population, appuyé sur un droit au moins apparent. — Encore est-ce le moindre mal. Aux yeux du chef de famille, les souffrances de la commune viennent de l'action du gouvernement central et ne peuvent être guéries que par lui. Cette conviction entre dans les esprits; les porte à chercher, à désirer, et finalement à tenter des changements politiques, sans lesquels il ne leur semble pas possible de ramener à un bon état les affaires de la commune. Ils vont plus loin : Pourquoi ne prétendraient-ils pas pour eux-mêmes aux pouvoirs politiques? Ils y ont droit, pensent-ils, puisqu'ils en sentent la nécessité. — Hélas! cette nécessité n'est point dans la nature. C'est un fruit du désordre introduit dans la société par des institutions positives. Aussi ne demandez pas à la nature qu'elle fournisse aux hommes les connaissances qui sont d'ordre politique comme elle leur fournit celles qui sont nécessaires à l'ordre municipal... Elle ne s'en charge point. D'où il suit que les remèdes politiques apportés à leurs propres maux par de pareils médecins ne font que les accroître. Et ce talent qui, dans un cercle plus restreint, aurait sagement procuré le bien de la commune, s'égare misérablement et conduit tout à la ruine, quand il se lance dans une sphère qui n'est pas la sienne et tranche des questions politiques qu'il ne connaît pas.

On ne viole jamais impunément l'ordre naturel. Ici l'on a soumis la naturelle constitution de la commune aux influences de cette idée : « L'indépendance inaliénable de l'homme. » L'on recueille ce que l'on a semé.

Concluez de là que si l'on accordait aux individus leur légitime influence dans les affaires communales, et si l'on restreignait l'action du gouvernement central au soin d'unir et de coordonner l'action des communes au bien de toute la province et par la province au bien de l'État, non seulement ce serait un acte de justice administrative, mais ce serait encore un remède efficace contre la manie du pouvoir politique. Le peuple en effet s'en inquiéterait peu, s'il ne le croyait nécessaire pour la défense de ses intérêts domestiques.

Ce que nous avons dit de la commune, dites-le, dans les proportions voulues, des corps de religieux, d'artisans, d'hommes de science, de lettres, et de toute autre profession. Jadis ils étaient, pour la paix de la société, sous la direction maternelle de l'Église. Elle les empêchait d'abuser de la force que donnent naturellement l'union et un bon organisme. Ils ont été détruits par l'esprit novateur... Et celui-ci leur a substitué la libre association des ouvriers et des autres clubistes désormais affranchis de tout lien moral et de toute surveillance publique... Comment et au profit de qui? Les barricades de Paris et de Vienne l'ont montré clairement (1).

Veut-on déraciner dans le cœur des individus le mécontentement et la manie de la politique? Qu'on

____

(1) En 1818... et bien souvent depuis.

étudie avec attention l'organisme naturel de la commune et la légitime influence qui, dans cette sphère, appartient au chef de famille. Le législateur qui saura donner à cette influence la liberté nécessaire à la sécurité de la famille, sans lui faire perdre les avantages de son union avec l'État et sans la rendre indépendante du bien commun, celui-là pourra se vanter d'avoir préservé sa nation de l'incendie révolutionnaire et d'avoir rétabli l'ordre et la paix dans les rangs de la hiérarchie sociale.

692. — Observez ensuite que cette paix et ce bien commun sont aussi le bien de chaque citoyen, comme le bien de chacune des fibres est la santé de tout le corps. Mais il arrive par rapport à ce bien de la société ce qui arrive à la santé du corps. La santé du corps est un bien inestimable. On le comprend surtout quand on l'a perdue... Cependant les parties organiques la sentent moins qu'elles ne sentent chacune le contact des agents externes adaptés à leur fonction propre. D'où il arrive que des personnes esclaves de la matière et des sens sacrifient parfois stupidement, dans l'effervescence d'une passion, le trésor de leur santé à la frénésie d'un organisme emporté, et cela par soif de la jouissance.

Or c'est là ce qu'un moment de paroxysme peut produire dans tout un corps social. — En effet, quand la société est viciée par le principe hétérodoxe, il est non seulement possible mais il est nécessaire qu'elle soit en proie à une sorte de fièvre continue: car le funeste mot de « liberté » laisse à la sensibilité individuelle toute sa puissance d'action, tandis que le bien commun dont

la perte est si amère réveille à peine le sentiment et la
sollicitude de ceux qui le possèdent : le bien commun,
ainsi que toutes les idées universelles est l'objet de la
raison, le bien privé est l'objet de l'appétit sensible.
Aussi l'idée réformatrice n'a pas plus tôt fait retentir la
trompette de sa prétendue résurrection qu'immédiatement s'agitent et se redressent, dans le squelette de la
société catholique, comme des molécules sous une loi
d'affinité, tous les intérêts privés des différentes parties
de son organisme. La province se rappelle ses droits
souverains, les privilèges de ses fueros ou de coutumes dont elle jouissait jadis au détriment de l'union ;
la commune sa souveraineté d'autrefois, ses tours cré-
nelées, ses canons et ses chars de guerre. Et quelle
félicité si nous pouvions revenir à ces temps avec une
magistrature résidant dans nos murailles, sans envoyer
nos conscrits à une frontière lointaine, et sans verser
nos deniers publics dans un autre trésor que le nôtre?
Oui. Vivent les communes !—Bien ! Mais la commune
ne subsiste que par les sacrifices de la famille. Et ces
sacrifices sont toujours mal répartis sous le régime de
l'intérêt, ils pèsent surtout sur les pauvres. Et bientôt le prolétaire indépendant fait retentir la place
publique de ce cri : « A bas la bourgeoisie, » c'est-à-dire
à bas l'autorité municipale. Après cette démonstration tapageuse et la voix encore enrouée, notre prolétaire revient, il est vrai, au foyer domestique, et là se
retrouve en face d'un père sévère et indigné. Car lui
n'a point oublié ce que c'est que le bien commun, ni
que le bien de sa famille y est rattaché. L'accueil aus-

tère du vieillard pique au cœur le braillard politique. Il appelle le jour où il lui sera donné de briser le joug paternel !... Le voici ce jour ! Déjà l'on entend le roulement des tambours convoquant les électeurs. A qui croyez-vous que ce fils impatient et réfractaire donnera sa voix ? Il la donnera à celui qui lui promettra de défendre les indisciplinés et de combattre l'autorité municipale des bourgeois, les bourgeois à qui leur promettra de les affranchir de l'intendant, les provinciaux à qui s'offrira de leur rendre les privilèges et les franchises de leur province, bref chacun votera pour celui qui s'engagera à soutenir non pas le bien chancelant de la société, mais l'intérêt privé des individus.

Ce ferment de dissolution n'attaquera-t-il qu'un seul des organes sociaux ? N'y comptez pas... Les provinces une fois séparées de l'État, les communes tenteront de se soustraire à la province ; et bientôt dans les communes affranchies se déclareront les querelles entre les familles. On ira, comme il est arrivé dans la Sicile en 1848, jusqu'à renouveler ces brigandages et ces luttes sanglantes de factions qui, plusieurs fois dans le cours des siècles, ont porté la ruine dans les familles et dans les villes de l'Italie... La brûlante fièvre sociale fera donc descendre jusqu'aux dernières classes, jusqu'aux derniers degrés de l'individualisme le grand mouvement de l'intérêt privé. Elle laissera sans défense les intérêts majeurs de toutes ces associations subordonnées qui constituent la hiérarchie sociale ; elle réduira chaque individu à son impuissance personnelle, et le rendra également incapable et d'entreprendre de grandes affaires et de soutenir de grandes attaques.

693. — Que ce soit là vraiment l'effet de l'indépendance protestante, rien de plus sûr. Il serait superflu de le démontrer par l'histoire aux Italiens. Ils ont trop présente à la mémoire cette fièvre municipale qui sévit dans toute la péninsule, aussitôt que fut proclamé le droit d'indépendance. Et cela malgré l'avis des sages, malgré l'évidence du péril qu'il y avait à courir en masse et sans préparation à la frontière pour affranchir l'Italie... Comment les promoteurs de ce mouvement ont-ils été assez aveugles pour ne pas voir, ou assez pervers pour ne pas admettre pratiquement la nécessité de l'union, au moins provisoire, de tous les efforts, et le respect de tous les droits existants... puisqu'en mettre un seul en doute, c'était enlever à l'œuvre commune une classe entière de citoyens et indisposer toutes les autres.

694. — Mais allez donc faire entendre un sage conseil à un malade en délire. L'Italie avait débuté, dans sa revendication, par violer ouvertement un droit international reconnu depuis plus de 20 ans, et que la possession rendait chaque jour plus solide, lorsque, sans attendre la sentence d'aucun tribunal, elle se fit elle-même juge dans sa propre cause et déchira les traités en disant : C'est moi qui ai raison! Nous aussi nous avons raison, devaient, en s'appuyant sur le même principe, redire, à tous les degrés de l'échelle sociale, les plaignants, les mécontents audacieux. Et la division fut consommée grâce aux républicains plus indépendants par principe. Les modérés n'ont pas jeté ce cri

de division; mais ils ont cru, dans leur simplicité, qu'ils enchaîneraient la logique des multitudes par des articles de journaux : ils les ont poussées à violer aussi le traité de Vienne et à briser les institutions monarchiques, tout en les exhortant à respecter la nationalité italienne et l'ordre nouveau. Quel a été le résultat ? Incapables d'arrêter les assauts sauvages du peuple, les modérés se sont retirés en bon ordre, pleurant sur ces coups de force auxquels ils n'avaient pu résister. Quant aux remords de la conscience et aux reproches de la patrie désolée, ils n'ont su leur opposer que cette excuse plus misérable que la faute : « Que pouvions-nous faire? Ces frénétiques ne voulaient pas nous écouter ! »

695. — Que pouviez-vous faire? Mais ignoriez-vous donc la nature de l'homme, l'histoire, les leçons de l'expérience, jusqu'à ne pouvoir comprendre les terribles excès d'un peuple déchaîné? Ne voyiez-vous pas qu'un peuple est déchaîné quand sa conscience n'est plus liée par le droit? Que sa conscience n'est plus liée, quand on lui dit qu'un droit, un seul, peut être impunément violé, et que l'on prône hautement ce principe de tout désordre, à savoir que l'indépendance est naturelle et inviolable dans l'homme? Si vous méconnaissez une vérité aussi évidente et pour ainsi dire aussi banale, comment vous êtes-vous faits les guides de ces peuples enivrés d'indépendance? Sans parler du caractère hérétique de cette indépendance, vous avez méprisé la voix, déchiré les décrets, outragé la personne d'un Pontife dont les avertissements vous montraient le che-

min de l'abîme pour vous en éloigner. Et après ces excès d'arrogance anticatholique, après ces déshonorantes faiblesses, vous croyez pouvoir vous excuser sur les téméraires débordements du peuple. Et vous dites: « Que pouvions-nous faire? » Vous pouviez croire en catholiques, étudier en philosophes, calculer en hommes d'expérience, surseoir du moins comme la prudence le prescrivait. Et maintenant vous ne pouvez moins faire que de reconnaître, avec le peuple, vos erreurs, et de ne plus le pousser au précipice par des théories qui nous divisent infailliblement.

Voilà donc l'Idée régénératrice appliquée fidèlement à un fait historique. Sous son influence, l'Italie a été, si l'on peut employer ce mot, désassociée, et si nous avions eu une Constituante italienne, chaque peuple, chaque province, chaque commune, chaque famille l'auraient été de même, puisque le même principe devait produire les mêmes effets à tous les degrés de l'échelle sociale : Aussi laisserai-je, sans redouter un seul démenti, la vérification historique de ces doctrines à quiconque connaît les anecdotes de cette révolution soit dans les provinces, soit dans les communes et à qui veut examiner, en publiciste impartial, quels ont été les votes des députés dans les différentes questions et sur quels principes ils les ont appuyés. Cet examen fera voir que le principe de l'intérêt solennellement proclamé par la société modernisée dicte à chaque député un vote analogue à sa passion individuelle et qu'il sait lui, grâce aux subtilités du raisonnement et de l'éloquence, défendre ce vote devant le peuple, en le lui présentant avec des couleurs séduisantes et sous l'aspect du bien commun.

696. — Je laisse faire cette étude à mes lecteurs: non cependant sans ajouter ici une observation qui leur rendra plus évidente cette vérité, à savoir : que la dissolution actuelle de la société est le fruit propre de l'indépendance protestante.

Voici cette observation : « L'indépendance protestante tend proprement à détruire l'union sociale, parce qu'elle la regarde comme l'effet d'un droit qui s'impose à la volonté humaine et enchaîne le libre essor des passions. » Aussi qu'une association se forme par le libre choix des individus, afin d'aider un intérêt quelconque, elle trouvera facilement grâce aux yeux des politiques ou des publicistes à la moderne; peut-être même obtiendra-t-elle leur faveur. D'où il suit qu'en dehors du mal extrême, c'est-à-dire du communisme trop logique mais sauvage, il n'y a rien à craindre pour une association commerciale, scientifique, industrielle, littéraire, philanthropique. Non ; il n'y a rien à craindre, à la condition qu'il ne s'en échappe ni un rayon de droit, ni une goutte de baume céleste, ni un parfum d'ordre surnaturel. Mais malheur à elle si la plus légère effluve de ce parfum vient à effleurer les papilles délicates de leur irritable épiderme! Ils n'auront pour ces associations aucune miséricorde. Elle est philanthropique aussi l'œuvre de ces religieuses qui s'en vont essuyer la sueur et recueillir les derniers soupirs des mourants abandonnés, et cette philanthropie se transforme même entre ces mains bénies dans une institution d'économie administrative sans doute. Mais le parfum de cette charité virginale « c'est la bonne odeur de Jésus-Christ, bonus odor Christi ». Elle laisse embaumée toute demeure où elle pénètre! Loin d'ici par conséquent toute sœur française, italienne, etc. L'instruction des enfants pauvres, l'assistance des condamnés dans les prisons; voilà encore des œuvres philanthropiques : certainement. Mais si ces œuvres sont faites par un Ignorantin, au nom de l'humilité chrétienne, au nom du Sacré-Cœur, de saint Joseph, etc., la proscription fondra sur ces institutions, fallût-il surcharger les budgets pour leur substituer des mercenaires ou des chefs de sbires. C'est encore une œuvre philanthropique, s'il en fût, celle qui consiste, dans les temps de crises économiques, à fournir des capitaux au petit peuple, afin de le sauver de l'usure et aux négociants pour les préserver de la faillite. Oui. Mais si, pour exciter le désintéressement d'une administration gratuite, vous invitez ses membres à fréquenter les sacrements, à se mettre sous le patronage de saint Paul, oh! ce n'est plus là de la piété! Et vous verrez deux députés jusque-là ennemis, un Brofferio, un Borella, comme autrefois Pilate et Hérode, non seulement voter en parfait accord, mais se disputer le premier rang dans la tyrannie, la persécution et la spoliation des catholiques. Vous le voyez donc, cher lecteur : l'indépendance frémit de rage, de si loin qu'elle sente la moindre odeur de la religion ou du droit.

697. — Faites l'application de cette remarque générale et vous saisirez de suite le véritable sens de ce qu'on appelle, en langage nouveau, « le droit d'Associa-

tion ». Tous les citoyens sont libres de s'associer en se conformant aux constitutions modernes : telle est la lettre de la loi. Mais on ajoute, afin d'en faire comprendre l'esprit : « pourvu que l'Association ne sente ni la la religion ni le droit. »

Or quelles sont les sociétés unies principalement par ces deux forces? C'est d'abord l'Église, vivifiée et unie dans toutes ses parties organiques par la religion ; l'Église, sous l'égide de laquelle vivent en associations libres les ordres religieux, les congrégations, les confraternités, les cercles, etc., et nombre d'autres institutions sous un nom catholique quelconque... Eh bien ! Le siècle ne veut plus de frères, plus de jésuites, plus de confrères, plus de congréganistes — bref, il ne veut plus de fanatisme, plus d'union quelconque en vue d'une œuvre religieuse. — Mais inutile de parler plus longuement de cette haine de la religion : elle n'est que trop évidente. Passons aux associations de droit.

698. — Quelle est la société où le lien du droit naturel est plus fort et plus indissoluble? Personne ne l'ignore : c'est la famille, dont, aux yeux de Beccaria, le prétendu bien n'est qu'une vaine idole. — Dans le catholicisme, la famille, fortifiée par la grâce contre les ennuis et les fatigues d'une union et d'une cohabition indissoluble, acquiert cette plénitude de perfection que le Créateur lui a montrée dès le commencement comme un but à atteindre. Or, nous le savons, le souffle pestilentiel de la Réforme, partout où il pénètre, y ressuscite la liberté payenne du divorce.

Et remarquez-le bien, cher lecteur, cette dissolution

de la famille se fait au nom du plaisir, qu'on proclame notre fin dernière, au nom de l'indépendance, au nom du droit naturel. Lisez, si cela vous plaît, comment le chef de l'Utilitarisme, Bentham, essaie de prouver pareille doctrine. Vous y verrez taxée d'absurdité une loi, qui obligerait un homme à dire : « J'aimerai pour toujours ma compagne; »comme si l'homme, ajoute ce bipède, pouvait répondre de ses affections futures. Il ne voit pas, ce triste philosophe, que si l'homme ne peut pas répondre de ses affections, tout contrat devient chancelant ou plutôt ridicule dans la société. Mais comment un être dégradé dans ses pensées et qui fait le panégyrique de la prostitution entendrait-il quelque chose aux lois saintes du mariage (1)?

699. — Voilà donc l'idée de l'union la plus sainte, la plus naturelle, la plus inviolable qu'il y ait sur la terre condamnée à se flétrir et à pourrir sous le souffle empesté de l'indépendance et du naturalisme. Quant aux autres parties de l'édifice social, pourraient-elles ne pas s'écrouler pierre par pierre, quand on en secoue avec tant de violence le fondement le plus nécessaire et le plus solide? Quel attachement aura pour sa com-

---

(1) Dans une longue note, le P. Taparelli donne des extraits de Beccaria,en confirmation de la parole citée au début de ce numéro.En voici quelques échantillons : « Ces funestes injustices ont été admises, parce que l'on a vu dans la société plutôt une union de familles qu'une union d'individus... » Si la société se composait de familles, comme premier élément, sur 100.000 citoyens. il y aurait 20.000 hommes et 80.000 esclaves. » Ainsi, dit l'auteur, pour Beccaria « « fils et esclave » sont deux termes synonymes.

« Celle-ci (la famille) commande un continuel sacrifice de soi-même à cette vaine idole qu'on appelle le bien de la famille... Celle-là (une société fondée sur l'indépendance) enseigne à rechercher son intérêt propre, sans violer les lois, » etc...

mune celui qui n'aime pas sa famille? Et quel sacrifice saura-t-il faire pour la province, pour l'État, celui qui ne sait rien sacrifier à la commune, à sa famille, à ses enfants, à la nature?

700. — Peut-on aller plus loin dans l'œuvre de destruction?

Oui. Il y a une union plus intime que celle du mariage, c'est celle de l'intelligence avec un organisme corporel; celle qui constitue l'existence même de l'homme; celle enfin que nous appelons la vie! Eh bien! sous l'inspiration protestante, au nom de la liberté et du bonheur, celle-là même tombe sous le poignard indépendant du suicide. Un esprit de vertige étend partout ses ailes ténébreuses sur la société modernisée; il murmure secrètement aux oreilles, je ne dis pas du désespéré, de l'aventurier, mais du fanatique, mais de l'orgueilleux, mais de la jeune fille et de l'enfant lui-même, l'effrayante doctrine exprimée par ces mots : « libre est la sortie de ce monde. » Et l'asphyxie, et le poison deviennent un jeu, un amusement, un moyen de se singulariser, de braver l'opinion et la justice. — Et maintenant quelle union sera respectée, si la violence et la passion veulent être elles-mêmes indépendantes, — si elles mettent leur indépendance sous la garantie du suicide, le transforment en héroïsme et s'y dévouent par serment comme à un devoir?

Non : rien ne peut plus rester uni sous l'empire de ce démon destructeur. L'esprit a été affranchi par l'incrédulité du joug de la parole de Dieu; par la critique, du joug de la religion; par la souveraineté du peuple, du joug d'une autorité quelconque, par le droit au suicide, du joug de toute crainte. Plus de société entre l'âme et Dieu dans l'Église, plus entre le peuple et le prince dans la cité, plus entre la femme et son mari dans la famille, plus entre le corps et l'âme dans l'individu. — Non, plus aucune de ces unions ne subsistera toutes les fois que les liens les plus intimes oseront contredire au mouvement d'une passion, au droit nouveau de la liberté au désir du bonheur dans la jouissance et le plaisir. La société est dissoute enfin dans son premier élément : la vie humaine. On la laisse à la merci d'un frénétique. Voilà l'extrême conséquence de l'indépendance protestante.

Or, si toute société, toute union est détruite par le principe protestant, vous le comprenez, sage lecteur, il est impossible que la société vraie et naturelle soit représentée dans les assemblées de l'État puisque son organisme n'existe plus.

§ III

ABOLITION DE L'UNITÉ MORALE

SOMMAIRE : — 701. Le protestantisme ne représente pas l'*unité morale*. — 702. Comme ferait le catholicisme. — 703. Qui est moralement *un*. — 704. Exemple de la représentation dans le baptême. — 705. Faussée sacrilègement dans le rit protestant, et — 706. Beaucoup plus dans la société protestantisée. — 707. Où un *seul* député représente fictivement un grand nombre de têtes. — 708. Sans savoir ce qu'elles pensent. — 709. Sans pouvoir raisonnablement soutenir leurs pensées. — 710. Par conséquent en faisant des lois au hasard. — 711. Lois qui ne représentent point la volonté de la nation. — 712. Trop divisée dans ses intentions. — 713. Souvent opposées les unes aux autres. — 714. Cette législature de hasard est notoire. — 715. Epilogue. Il n'y a donc pas de représentation morale.

701. — La représentation nationale est impossible avec le protestantisme. Car l'individualisme, qui en est l'essence, rend impossible l'organisme social, et, par conséquent, la nation elle-même, puisque la nation est essentiellement une société organique. Toutefois ce serait là le moindre mal, si le protestantisme, après avoir détruit l'organisme social, pouvait représenter l'esprit ou l'unité morale de la nation. Car, vous le savez, il faut juger d'une cause, d'un agent d'après son rapport avec sa fin. Or, la fin de la représentation populaire est toute morale et intellectuelle; puisqu'elle prétend faire des lois en harmonie avec les jugements et les volontés du peuple, et qu'il n'y a rien de plus immatériel que des volontés? Donc, même sans représenter l'organisme social, les gouvernements pourraient se vanter d'atteindre leur fin, s'ils avaient, dans leurs institutions, la représentation morale de la nation.

702. — Cela serait aisé dans une société catholique. Car rien de plus facile que la représentation de sujets qui se ressemblent parce qu'ils ont au fond la même nature, le même caractère. Supposez deux jumeaux, comme j'en ai vus plus d'une fois, à qui la nature a donné tout à fait la même physionomie. L'un est absent, et la mère en demande le portrait fidèle à un peintre. Que fait-elle ? Vous le devinez. Elle appelle l'artiste ; lui présente son second fils, et lui dit : « Voilà traits pour traits celui qui est absent, sauf une légère différence pour le nez un peu plus long, le coloris un peu plus vif, » etc...

703. — De même, rien de plus facile que de repré-

senter une nation catholique dans sa physionomie morale. L'esprit catholique en effet et pour l'intelligence et pour la volonté est essentiellement modelé sur là foi et sur les lois de l'Église. De sorte que quiconque représente socialement l'Église est très certain de représenter la nation catholique dans sa partie la plus importante. — Je dis, remarquez-le bien, dans sa partie la plus importante, non seulement parce que l'intelligence et la volonté sont la propriété distinctive de l'homme, et constituent ce moi dont les philosophes allemands ou leurs amis nous fatiguent les oreilles, mais principalement parce que, d'après les constitutionnels, les députés se réunissent : 1° pour faire des lois, c'est-à-dire un acte d'intelligence et de volonté ; 2° parce que ces lois expriment les idées, ou, comme ils disent, l'opinion et la volonté nationales.

704. — Concluez de là combien il était facile pour les peuples catholiques, au moyen-âge, d'être vraiment représentés dans les assemblées. Il y avait chez eux unité de foi, de législation : impossible à un député d'en altérer jamais un seul article ni dans la conscience de ses commettants ni dans ses rapports ou discours politiques. Or, c'est là, pour un peuple sincèrement catholique, le bien souverainement important. C'est sur ce même principe qu'est basée, dans le rit sacramentel du baptême, une autre représentation très vraie et très sincère. Un enfant est encore privé de la raison, il ne peut demander lui-même son introduction dans l'Église. Il est fidèlement représenté par ses parents ou par ceux qui les remplacent. Respectueuse des sentiments

naturels infusés dans les âmes par son fondateur lui-même, l'Église comprend que, pendant longtemps, l'intelligence de l'enfant ne fera qu'un avec celle de son père, que, celui-ci étant catholique, son fils aura naturellement les sentiments qu'inspire la foi catholique et que développe une éducation chrétienne. Ici, par conséquent, nous avons une représentation d'ordre moral très raisonnable et très fidèle.

705. — Voyez s'il en est ainsi chez les protestants? Leur représentation au baptême n'est-elle pas une dérision sacrilège? Ils professent qu'enchaîner l'intelligence d'un enfant est un crime de lèse dignité humaine et, en attendant, ils prononcent en son nom un solennel « je crois »? Cette affirmation est si ridicule que certains catholiques, au cerveau hanté par la Réforme et renégats de la nature en même temps que de leur foi, proclament absurde l'obligation du baptême, étant, disent-ils, impossible que l'on s'oblige sans volonté, comme si le père ne devait pas former ses enfants à des actes raisonnables ou qu'il ne fût pas raisonnable à un enfant de prendre les sentiments de son père ou à un père de croire à la parole d'un Dieu révélateur.

706. — Or, cette absurdité, conséquence de l'individualisme, introduite dans le baptême protestant, vous paraîtra mille fois plus extravagante, s'il s'agit de la représentation nationale. Jugez-en d'après le manifeste suivant qui découle rigoureusement du principe de la réforme.

Citoyens,

Vous êtes libres dans vos opinions, et il n'y a pas

parmi vous deux cerveaux qui se ressemblent. Mais si vous devez obéir uniquement à ce qui vous paraît vrai et à ce que vous voulez de juste, vous êtes priés de chercher parmi vous un cerveau qui soit l'image fidèle de tous les cerveaux différents et opposés, une volonté qui soit l'expression fidèle de toutes les volontés contraires.

707. — Qu'en dites-vous, cher lecteur? N'est-ce pas l'entreprise de notre sculpteur? Représenter par une seule tête 15 ou 20 millions de têtes dont aucune ne ressemble à l'autre. Je le comprends, les politiques à la moderne ont reculé devant l'impossibilité; ils se contentent de demander la représentation de la pluralité des têtes. C'est une violation de leur principe condamné par la nature. Ils disent : Vous n'êtes pas obligé d'obéir si vous ne consentez pas. La nature répond. Le consentement de tous est impossible. Les politiques modernes répondent en se contredisant eux-mêmes : on doit obéir à la majorité.

Mais que de mensonges encore dans cette majorité...! Négation du droit inaliénable d'indépendance dans l'acte même destiné à exercer ce droit; impossibilité pour le suffrage universel d'assurer une véritable majorité; nécessité pour les fauteurs de la réforme de professer que les suffrages se pèsent et ne se comptent pas; que le peuple, ce sont les sages, et que les sages, ce sont les partisans des constitutions modernes. Autant de mensonges dont déjà nous avons parlé.

N'y revenons pas : considérons seulement l'objet propre de la question présente — et dans l'hypothèse (nous l'admettons en passant) que les députés sont l'expression véritable de la majorité des électeurs, demandons-nous s'ils en seront par là même la représentation morale?

708. — Ils n'en seront pas même l'ombre... Pour représenter la majorité, il faudrait recevoir d'elle la communication de ses pensées et de ses volontés. Or, cette communication est impossible et déraisonnable.

Impossible : car si l'unité des jugements est déjà chose moralement impossible, quand un seul intérêt est en discussion, vouloir obtenir cette unité dans la totalité des affaires serait vraiment absurde. Cette unité n'existe donc pas; et si elle n'existe pas, il est clair qu'on ne peut la communiquer. Si les députés étaient nommés pour traiter une seule affaire, en qualité de procureurs, on pourrait d'abord la discuter dans les collèges électoraux, puis déterminer peut-être (comment? Dieu le sait) la disposition morale de la nation.

Mais comment la déterminer quand on ne sait pas ce qui sera traité dans les Chambres?

709. — Allons plus loin : supposons possible une pareille absurdité. Dans chaque affaire on pourra obtenir la majorité des jugements et des volontés, et cette majorité si différente en mille questions diverses se trouvera répercutée dans l'unique tête du député : Eh bien! Dans cette hypothèse, ne serait-il pas souverainement déraisonnable de dire à cet homme : « représentez maintenant les idées de vos électeurs, mais sans les changer? En effet pourquoi discuter les affaires au Parlement sinon pour que les députés soient éclairés par

la discussion, et vouloir qu'ils ne changent point d'avis, ne serait-ce pas enlever au mécanisme représentatif tout ce qui lui donne le mouvement? D'où cette alternative de deux choses également déraisonnables : ou nous devrons dire au député : «la nation tient pour l'affirmative; mais vous, son « alter ego », vous pourrez la représenter en soutenant la négative, et le non représenterait le oui, ou lui signifier «qu'après la discussion il ne devra pas même paraître changer d'avis». Et alors nous aurons souvent des votes contraires au bien public parfaitement connu, ce qui n'est pas moins déraisonnable ; sans compter que des jours entiers auront été gaspillés aux dépens du peuple, pour discuter des affaires irrévocablement arrêtées d'avance. Vous le voyez donc : impossible de réfuter l'accusation de folie, parce qu'on ne peut réfuter le dilemme suivant : « Ou le représentant pense par lui-même et alors il ne représente pas; ou le représentant représente réellement et alors il fait des lois sans penser. »

710. — Autre chose ridicule : des lois sortent de l'urne parlementaire; on les vante comme l'expression de la volonté nationale ; mais, en vérité, allez au Parlement, assistez à la naissance de ces lois : vous verrez qu'elles sont en général le fruit du hasard. Pour le démontrer il suffirait de citer un certain nombre des étranges contradictions tombées des lèvres de la nation personnifiée par l'urne fatale.

Mais je ne veux point maintenant recourir aux faits. J'ai hâte d'en rechercher les causes.

711. — La loi, pour être réellement la manifestation

d'une pensée et d'une volonté nationales, devrait au moins exprimer l'unité d'un même jugement et d'une même volonté dans la majorité des députés. — Vous le voyez, je me contente de peu. Je n'exige, comme je serais en droit de le faire d'après le principe moderne, ni le consentement de tous les individus, ni celui du plus grand nombre des électeurs, ni la majorité personnelle de ces derniers ; je me contente de la mesquine majorité de deux ou trois cents députés, et, s'il vous arrive de l'obtenir, je me résigne à proclamer solennellement (voyez mon abnégation) le mensonge suivant : « l'avis de ces trois cents représentants est l'écho fidèle de l'avis de 20 ou 30 millions d'hommes ! » Mais non, dire que cette majorité de 300 jugements et volontés est l'effet naturel et constant du régime parlementaire, c'est déjà un mensonge. Et vous pouvez le toucher du droit.

712. — Qu'entendez-vous par l'unité de jugement et de volonté dans nos trois cents honorables? Vous entendez, je pense, l'affirmation d'un jugement unique suivi d'une détermination unique. L'unité extérieure du fait ne constitue pas par elle-même l'unité des jugements et des volontés. Elle peut même sortir de leur opposition et de leur divergence. Avez-vous l'unité de volonté dans les fils de Jacob, lorsqu'ils jettent dans la citerne l'innocent Joseph, Ruben pour le sauver, les autres pour le faire mourir ? Belle unité morale en vérité que celle qui existe entre le bourreau et le défenseur de la victime! Or c'est là proprement l'unité morale qui dicte les lois dans les parlements modernes, témoin le fait très retentissant qui s'est passé dans l'assemblée

française et qui a été sur le point de jeter le brandon de
la guerre dans toute l'Europe par la chute du ministère
Baroche et du général Changarnier. Lisez le récit de ce
fait dans la « Civilta Cattolica » de février 1851, et vous
comprendrez comment une minorité voulait la chute du
second pendant qu'une autre voulait le maintenir au
pouvoir en le comblant d'éloges. Et comme ces deux
partis avaient chacun des raisons vraies ou fictives de
blâmer le ministre, ils consentirent à faire une loi désap-
prouvée subitement par ceux-là mêmes qui l'avaient
proposée. C'était une loi qui n'exprimait aucune majorité dans son ensemble, et qu'une moitié de la Chambre
condamnait pour certains articles et approuvait pour
d'autres. Or combien de fois pareille contradiction n'a-
t-elle pas eu lieu et ne peut-elle pas se renouveler, grâce
aux institutions parlementaires. Comme en Angleterre,
par exemple, lorsque le vote des Irlandais contre le bill
anticatholique faisait changer la loi électorale (1)? N'est-
ce pas à cela que se réduit le syncrétisme de ces Conseils de l'Instruction publique introduits en France où
une mixture de catholiques, de protestants, de juifs,
d'incrédules doit donner un même règlement et l'on
peut dire une même loi des écoles d'après des principes contradictoires ? Ce qui, soit dit en passant, excitait
vivement la joyeuse verve de Cormenin. Semblablement
qui pourra jamais se figurer que l'on obtiendra l'expression de la volonté nationale en joignant ensemble les
volontés de communes, de circonscriptions électorales

(1) Voir *Civilta catt.*, t. IV, p. 676.

qui envoient à la Chambre, les unes un socialiste, les
autres un radical, celles-ci un opportuniste, celles-là un
conservateur, mieux que cela, souvent une seule cir-
conscription quatre ou cinq députés de nuance différentes? La majorité nationale, qui députe au Parlement ces
adversaires acharnés, doit donc être dédoublée de moitié.
D'où il suit que si vous la joignez à la minorité vaincue
dans les élections, vous obtiendrez très probablement
une véritable majorité contraire à la loi votée par la
Chambre (1). Le professeur Melegari, dans une de ses
leçons, reconnaît ce vice du gouvernement représentatif moderne. Il affirme courageusement qu'il est insuffisant pour garantir le droit. En effet, dit-il, qui donnera
sécurité à la partie de la nation non représentée? Les
majorités de fait sont souvent en droit les minorités.
Qui les garantira contre l'absolutisme de ces partis qui
sont si souvent, au point de vue légal, les majorités,
mais, en fait et en réalité, les minorités? Voilà donc un
professeur de « droit constitutionnel à Turin, qui reconnaît que la loi peut être faite par la minorité ».

Mais qu'est-ce qu'une pareille loi peut bien exprimer
du jugement des différents députés? Prenons par exemple la loi sur l'armement de la garde nationale ou de la
marine. Ici le vote de l'un signifiera par exemple : « Je
veux qu'on arme la garde nationale, parce que je la juge

(1) Ainsi en France 10 millions d'électeurs. Aux élections, 6 millions
d'un côté, 4 millions de l'autre. A la Chambre, qu'une loi soit votée par
une faible majorité, vous aurez, correspondant à la minorité des députés contraires à la loi, 2 millions et demi, peut-être trois millions d'électeurs. Donc dans le pays 4 millions, plus 2 millions et demi ou 3 millions, c'est-à-dire 6 à 7 millions, contraires à la loi. — Note du traducteur.

utile à tel parti; » celui d'un autre : « Je veux la tranquillité publique, et, à mon avis, c'est la garde nationale
qui peut la garantir »; celui d'un troisième voudra dire :
« Je voterai cette loi, parce que je la juge utile à telle
ville, » enfin, celui d'un quatrième : « Je veux l'observation de la constitution, parce que je me regarde comme
obligé par mon serment. »

713. — Voilà quatre volontés et quatre jugements différents et peut-être opposés qui ont produit une seule
et même loi. Dire que cette loi unique est l'expression
d'une volonté unique, c'est un mensonge, percé à jour
par mille faits et mille raisons. C'est un mensonge qui
ferait rougir les sciences d'ordre matériel et physique,
malgré qu'ici les substances agissent avec une irrésistible nécessité. Ne ririez-vous pas, en effet, d'un physi-
cien qui, voyant entrer au port deux navires, en con-
clurait que tous deux ont fait le même voyage. Le fait
matériel est un, diriez-vous, mais la cause morale de ce
fait peut varier à l'infini.

Et, remarquez-le bien, l'indéfinie variété des motifs qui
portent les députés à voter pour ou contre un projet, à
s'abstenir, etc., etc., doit nécessairement introduire le
hasard dans la confection définitive des lois. Que telle
ville n'élise pas tel député, que celui qui est élu ne soit
pas républicain, ou qu'il veuille la république constituée
de telle manière, que l'intérêt de son district électoral
ne se combine pas avec l'intérêt d'autres circonscriptions, qu'il soit libre-échangiste, etc., etc., que, dans
une discussion imprévue et menée avec violence, tels
ou tels députés soient absents ou malades, etc., etc.

Oui, que quelques-unes de ces suppositions ou de cent autres analogues se réalisent, alors il pourra sortir de la délibération une loi tout à fait contraire à la volonté nationale. Or, toutes ces combinaisons sous les multiples influences de l'indépendance hétérodoxe sont purement fortuites, puisque chacun des députés prenant pour règle, soit son intérêt privé, soit un intérêt de parti, peut avoir un avis différent des autres. Je dis : « sous les influences hétérodoxes de l'intérêt, parce que si les députés étaient catholiques et agissaient en catholiques, ils prendraient pour règle unique la vérité et la justice morale ; ce serait vers cette justice, comme vers une fin commune, que tendraient leurs pensées et leurs délibérations. Alors il y aurait unanimité morale dans les choses essentielles. Les dissensions ne pourraient avoir lieu que sur des intérêts d'ordre inférieur. Donc dans le système hétérodoxe la législation, qui devait être le fruit de l'expression du sentiment national, est vraiment le fruit et l'expression d'une combinaison fortuite. Un publiciste vénitien, tout en défendant les régimes constitutionnels, le reconnaissait par les paroles suivantes (1). « Que l'absolutisme, qui est aujourd'hui le régime de la France, soit le plus grand fléau des peuples civilisés, vous pouvez vous en convaincre en voyant que, dans une chambre de 680 députés, le résultat des délibérations peut dépendre d'un meunier, d'un aubergiste, d'un coutelier. » Voilà donc un apologiste des gouvernements constitutionnels modernes qui reconnaît que les résolutions d'une assemblée, et, par suite,

(1) *Lombarda Veneto*, 1 aprile 1851.

le sort civil ou politique d'un peuple dépend souvent du hasard. L'auteur, il est vrai, croit qu'on évitera la tyrannie par la division des pouvoirs. Mais nous avons démontré plus haut que le pouvoir suprême est indivisible de sa nature, que la division des pouvoirs est purement apparente ou au moins temporaire, qu'avec le principe des gouvernements modernes il est très facile à une assemblée populaire de se rendre dominante. Nous l'avons démontré sans qu'aucun publiciste ait entrepris de nous réfuter. Nous continuerons donc à soutenir que, sous des influences hétérodoxes, le gouvernement représentatif mène naturellement à une législation de hasard.

Eh bien ! une telle législation est essentiellement despotique, puisque le despotisme consiste à obliger et à contraindre sans raison ; témoin ces lois de persécution votées si fréquemment par le Parlement anglais depuis Cromwel jusqu'à nos jours ; témoin ce que disait à l'assemblée française, le 10 février 1851, l'illustre comte de Montalembert : « J'aime le gouvernement représentatif, parce que c'est un frein nécessaire à l'exercice du pouvoir : et je ne veux pas que sa tribune soit muette, quand il s'agit de législation ou de politique générale ; mais je ne veux pas de son intervention taquine, bavarde, quotidienne, omnipotente et insupportable dans toutes les affaires du pays. C'est là, certes, chez le grand orateur français, un désir digne de tout éloge. Mais pour le réaliser il faudrait en obtenir licence de la nature, notre mère : il faudrait que les délibérations parlementaires fussent conduites par la raison et non par le hasard, pour cela, que le Parlement eût un frein, comme il en est un pour le pouvoir; — mais ce frein diminuerait l'indépendance des honorables, l'indépendance de la parole, l'indépendance de l'hérésie... Or, toucher à cette indépendance, c'est un dessein de rétrogrades. Donc tant que nous serons gouvernés à la moderne, il faut nous résigner non seulement au bavardage incohérent, mais encore aux lois de hasard et tyranniques des assemblées parlementaires.

Quelqu'un, je le sais bien, m'attaquera peut-être avec mes propres armes : selon lui, cette raison, qui me fait appeler législation de hasard la législation parlementaire, rend plus évidente l'utilité de nouvelles formes politiques. Car les lois devant résulter de la conciliation de partis et d'intérêts si complexes, souvent si contraires, la grande sagesse d'un gouvernement consiste à triompher en recherchant et en obtenant la majorité des suffrages. Mais la loi sort de la sagesse politique, comme l'effet de sa cause; elle devra donc être excellente.

Je pourrais répondre à mon contradicteur par les faits et lui demander simplement si les milliers de lois enfantées dans le grand travail des discussions politiques ont été des Benjamins ou des avortons. Je pourrais lui demander s'il regarde comme très sages ces majorités qui n'ont point voulu pour le Piémont le Milanais presque cédé par l'Autriche, qui ont plongé le Piémont dans la misère, condamné à la boucherie l'armée trop faible pour se battre à Novare, qui ont refusé un traité de paix avec la prévision certaine de nouvelles défaites, qui, en violant les concordats et, en plaçant la conscience chrétienne entre des lois injustes et des canons inviolables, ont détaché de la politique du ministère tous les catholiques sincères. Si mon contradicteur ne veut pas se faire le panégyriste de ces coups de tête et de ces maladresses législatives, il trouve dans l'histoire la réponse à son objection : et la logique de l'histoire est irrécusable.

Néanmoins, comme l'on pourrait, en accordant le fait, l'attribuer à une autre cause, je ne veux point me contenter d'une réponse indirecte à la difficulté proposée. Elle s'appuie sur une confusion. On prend les roueries des intrigants pour de la sagesse politique, deux qualités aussi opposées pourtant dans la volonté qu'elles paraissent se ressembler dans l'esprit.

En effet, le fourbe a besoin de beaucoup de sagacité, pour amener les hommes à ses desseins, de même que le véritable et sage politique pour les conduire à son but. Mais, entre deux, il y a deux disparités radicales. La première regarde la fin : chez le vrai politique, cette fin est l'utilité honnête de la nation; chez le fourbe, c'est son propre intérêt ou celui de son parti. La seconde, encore plus importante dans notre question, se rapporte au choix des moyens. Ils sont tous bons pour le fourbe, pourvu qu'ils servent ses desseins; le sage politique repousse ceux qui ne sont pas honnêtes.

Vous le voyez donc, le système représentatif, tel qu'il se conçoit sous l'influence de l'esprit individuel, est si loin d'assurer le triomphe d'une politique vraiment sage qu'il en rend l'insuccès plus que probable. D'une part, il supprime, je l'ai montré, le mobile de la conscience en réduisant à l'intérêt tous les principes d'action dans la société ; et par là il enlève au vrai politique son arme la plus puissante contre la ruse et l'intrigue ; c'est-à-dire l'influence que la justice exerce sur la conscience des députés. D'autre part, il laisse aux politiciens rusés le libre usage des armes les plus scélérates, depuis les déclamations les plus audacieuses à la tribune parlementaire jusqu'à ces conventicules secrets tenus à l'ombre de l'inviolabilité des honorables et si propres à leur faciliter les séductions de toute nature.

Réfléchissez, je vous prie, à la position respective de ces deux lutteurs parlementaires, le premier un sage et vrai politique, le second un politicien fourbe et intrigant. Et vous ne serez plus surpris de mon assertion, d'ailleurs confirmée chaque jour par les faits. Prenez, par exemple, la chute des d'Orléans en France. Comment a-t-elle été préparée ? Par une poignée de scélérats, intriguant dans les ténèbres et usant de moyens si vils que le pauvre Louis-Philippe dut souffrir beaucoup moins de la perte de son royaume que de s'en voir chassé par quelques hommes tirés d'une populace sans aveu, lâche, criminelle. Or ce grand politique n'était pas toujours très scrupuleux sur le choix et l'usage des moyens ; il avait de plus pour le défendre des hommes non moins habiles que lui ; si donc, malgré tout cela, il s'est vu jeter bas par une cabale et par l'audace de meneurs qui avaient su grouper contre lui des intérêts très différents, je vous le demande, qu'adviendra-t-il d'un politique sage, honnête, ennemi de tout ce qui sent la violence, la séduction, la vénalité, la trahison? Oh! pour celui-là l'insuccès n'est pas seulement probable : il est certain.

Bah! me direz-vous; ils sont rares les politiques aussi scrupuleux. Et c'est vrai dans tous les systèmes de gouvernement.

Mais cette remarque se retourne contre vous : car, si tel est le penchant naturel d'un homme politique, même lorsqu'il veut gouverner sans trop d'indignité, que sera-t-il dans un système qui rend la fourberie comme nécessaire et justifie, par ses principes, aux yeux d'un grand nombre, les opérations ou les complicités les plus honteuses? Et que penser d'un régime qui rend nécessaires de telles infamies?

Qu'on cesse donc de regarder la législation des gouvernements modernes comme une œuvre de sagesse politique. Sans doute, elle n'en est pas toujours absente. Mais en définitive la loi sera toujours faite par la majorité et la majorité d'ordinaire se laisse beaucoup plus facilement gagner par les politiciens rusés que par les gens honnêtes : ce qui rend peu probable ce triomphe de la sagesse politique, que l'on attend comme un effet infaillible des gouvernements représentatifs.

714. — A vrai dire, la chose est assez évidente par elle-même pour n'avoir pas besoin de preuve. Car, quand une chambre doit être élue, tous la veulent faite à leur idée : et quand elle est élue, tous la regardent comme un fait accidentel d'où sortiront, dans l'avenir, mille autre faits — mais si peu nécessaires que d'autres tout opposés auraient pu se produire en raison de

mille circonstances fortuites. Eh bien! vous semble-t-il que, sans mentir à l'évidence, l'on puisse dire que cette combinaison de hasard est l'expression sincère du sentiment moral d'un peuple? Le sentiment moral d'un peuple est déterminé, un, constant. S'il veut qu'on prenne les armes, il ne veut pas, en même temps, qu'on les dépose. La chose est plus qu'évidente. Si donc, dans une chambre, la première idée l'emporte sur la seconde ou vice versâ, mais cela grâce à une promesse d'emploi faite à son député, grâce à de nombreuses rasades de vin offertes aux électeurs, ou bien parce qu'une indigestion, un refroidissement auront retenu dans son lit un représentant du peuple, parce qu'une distraction aura fait perdre à un autre le fil d'un discours, si enfin ces circonstances pouvaient être fort différentes ou même ne pas se présenter, avouez franchement que la loi est l'expression de combinaisons fortuites, une œuvre de hasard, mais cessez de soutenir que, dans votre système, elle exprime la volonté où même le vœu de la nation.

715. — Que ce langage convienne au catholique dans une nation catholique où l'idée morale est une chez tous les membres, à la bonne heure. Si tous ici demandent la guerre, nous serons certains qu'ils la tiennent pour juste et qu'elle est, comme telle, voulue par la nation; que d'ailleurs cette volonté et ce jugement sont marqués au coin de l'unité et de la justice, non de par l'autorité de millions d'électeurs (ils ne peuvent donner ni l'une ni l'autre), mais en raison de l'unité et de la sainteté propres à la pensée catholique, seul principe véritable

et légitime de l'unité sociale. Puis, nous l'avons démontré, l'organisme législatif étant tel que les lois sont votées au hasard, elles n'expriment point le jugement du peuple; elles défendent les intérêts d'un parti puissant et audacieux; aussi la prodigieuse fécondité des législateurs n'a plus rien d'étonnant : comme l'attestent ces trois cent mille lois sans parler du code, et ces 10.000.000 de décrets ou arrêts produits en 60 ans par la France constitutionnelle... fécondité qui laisse loin derrière elle celle des thons ou des harengs de la mer.

Mais ne nous éloignons pas de notre sujet. Comment expliquer un pareil phénomène? La raison en est dans sa cause même. Car il est naturel que des lois votées au hasard n'obtiennent point leur effet et nécessitent par conséquent de nouvelles et incessantes modifications.

Joignez à cela l'influence essentiellement désorganisatrice du principe hétérodoxe : il oblige ou même contraint les chambres à traiter de nouveau, à modifier les lois, à changer sans fin ces modifications, chaque fois qu'elles osent légiférer sur la religion au mépris de la liberté de conscience, puis sur la liberté de conscience au détriment de la Religion, comme il appert par les lois portées sur le mariage, sur l'enseignement, sur les vœux monastiques, etc., etc.

Que si vous observez que la loi faite par la majorité parlementaire n'a rien à voir avec la vraie volonté de la nation, mais qu'elle est le fait d'un parti vainqueur et l'écho de ses idées, alors vous comprendrez quels sont les vents qui portent sur les champs de la société

toutes ces nuées de sauterelles, car les lois doivent évidemment changer avec les intérêts, et les intérêts avec
les partis. Et si vous en voulez voir la preuve dans les
faits, vous n'avez qu'à parcourir rapidement ces 60 années de régime constitutionnel moderne, et vous toucherez du doigt cette vérité historique : « que la chute ou
la résurrection des partis amènent le changement dans
les intérêts et par suite dans la législation. En France,
les États généraux se réunissent le 5 mars 1789. Ils
étaient composés d'hommes pénétrés du principe monarchique et attachés aux droits de la noblesse. Le
17 juin de la même année, les trois ordres sont abolis
et l'assemblée nationale naît sous le souffle de l'esprit
démocratique. Qui croira que cette assemblée pouvait
se contenter des anciennes lois de la France ? L'assemblée
nationale devenue constituante prépare la prison du
roi, tout en lui laissant la vie et une ombre de dignité.
Vient l'Assemblée législative et déjà les Girondins et la
Montagne réussissent à enlever à Louis XVI ses titres,
son trône et à commencer la persécution contre les
princes, les émigrés et le clergé (9 nov. 1791). La
Convention enfante la république ; elle immole le roi.
Pouvait-elle accepter les lois faites par les constitutionnels de l'asssemblée précédente ? Non. Elle bouleverse
tout en France par les actes d'une barbarie sacrilège.
Mais le 17 juillet 1794, la tête de Robespierre tombe
sous le couperet de la guillotine. Et voilà bientôt dis-
persé à tous les vents le club des Jacobins, restituées
aux catholiques leurs églises, la paix conclue avec les
Vendéens et les droits de leur baptême rendus aux

catholiques. La Convention nationale a pour héritier le Directoire; celui-ci prépare le Consulat, le Consulat l'Empire. Puis par trois degrés l'on passe des excès de l'anarchie aux excès du despotisme; et à chacune de ses phases, la législation se fait plus étroite, l'autorité s'entoure de plus de baïonnettes et les lois républicaines se transforment en lois monarchiques.

Depuis 1804, dix années de monarchie absolue avaient établi l'esprit du despotisme dans les lois et de servilité dans le peuple (1), lorsque reparaît l'ère des constitutions avec la charte de Louis XVIII (14 juin 1814). Elle tente de réconcilier républicains, impérialistes, libéraux, mais en vain : la lutte recommence dans le Parlement; un instant suspendue par l'acte additionnel du 22 avril 1815, qui avait ressuscité l'Empire, elle reprend au retour du Roi légitime et dure ainsi avec des changements de ministères et de lois selon les partis et les intérêts. Enfin, le péril devient extrême sous un ministère libéral; Charles X se jette dans les bras de Polignac, lequel prépare, sans le vouloir, la chute de la branche aînée des Bourbons. Les d'Orléans montent au pouvoir; leur intérêt est de la combattre constamment, et, avec elle, par une conséquence nécessaire, les traditions françaises, l'aristocratie, l'Église. Mais les

____

(1) Je dis *servilité*, car l'esprit protestant anime toujours au fond le prince en qui s'est incarnée la révolution. Et il n'entend rien aux vrais principes d'un gouvernement chrétien ni à la vraie liberté de sujets catholiques. D'où son étonnement et sa fureur, quand il voit lui résister et le vieillard désarmé du Vatican et, après lui, les 300 évêques de l'empire. Impériale ou constitutionnelle, la réforme ne connaît d'autres lois que le despotisme ni d'autre obéissance que celle de l'esclavage, et les Français s'y habituent.

d'Orléans aussi s'en vont pour faire place à une république tout opposée dans ses tendances par rapport à la religion et à la politique.

Vous le voyez donc : 60 années de législation moderne ont nécessairement été 60 années d'un perpétuel changement d'intérêts, de lois contraires entre elles et forcément modifiées par celles que tout régime précédent léguait à son successeur. Car, s'il est inévitable qu'il entre dans les nouvelles lois des éléments nouveaux afin de rendre impossible tout retour absolu au passé, il n'est pas moins certain qu'un gouvernement nouveau ne peut briser totalement avec l'ancien. Ni la Constituante, par exemple, ne peut rejeter totalement la France monarchique, ni l'Empire récuser l'héritage du Consulat, ni la charte de 1830 repousser celle de 1814, ni la présidence du 10 décembre abjurer la république de février. Et c'est ainsi que les intérêts s'enchevêtrent, que les lois contradictoires se multiplient et que les milliers d'interprétations et d'applications qu'on en fait en rendent la connaissance impossible non seulement au vulgaire, mais même aux avocats.

Tel est le résultat infaillible d'un régime où législateurs et gouvernements appartiennent à un parti, et où la lutte des partis amène de continuels changements.

Remarquons ici comment la nature détruit elle-même ces édifices que l'idée protestante s'efforce de construire. Qu'est-ce qui a fait naître la lutte des partis dans les Chambres? Les hommes épris de l'idée moderne. Ils ont crié contre un monarque qui changeait les lois selon son caprice. Et cependant les monarques sont précisément ceux qu'on accuse d'une immobilité mortelle, vu la stabilité de leurs législations plusieurs fois séculaires. On a donc aboli la forme monarchique du gouvernement pour en créer une où la justice elle-même, disait-on, serait la règle du pouvoir législatif et où le pouvoir exécutif, distinct du premier, serait dans l'impuissance d'en violer les prescriptions. Or, voici que l'on a abouti à un résultat tout contraire et qui rend impossible la séparation des pouvoirs, puisqu'il est impossible qu'un ministère résiste à la réprobation de la Chambre. Mais ce pouvoir unique, qui absorbe tout, est voué par sa nature même à de perpétuels changements. La nécessité l'y pousse; il bouleverse les lois sans souci du bien véritable de la société, mais avant tout pour l'avantage de son parti. Un gouvernement d'ancien régime, au contraire, pouvait par ses lois viser à la justice et au bien commun, puisqu'il ne pouvait les violer sans infamie et sans se ruiner lui-même. Un gouvernement moderne ne peut pas, sans renier sa nature, ne pas complaire au parti qui l'a enfanté et qui le conserve. Car si, pour le bien commun et pour observer la justice, il os. it résister aux intérêts de ses amis, il signerait du même coup sa sentence de mort, et préparerait de ses mains le triomphe de ses adversaires.

Il ne faut donc pas s'étonner de voir les gouvernements modernes varier sans cesse dans leur politique et condescendre à l'opinion prédominante. S'ils avaient, comme les catholiques, une règle immuable de justice, de révélation, ils pourraient être constants, et, dans le cas contraire, ils mériteraient tous les blâmes. Mais la liberté de penser vient affoler leur boussole. Ils n'ont plus d'autre principe de conduite que la majorité. En changeant avec elle, ils font souvent preuve de modestie, de sagesse pour calculer leur intérêt, et en définitive de logique ; car, une fois admis leur premier principe, que répondre à qui raisonnerait comme il suit : « Chacun a la liberté de penser; donc point d'opinion qui n'ait le droit de travailler à devenir prédominante ; donc ou les gouvernants gouverneront sans penser (ce qui ne va pas à tous), ou la pensée, l'opinion qui leur servira de règle sera celle du plus grand nombre.

Trêve donc de toutes ces lamentations rétrogrades sur les 10.000.000 de lois et décrets dont il a été question. Quand on a le hasard pour législateur, l'esprit de parti pour secrétaire, on doit attribuer à une bonne fortune tout le mal qui n'arrive pas.

Résumons ici ce que nous avons dit sur « l'influence morale » de la nation dans la confection des lois modernes. La théorie protestante établit d'abord que, tout individu étant indépendant, la loi n'est obligatoire que si elle est l'expression de la volonté générale. Or la loi n'a jamais ce caractère : 1º parce que le suffrage universel de tous les citoyens est chose impossible; 2º parce que le suffrage de la pluralité n'est pas plus facile; 3º parce que le suffrage des électeurs ne représente point leurs dispositions morales; 4º parce que l'unité morale ne passe point de la nation aux députés; 5º parce que, leur fût-elle communiquée, elle ne devrait pas être représentée; 6º enfin, parce que, quand bien même les députés, s'accorderaient dans leur vote public, ils ne représenteraient encore aucune unité morale. Donc, dans la théorie protestante, la représentation nationale n'est rien qu'une duperie pour tromper les ignorants et pallier la domination de ces maîtres (maîtres par le génie, par l'argent ou par la force) qui réussissent à corrompre le suffrage des députés.

§ IV

ORGANISME FACTICE

Sommaire. — 716. Nécessité d'un nouvel organisme social.— 717. Puisque l'on a détruit tout souvenir de l'ancien. — 718. On le remplace par les partis politiques. — 719. Toujours en lutte. — 720. Ou par des sectes secrètes. — 721. Les plus funestes. — 722. Justifiées par le principe protestant lui-même. — 723. Et par conséquent inexpugnables.

716. — La destruction universelle de l'unité, même secondaire, répugne trop à la nature de l'humanité et de la société pour durer longtemps. La société, nous l'avons vu plus haut (nᵒˢ 272 et suiv.), est l'atmosphère de vie de la nature humaine; mais la société réclame elle-même un organisme, puisqu'il est impossible de concevoir l'unité toujours croissante des associés sans une répartition organique des pouvoirs. (Ibid., 231 et suiv.) Donc, l'organisme naturel brisé, la Réforme est obligée, contrainte même d'en refaire un d'après son principe hérétique. Attention, cher lecteur; c'est maintenant que commence la régénération.

717. — Le principe social adopté par les réformateurs modernes est celui-ci : « Personne n'obéit que s'il le veut, et personne ne veut que ce qui lui plaît. »

Or ce principe, nous l'avons vu, fait trouver très lourd aux passions le joug de l'ordre. Aussi, comme les hommes se laissent guider beaucoup plus par la passion que par la raison, il s'ensuit qu'il n'y a que le petit nombre à vouloir un ordre inviolable et beaucoup à réclamer la licence. Il est vrai ; les passions ne se mettent pas facilement d'accord, tant elles diffèrent dans leur objet; puisque l'un veut la prospérité du commerce, l'autre la gloire militaire, un troisième la diminution des impôts, un quatrième la licence sans frein de tous les vices, etc. bien plus, puisque deux ambitieux, deux avares se font la guerre l'un à l'autre quand leur passion a le même objet. Et voilà précisément pourquoi l'ordre, une fois abattu et les droits foulés aux pieds, il est inévitable que la lutte commence furieuse entre les intérêts. Mais tant qu'un ordre légitime survit et se dresse comme un géant au milieu de la société lilliputienne des intérêts, l'influence qu'il exerce à la honte de leurs sophistiques défenseurs, irrite continuellement ces hommes impatients du frein; ils se trouvent dès lors pleinement d'accord pour essayer de le renverser, et vous savez à quels sacrifices et à quelles ridicules puérilités ils recourent, afin d'arracher les racines et d'effacer les derniers vestiges de toutes les institutions sociales. Rappelez-vous les noms de brumaire, frimaire, etc., thermidor, fructidor substitués aux noms anciens des mois de l'année; la décade remplaçant le dimanche, et dans le nouveau calendrier des hommes de sac et de corde prenant la place des héros chrétiens. Et vous toucherez du doigt les inepties auxquelles ils s'abaissent afin de créer, s'ils le pouvaient, un nouvel ordre social et effacer jusqu'au souvenir de l'ordre qu'ils ont renversé.

718. — Vous connaissez le cœur humain, cher lecteur : Eh bien! interrogez ce cœur corrompu et demandez-lui de qui et sous quel régime il veut être dépendant. Dites-lui : « Tu es libre; choisis la forme de ton gouvernement et tes gouvernants». Que vous répondra le cœur humain? Il vous répondra en choisissant le régime où il espère exercer une plus grande influence, et les personnes dont il obtiendra plus de faveurs. Alors ce qui peut arriver de moins triste, c'est que 10, 15, 20 meneurs habiles à séduire les multitudes formeront 10, 15, 20 fractions revendiquant le commandement suprême et s'enrichissant de ces dépouilles opimes enlevées triomphalement à la société vaincue. C'est ainsi que Caussidière avait distribué les emplois à ses bravaches avant que la révolution de février (1848) l'eût porté à la préfecture de police pour s'y rassasier d'honneurs, de vengeances et aussi de bon vin.

719. — Mais ces factions auront, à première vue, un reste d'ordre au moins matériel; si non, l'une d'elles, dominante pour un moment, subjuguera par la force tous les autres partis.

Que devront donc faire ces derniers? Mais qu'ai-je dit, devront? Pardonnez-moi, cher lecteur. Le mot m'est échappé. J'avais oublié que l'idée du devoir a vécu dans les sociétés modernes. Parlons donc plus juste et d'une façon mieux appropriée : « Que voudront ces partis? » Qu'est-ce que leur conseillera leur intérêt? Et quel droit leur reste-t-il de conquérir le premier rang?

Il leur reste le droit de la parole, avec la parole le droit de former une majorité contraire à celle du parti vainqueur, et avec cette majorité de commander à la société. Voilà tous et chacun de ces partis à l'œuvre pour se créer une majorité. Et cette œuvre est légitime, ce droit inaliénable, cette agitation nécessaire et nécessaire dans la même mesure que le bien public lui-même au jugement de chacun de ces partis, qui d'ailleurs ne se guide que d'après son intérêt propre.

720. — Or ces partis peuvent se trouver dans deux conditions. Les uns se savent assez forts pour intimider le gouvernement; ils s'organiseront publiquement, divisant la société en nombreuses fractions qui, en vue de la bataille, enrôleront des hommes et épieront le moment de l'attaque. N'est-ce pas aujourd'hui (1) la situation des cinq grands partis qui se divisent la France? Les autres, au contraire, sentant leur faiblesse en raison soit de leur petit nombre, soit de leur lâcheté, soit de la malice de leurs desseins et de l'exécration qu'ils exci-teraient dans le peuple, se cacheront dans les antres de leurs conventicules, prêts à s'élancer de leur repaire le jour où les autres factions se désisteront de leur lutte réciproque, fatiguées, affaiblies, mais contraintes de transiger un peu avec le démon du désordre, même après l'avoir vaincu. Encouragé par ces avantages, ce démon deviendra plus ardent. Il se proposera comme un auxiliaire au parti vaincu et le pressera de recommencer la bataille.

721. — Partis agissant au grand jour et sectes secrè-

(1) 1850.

tes, voilà donc l'organisme naturel de la société protestantisée. Aux affections de la famille sont substitués les intérêts des partis; un immense réseau d'associations, hiérarchiquement subordonnées, empêtre partout la marche normale de la société. Et celle-ci, sans savoir pourquoi, voit avorter toutes les mesures légitimes des gouvernants, arrêtés qu'ils sont par des traîtres ou discrédités dans l'opinion par les calomnies des sectaires. Ces partis mourront-ils au moins par épuisement? Non : ils renaîtront au contraire, véritables têtes de ce monstre des sociétés modernes, l'hydre de l'indépendance. Et cette conséquence du principe protestant est tellement nécessaire que l'amour même de l'ordre est impuissant à en arrêter les fureurs homicides; à moins que, prise tout à coup d'horreur à la vue de l'abîme, une nation ne réunisse, pour un moment, toutes ses forces, ne forme une unité violente et artificielle de toutes les factions qui n'ont pas encore juré sur le poignard l'extermination de la patrie, et ne l'oppose, dans un effort suprême, à l'assaut désespéré de l'infernale démagogie. Mais, vous le comprenez, cher lecteur, cette unité, cet effort violent d'une société sans principe d'association, n'est que nominale et fictive : elle ne peut durer que grâce à une crise politico-sociale, grâce à une terreur extrême. La peur dissipée, la nature reprend ses droits, rend aux partis l'indépendance dont ils sont les fils et dont ils vivent; et la malheureuse nation reprend sa marche vers ces abîmes dont la vue l'avait tout à l'heure effrayée. N'est-ce pas ce que vous voyez en France : « Dans les trois années qui viennent de s'écouler, écrit un correspondant de la Bilancia (8 avril 1851), les partis modérés n'ont eu d'autre but que de fermer le chemin aux socialistes. Et, malgré quelques apparences contraires, ils sont restés amis. Mais aujourd'hui la question est revenue à son point de départ. Chacun d'eux travaille pour son intérêt propre et voit un ennemi dans chacun de ses alliés.

Tant il est vrai que la division et la guerre des intérêts devient la disposition habituelle des esprits les plus honnêtes au sein des sociétés modernes et qu'elle en prépare infailliblement la dissolution, à moins qu'elle n'invente un art nouveau pour produire l'unité et l'organisation sociale.

722. — Inutile de me répandre en exemples historiques. Il est ici question d'un fait aussi visible que la conspiration européenne du Comité de Londres. Ce que je prie le lecteur de bien comprendre, c'est que tel est vraiment l'organisme naturel de toute société protestantisée dans ses principes de gouvernement. Cette vérité bien saisie éclairera tout ce qui nous reste à dire sur cette matière. Des partis politiques et des sectes secrètes, il y en a eu, il y en aura de tout temps, quoiqu'en moins grand nombre. Mais avec cette différence capitale que, dans les âges passés, l'organisation sectaire était une rébellion contre les principes fondamentaux de la société, et qu'on la punissait comme une scélératesse, tandis que, dans les sociétés à la moderne, les sectes ne sont pas autre chose qu'une des applications de leur premier principe; d'où il suit qu'on a le droit de les former et que les punir serait une tyran-

nie (1). Lisez dans Barruel, Histoire du Jacobinisme, les théories sociales des illuminés. Vous verrez que toutes sont déduites une à une du principe de l'indépendance et du contrat social, sans que la légitimité de la conséquence puisse être jamais niée. Et voilà précisément la raison pour laquelle la société française nous présente ce phénomène inouï d'un gouvernement dont on complote ouvertement la chute, sans qu'il ose opposer à ses ennemis une résistance efficace. Que dis-je ? opposer une résistance ? Le Président fait alliance tantôt avec les légitimistes, tantôt avec les orléanistes qui préparent la ruine de son pouvoir. Il le sait, il le voit; et il ne s'y oppose pas; tant il est persuadé que cette conspiration est légitime. Tous les autres partis pensent de même, et voilà pourquoi on les voit agir à découvert et en plein jour.

723. — Etonnez-vous après cela de la puissance gigantesque que les sectes ont acquise sous l'influence protestante! Dans un autre âge, il n'y avait à conspirer que les scélérats : ils étaient exécrés par une société menacée, mais non pas dépourvue de logique. Aujourd'hui que les sectes sont soutenues par la logique et que la société ne peut les condamner sans se contredire, elles ne rencontrent d'autre obstacle que la force. Et la force, toujours peu efficace dans l'ordre moral, se change en impuissance dès lors qu'elle passe pour injuste. Elle est inutile contre un ennemi qui se cache; elle s'allie souvent avec un ennemi qui la séduit par ses sophismes et, par son or, rend les bayonnettes intelligentes.

(1) Cf. vol. I, C. I. § IV. De l'impunité des délits politiques.

Cet organisme de sectes a été substitué par la Réforme à l'organisme naturel de la société ; de sorte qu'en réalité les sectaires cachés et les partis agissants au grand jour sont les deux fractions de chacun des peuples modernes. Les liens de la famille, de la commune, de la Province ont été brisés et ils sont loin de prévaloir sur les intérêts de parti.

De plus, les idées passent les frontières. Et cette métamorphose s'attaque aux nationalités, qui, malgré qu'on les couvre aujourd'hui de fleurs, n'en voient pas moins leur étoile pâlir devant la flamme éclatante des partis. De quelle nation sont les Mazzini, les Ledru-Rollin, et leurs complices ? Ils sont de la secte : et, par amour de la secte, ils sont tous et chacun prêts à ruiner, à désoler, à réduire en cendres la terre où ils ont vu le jour, la famille qui les a nourris, la société qui les a élevés. Ils ont pour concitoyens tous les sectaires ; leurs ennemis ne sont que des esclaves ou des profanes.

Et pourquoi ? Indépendants par nature et exempts de tout autre lien d'association, ils ont choisi pour patrie la secte, et pour gouvernement la loge.

§ V

A CHOSES NOUVELLES HOMMES NOUVEAUX

SOMMAIRE : 724. Sens de cet aphorisme. — 725. Il est une conséquence nécessaire. — 726. Son iniquité. — 727. Est fondée sur le centralisme. — 728. Rouage nécessaire d'un gouvernement de partis. — 729. Et qui est poussé aux dilapidations et — 730. A de perpétuelles dépenses. — 731. Objection. — 732. Autrefois le principe d'ordre survivait aux révolutions.

724. — L'organisme naturel détruit et l'organisme

sectaire déclaré légitime, il est facile de voir les immenses malheurs qui fondront sur une société où toute impiété peut se transformer en dogme, toute scélératesse en devoir. Vous me dispenserez donc d'énumérer à la suite toutes les conséquences théoriques de ce système. J'en développerai seulement une : elle est d'ordre pratique et très digne de la méditation des philosophes qui aiment à étudier les phénomènes sociaux.

Vous n'êtes point sans avoir entendu des journalistes et publicistes modernes répéter, en lieu et temps opportun (car, dans le cas contraire, ils vantent volontiers et la justice distributive et l'impartialité) répéter, dis-je, ce honteux aphorisme : « A choses nouvelles hommes nouveaux! » L'audacieuse iniquité de cet adage politique a reçu les approbations et les applaudissements même de bon nombre d'hommes qui avaient la velléité de rester honnêtes, à la condition que l'honnêteté ne compromît pas leurs intérêts et leurs desseins.

725. — « A choses nouvelles hommes nouveaux! » répétaient ces publicistes aux gouvernants modérés ou timides qui répugnaient à condamner à la mendicité les enfants et les familles innocentes de ces centaines d'employés coupables seulement de ne pas penser comme leurs vainqueurs. Or dans leur bouche que signifiait cet adage? Le voici : « La société modernisée a changé les principes du juste et elle veut aller jusqu'aux dernières conséquences de ce principe. Ces conséquences, nous le savons, sont injustes et funestes aux yeux de nos contradicteurs, et tant que nos adversaires garderont dans leur âme le sentiment de l'honneur, ils oppo-

seront toujours un obstacle aux applications que nous
avons résolu d'en faire. Vous donc qui êtes dans ces
dispositions, ajoutent-ils, ou vous devez vous résoudre
à ne rien faire, ou bien à arracher le vaisseau de l'État
à ces forces mystérieuses qui menacent de vous faire
mourir de faim. »

Ecoutons Brofferio développer ce raisonnement en
pleine chambre piémontaise. Il commence par l'inviter à marcher sur les traces des gouvernements absolus
de 1821 et à éliminer des emplois tous ceux qui ne
pensent pas ou même semblent ne pas penser comme
lui. Je laisse de côté l'examen du fait qu'il prend pour
exemple et de la conduite de ces absolutistes (ils n'ont
certainement pas été si sévères) ; je passe sur la contradiction manifeste qu'il y a à presser des hommes, au
nom de la liberté, d'appliquer le principe de l'absolutisme professé par des absolutistes et nié par les libéraux. Je passe sur toutes ces peccadilles et je vous prie
d'écouter le grand ami de la liberté : « Je m'étonne,
dit-il, que ce mot épuration sonne aux oreilles de cette
chambre, comme le nom d'un délit non seulement
contre le code, mais encore contre l'Évangile ! Est-il
vrai que nous ayons des institutions libérales ? Eh bien !
si c'est vrai, faites en sorte que ces institutions, ces
œuvres de progrès, ce programme soient défendus par
des hommes qui veulent sincèrement les soutenir et
non par des hommes chez qui l'amour de la patrie et le
sentiment de la liberté sont au moins problématiques.
Ceux que nous voulons retrancher du nombre des
employés sont des hommes qui n'ont pas nos convic-

tions » (16 février 1851). L'argument était sans réplique. Il convenait, d'après les principes de la Réforme, de dépouiller de leurs emplois officiels des citoyens qui avaient blanchi dans l'administration, intègres, fidèles à tous leurs devoirs, il convenait d'abandonner leurs familles à la misère, leurs noms à la suspicion, leurs personnes au mépris et à l'oppression. Tant d'iniquités perpétrées au nom de la liberté de penser, de l'impartialité judiciaire, de l'accessibilité de tous aux charges publiques devait faire frissonner l'équité, même peu scrupuleuse, d'un ministre. Que fit-il pour se donner du cœur? Ce qu'on avait fait en d'autres temps pour endormir les remords d'un usurpateur sacrilège. L'Académie de la Crusca (1) moderne avait fourni le principe du « fait accompli ». Ainsi, pour apaiser et les scrupules des gouvernants et la faim des malheureuses victimes, on leur servit, non sans grandes formules de condoléance, cela s'entend, cet adage inconnu : « A choses nouvelles hommes nouveaux. »

L'adage est cruel, direz-vous. Je n'en disconviens pas, mais il est logique, l'auteur dit : raisonnable, et ce qu'il y a de plus étrange, c'est que la plainte des victimes ne l'est pas moins. Et que pouvez-vous répondre à deux adversaires qui, par une de ces contradictions coutumières dans l'idée réformatrice, travaillent l'un contre l'autre et peuvent se vanter d'avoir raison tous deux à la fois ?

— Moi, dit le ministre, je ne puis donner le mouvement aux affaires sans un bras qui me seconde et soit

(1) Académie.

d'accord avec ma tête; donc qui ne sera pas de mon avis sera licencié.

— Et moi, répond l'employé, j'ai le droit de penser librement selon ma raison : et vous ne pouvez sans injustice me priver pour cela de mon emploi et de mon pain.

— Si je vous laisse à votre poste, il est impossible que vous ne tentiez pas de contrecarrer tous mes desseins.

— Si je vous fais de l'opposition sans violer la constitution, j'use de mon droit. Et raisonnablement vous n'avez pas à vous en plaindre.

— Pardon, Monsieur, je puis m'en plaindre, parce que c'est la majorité qui commande et vous devez lui obéir.

— La majorité ne peut pas m'enlever des droits qui me sont concédés par la constitution. Et j'en use afin de former une autre majorité qui commande légitimement sur les ruines de la vôtre.

— Mais cette majorité nouvelle ne se forme pas; et voilà précisément pourquoi je vous éloigne de votre emploi.

— Oui; mais en m'éloignant sans que j'aie commis une faute et sans procès vous violez la constitution que vous avez juré de maintenir.

— La constitution ne peut vouloir un gouvernement impossible; or, un gouvernement est impossible si les employés font la guerre au ministre.

— Pardon; puisque, selon la constitution, les employés peuvent faire la guerre aux ministres, il est clair que ce gouvernement n'est pas impossible. C'est vous qui manquez de capacité.

— Au moins par délicatesse devriez-vous vous mettre d'accord avec votre chef.

— Certainement, si ma conscience me le permettait ! Mais voici précisément le point délicat : ma conscience me défend de trahir la cause de la justice que vous voulez opprimer.

— Mettez de côté ces idées et obéissez.

— Pardon, ma conscience est libre et j'ai le droit de la suivre.

— Et moi je suis la mienne; et je vous casse.

Nous pourrions poursuivre indéfiniment ce dialogue sans qu'aucun des interlocuteurs fût réduit à confesser qu'il a tort. Car, comment l'un d'eux serait-il convaincu si le principe sur lequel il s'appuie est admis bien que contradictoirement par son adversaire ? Or, remarquez-le; c'est là la condition à laquelle sont condamnés dans la société moderne tous les partis arrivés au pouvoir; ils en subissent réellement la loi; ils en acceptent le joug, et la constitution n'est pas plutôt publiée qu'ils commencent par la violer : quant à la formule de cette acceptation, elle est bien connue : « A bas les rétrogrades; à bas les jésuites, à bas les absolutistes ! etc. A ce cri les religieux se cachent, le clergé est enchaîné ou discrédité; on veut par là diminuer l'influence du parti réactionnaire; puis on en vient à l'épuration de la magistrature, de l'administration et enfin de l'armée. Les proscrits ou gémissent ou frémissent. Ils laissent dire cependant, sentant très bien que la constitution tomberait si l'on en observait sincèrement les articles. De là ces deux formes de gouvernement plus ou moins franches, plus ou moins hypocrites d'après lesquelles on commence la régénération. Dans la rue ou sur la place publique une bande de scélérats qui jouent le rôle d'un peuple audacieux; au palais des modérés cachés derrière les persiennes et attendant, le sourire sur les lèvres, que l'assassinat soit consommé. Finalement ils composent leur visage, jouent la tristesse, et, sortant de leurs cachettes, vont, avec un grand respect pour lui, arrêter les fureurs du peuple et recueillir les dépouilles des victimes : « Malheureuses victimes, gémissent-ils, la mort dans l'âme! Mais que voulez-vous? Le fait est accompli... Les exigences des temps ont rendu nécessaire votre éloignement. C'est injuste; mais ne craignez pas, nous ferons une loi pour la légitimer? »

Il n'y a donc que demi-mal. Une loi arrange tout. L'injuste devient juste; le bien volé finit par être de bonne prise, et ce qui est pis, la constitution est mise en sécurité par les flagrantes violations qu'elle subit. Vous le voyez, cher lecteur. Les violences et les hypocrisies des régimes modernes demandent d'être jugées avec une certaine indulgence. Il faut les considérer plutôt comme une nécessité logique du système que comme le fait d'hommes sans entrailles ou ignorants du droit : « A choses nouvelles, hommes nouveaux! »

726. — Cette cruelle dérision ne pouvait être du goût de ces honnêtes catholiques qui avaient plus de confiance dans la charité et dans la justice que dans des paroles et dans la Charte. Un des plus illustres, Ch.

Balbo, fait observer, avec un grand sens, qu'une société constitutionnelle ne devrait jamais admettre dans son sein une centralisation bureaucratique. Autrement celle-ci mettra à la disposition des ministres une armée innombrable d'employés, dont la vie dépendra de leur bon plaisir comme le monde dépend de la main du créateur. Cette omnipotence est injuste en soi, inconstitutionnelle dans l'Etat, mortelle pour la liberté. Mais par ailleurs, ajoute Balbo et après lui le marquis de Valdegamas au parlement espagnol, comment détruirez-vous cette centralisation? Vous placez au gouvernail un ministre responsable; puis vous le menacez, au nom du peuple souverain, de la censure, de la démission, de la prison, de l'exil et même de la corde pour peu que cela réjouisse votre maître brutal, et vous prétendriez gêner ce ministre dans le choix de ses auxiliaires? Vous voudriez le forcer à en accepter non seulement qui lui seront inutiles, mais qui le contrediront et le combattront?

727. — Le remède indiqué par le grand écrivain contre la cruelle maladie des hommes nouveaux, maladie maudite par lui comme par tous les publicistes désintéressés, ce remède se réduirait donc à un acte de justice sociale qu'appellent aujourd'hui le bon sens naturel, la science, et l'expérience de toute l'Europe civilisée. Ce serait l'abolition d'une centralisation excessive (1).

Nos réformateurs modernes prétendent faussement imiter l'Angleterre. En fait, l'Angleterre n'a jamais

(1) Voir C. 4. §. 3. N° 302.

connu ce mal. Sans doute, l'envie de moderniser ne lui fait point tout à fait défaut. Mais, chez elle, cette manie n'a pas les mêmes inconvénients que sur le continent : son caractère national et son caractère religieux l'empêchent, nous l'avons vu en parlant de la liberté de la presse en Angleterre, de tirer les dernières conséquences du principe protestant. Ces assertions, nous les avons répétées, il n'y a pas longtemps. Et nous allons les confirmer ici par quelques citations. « Le Constitutionnel » de Florence dit : « Que nos lecteurs ne se trompent pas sur la constitution anglaise. C'est sur elle que se sont formées les constitutions du continent. Et pourtant la chose est claire, elle n'a pas été le fruit de la Réforme protestante, comme quelques-uns l'affirment soit par ignorance soit de mauvaise foi. Elle n'a été que l'inévitable évolution de ces régimes représentatifs communs jadis à toutes les nations de l'Europe — régimes dont la décadence a, depuis un siècle, amené toutes les révolutions tantôt au profit du despotisme et tantôt au profit de la licence. » Ainsi, que les lecteurs veuillent bien le noter. Le gouvernement anglais n'a pas été l'effet de la Réforme protestante. Bien plus, disons-le à la louange de sa politique intérieure, plus il a travaillé à propager cette réforme dans les autres Etats afin de créer des complications à son avantage, plus il a été convaincu qu'il devait conserver chez lui (Henri VIII disparu) l'esprit et l'organisme social d'autrefois. Voilà pourquoi vous trouvez encore en Angleterre l'aristocratie, l'épiscopat, les privilèges de la justice, la richesse des églises, etc., etc., et même, qui le croirait?

les anciennes perruques frisées des magistrats, la simarre des professeurs, les uniformes des écoliers, les scolies sur le texte d'Aristote, et maint autre usage ancien qui, ressuscité dans nos sociétés, nous paraîtrait un cadavre sortant du tombeau. Voilà pourquoi l'esprit anglais est tout différent de l'esprit des nations du continent. Voilà pourquoi l'amour et le respect des lois sont restés en Angleterre presque tels qu'ils avaient été inspirés par saint Augustin, conservés par les soins de l'aristocratie, autant qu'il est possible à des institutions humaines de se conserver. De là précisément la faiblesse de l'esprit novateur en ce pays, de là la force de sa constitution pour demeurer ferme et inébranlable, tandis que toutes les autres constitutions du continent, grisées par l'esprit protestant, ressemblent plutôt à un homme ivre.

— Autre confirmation tirée de « l'Economist » cité par « le Constitutionnel » de Florence (30 janv. 1852). Il veut montrer que la constitution anglaise est impossible en France et dans le reste du continent. Il en donne trois raisons : « Le gouvernement représentatif, dit « l'Eco-« nomist », vit d'une vie de compromis : il est le fruit « d'une modération et d'un respect réciproques, sans « lesquels il ne pourrait exister un jour. Il y a donc « erreur complète à imaginer qu'un tel système est bon « théoriquement; il est au contraire théoriquement « impraticable; erreur encore à croire que la liberté « anglaise a fleuri grâce à notre glorieuse constitution. « Elle a fleuri malgré les anomalies et les défauts de « cette constitution, et grâce aux vertus nationales qui

« seules la rendent viable. Mais les Français détestent
« les compromis. Ce qu'ils ont, ils veulent l'avoir
« exclusivement, sans compétiteur, sans associé ; tout
« ou rien, telle est leur devise. Cet exclusivisme est donc
« la première cause de l'insuccès des institutions repré-
« sentatives en France. »

L'auteur examine ensuite minutieusement la constitution anglaise, démontrant que chacun des trois pouvoirs arrêterait court la marche du gouvernement, s'il
n'avait la sagesse de renoncer à son propre intérêt.
Pour nous, voulant être bref, nous abordons la seconde
raison, qui du reste se rapproche beaucoup de la première. « Les Français, dit « l'Economist », ont cru possible de réformer la société sans se réformer eux-mêmes,
d'en revenir à des formules étroites et stériles qui ne se
rencontrent que dans le monde moral. Il ne leur est pas
venu en tête que la liberté et l'égalité n'enfoncent leurs
racines que dans ce terrain intime qu'on appelle l'âme.
Quels aveux et comme ils doivent plaire à la « Civilta
Cattolica ». La troisième cause qui est venue entraver,
en France, la marche du gouvernement représentatif
est l'excessive centralisation et l'antimunicipalité de
leur administration ! Idée plus qu'étrange « qu'un
régime républicain puisse coexister avec tous les raffi-
nements du despotisme » ! Et pourtant il en est ainsi.
Les Français sont presque totalement privés de ces
libertés réelles et concrètes qu'on appelle libertés de
la paroisse, libertés de la commune, et qui sont la racine
ou mieux la sève naturelle des libertés nationale et
républicaine. Vous le voyez, cher lecteur, cette raison

est exactement celle que nous avons longuement développée, lorsque nous avons montré que toutes les constitutions du continent avaient ruiné la société naturelle,
c'est-à-dire la famille, la commune, la province, en
vertu même du principe protestant, base de leur châ-
teau de cartes.

728. — Tant que l'influence de ce principe ne sera
pas abolie, l'abolition du centralisme bureaucratique
demandée par Balbo sera chose impossible. Car ce
serait un retour à l'organisme naturel diamétralement
contraire au progrès du principe protestant. Et le principe protestant {est ennemi de la nature.

Aussi certaines velléités d'esprits plus sincères que
logiques n'obtiendront jamais dans ces sociétés des
effets durables. Ces esprits demandent la liberté pour
tous! Ils crient contre le despotisme centralisateur.
Mais c'est tout. Malgré ces cris, vous n'en voyez pas
moins en France jusqu'à des femmes s'enrôler dans
l'armée universitaire et se munir de brevets pour enseigner le catéchisme (1); vous n'en voyez pas moins la
Belgique imiter servilement cette France (2) qui
naguère lui enviait sa liberté ; vous n'entendez pas
moins les modernes publicistes et réformateurs d'Allemagne vociférer comme des énergumènes et accuser
l'Église de s'affranchir; enfin vous n'en voyez pas
moins les hommes du Piémont emprunter les chaînes

____

(1) L'école neutre n'existait pas encore.
(2) Aujourd'hui la Belgique a noblement reconquis sa liberté d'enseignement. Et elle est en train de réorganiser chez elle l'ordre social
tout entier. — Note du traducteur.

rouillées du vieux Joséphisme autrichien pour enlacer le clergé dans la centralisation bureaucratique. En vérité, ces faits, s'ils n'étaient lamentables, seraient comiques. Mais ici le comique n'est que dans une contradiction apparente ou plutôt dans la naïveté de ceux qui s'y laissent prendre. La vérité est que, dans une société modernisée, les gouvernants sont et doivent être un parti qui, dans son intérêt propre, comprime tous les autres partis. Et parce que viser à son propre intérêt et se procurer l'appui de la majorité est pour le parti régnant plutôt un devoir qu'un droit, il s'ensuit qu'il doit, par tous les moyens, atteler et enchaîner à son char le plus grand nombre d'employés possible. Ils le traîneront d'autant plus doucement qu'ils seront plus nombreux.

Donc le centralisme bureaucratique, bien que contraire à la liberté, est un des rouages essentiels des gouvernements représentatifs modernes.

729. — De là surgit un grand embarras pour un ministre qui n'a point fermé son cœur à tout sentiment d'humanité. Il lui faut sacrifier les anciens employés aux nouvelles institutions. Mais comment le faire sans paraître trop cruel? Il indemnisera les victimes des « choses nouvelles » aux dépens de ce peuple souverain assez barbare pour les dépouiller. Et bien entendu que ce souverain croira les avoir bien payées sans se reprocher jamais leur immolation. Et voilà comment s'ouvre l'ère des impôts toujours croissants et bientôt écrasants, des dettes et des banqueroutes que tous les régimes modernes, sans en excepter un seul, ont vu passer sur

eux avec une imperturbable sécurité. Plus tard, nous traiterons en son lieu de cette plaie causée encore par le protestantisme dans le corps social. Les économistes à la moderne ont voulu la guérir avec des emplâtres d'un genre nouveau; ils n'ont amené partout, à différents degrés, que le cruel paupérisme.

730. — Pour le moment j'ai voulu seulement signaler combien cette plaie est avivée par cet impitoyable proverbe : « A choses nouvelles, hommes nouveaux » répandu dans les foules. Sous ce prétexte, en effet, les fonctionnaires renvoyés acquièrent le droit de vivre aux dépens du peuple comme des mendiants, et le peuple assume l'obligation de les nourrir en se chargeant sans cesse de taxes nouvelles. Ici mettez-vous en garde contre une illusion qui diminuerait beaucoup dans votre esprit l'idée du mal que cette gangrène peut produire dans le corps social : ce serait de croire que l'infection, après avoir endommagé un des organes sociaux, pourra reculer devant une mesure énergique favorable à l'ordre. C'est l'illusion de ces braves gens qui croient que tout cède au scalpel et à la pierre infernale. Mais pour qui connaît les causes du mal, il est manifeste qu'il trouvera dans les dispositions du corps entier un nouvel aliment et qu'il renaîtra dans toute sa force. L'idée de la réforme protestante a affranchi les intelligences, les intelligences affranchies sont toujours libres de chercher de nouveaux principes, et la nouveauté de ces principes exigeant des choses nouvelles amènera des hommes nouveaux. D'où cette conséquence : à une armée d'employés rétrogrades, on substituera une armée d'em-

ployés modérés, à celle-ci une armée de fonctionnaires démocrates, à cette dernière, les partisans d'un César heureux, après ceux-ci les hommes d'une république sanguinaire et toujours ainsi de suite. Mais ces armées nouvelles qui traîneront le char du parti victorieux, qui les paiera? Ce parti lui-même ? Pas le moins du monde: ce sera le bon peuple souverain. Il est vrai que de temps en temps surgiront des ministères plus économiques : un directoire, une convention, etc. Ils débarrasseront l'Etat d'une partie de ses charges en soldant ses dettes avec les biens des exilés, ou des victimes jugées sommairement et condamnées à l'échafaud comme des ennemis de la patrie. Il est vrai encore que les gouffres du budget public pourront être comblés, un moment, par les richesses de l'Eglise, de l'aristocratie, par ces richesses que l'on proclamera biens de la nation. Mais toutes ces immolations, on le sait, sont loin de valoir celle de Curtius. Et l'abîme ouvert au milieu de l'Etat moderne demande beaucoup plus que celui du forum romain. Les pensions de ces employés d'un autre âge continueront donc de grossir la dette de l'Etat et avec elle le torrent des invectives que l'opposition ne cessera d'adresser aux ministres, les accusant de dilapider le trésor public et d'être les sangsues du pauvre peuple. Ministres et accusateurs seront en pleine contradiction. Pourtant ni les uns ni les autres n'auront tort, car, vous le savez depuis longtemps, la dernière conséquence du principe de la Réforme ne peut être qu'une flagrante contradiction au point de vue pratique : c'est à la fois le oui et le non; l'édification et la démolition; c'est l'effort continu pour rendre rondes les têtes carrées et carrées les têtes rondes.

731. — Soit, me dira quelqu'un; les faits et le raisonnement amènent cette conclusion par rapport aux sociétés modernes. Mais les sociétés anciennes ont-elles présenté un autre spectacle? N'ont-elles pas vu des bouleversements politiques qui ont brisé les liens des sociétés vaincues? N'y a-t-il pas eu dans leur sein des conspirations contre l'ordre? Et les vainqueurs, une fois maîtres du pouvoir, ont-ils été plus réservés pour imposer leur joug, plus humains envers leurs adversaires, moins tenaces pour garder les biens ou les droits acquis? Non, non! Le monde a toujours été ce qu'il est. Toujours les gros poissons ont mangé le menu fretin.

732. — Nos lecteurs ne seront pas tentés de se laisser prendre à cette objection déjà réfutée d'avance : ils voient trop bien l'immense différence qu'il y a entre une société bouleversée momentanément par un coup de force et une société où le bouleversement est transformé en principe. Oui, dans tous les temps, il y a eu dans la société humaine des délits heureux et des scélérats s'emparant du pouvoir; mais dans tous les temps, autres que le nôtre, le principe de l'autorité et du droit demeurait respectable et de fait respecté, dans une certaine mesure, au fond des cœurs. La tempête dissipée, il reprenait tout son empire dans la société. Vous le voyez; dans ces sociétés, le retour à l'ordre était chose facile et durable. Et ici je ne parle pas même de cette force morale et de la vénérabilité qu'un évêque donnait au prince en le sacrant. Je me contente de considérer

au point de vue de la restauration de l'ordre l'effet naturel produit dans les esprits par la vraie doctrine sociale.

733. — Je le sais : des eaux débordées ne se calment pas subitement en rentrant dans leur lit; leur flux et reflux durent toujours quelque temps. De même après une tempête politique l'effervescence des partis ne s'abattait pas en un instant. Il y avait encore dans la nation des oscillations plus ou moins longues. Pourtant, aussitôt que se levait rayonnant dans la majesté du droit un génie puissant, un Henri IV par exemple ou même un simple héritier légitime, un Edouard, etc., fût-il encore enfant, la tempête s'apaisait et la conscience du devoir et des serments se réveillait dans les âmes. A partir de ce moment l'organisme social reprenait ses formes et ses fonctions naturelles ; l'individu redevenait sujet dans la famille, le père, son défenseur né, se sentait relié à la commune, la commune ne méditait plus de détruire la province et la province se considérait comme une partie du royaume. Il y avait des hommes nouveaux, mais non des principes nouveaux ; la fidélité jurée au chef disparu, avant le changement politique, loin d'être un obstacle, était une garantie de fidélité à son successeur. Celui-ci pouvait donc se jeter dans les bras de ses anciens adversaires avec cette confiance magnanime tant célébrée dans Henri IV et dans plusieurs autres princes généreux. Ici, vous le voyez, le proverbe inhumain de la politique moderne n'avait plus de sens; puisque tous les hommes, pourvu qu'ils fussent honnêtes, étaient également nouveaux dans les

applications nouvelles du droit ancien, de ce droit universellement et unanimement reconnu et respecté par tous les citoyens. Conséquemment, à part les exceptions enfantées de tout temps par la malice originelle, tous les employés et fonctionnaires pouvaient rester à leur poste et conserver leur salaire. Il n'y avait point besoin de troubler les impôts du peuple ou de payer d'anciens serviteurs par le cruel salaire de la faim et du mépris.

Il n'est donc pas vrai que la société marche toujours du même train quel que soit le principe qui la guide; et il serait souverainement absurde que, selon les lois de la logique et de la vérité, la même conséquence sortît de deux systèmes diamétralement opposés : « Qui dit : Je ne crois qu'en moi : à moi seul j'obéis, » doit dire aussi par une conséquence fatale : « Je veux seulement le bien que je sens ; je ne sens que le plaisir : au plaisir je sacrifie tout. » Au contraire, qui reconnaît un ordre et un ordonnateur dont il dépend doit ajouter comme conséquence : « La garantie de ma félicité future est pour moi cette sagesse qui jamais ne se trompe et non ce sentiment qui souvent m'illusionne. » Celui-ci verra donc son bien; celui-là le sentiment. Celui-ci prendra pour règle la raison; celui-là le plaisir. Vouloir tirer de ces deux principes opposés une même et identique conséquence, ce serait vouloir confondre l'universel avec le concret, l'esprit avec la matière, le droit avec la force.

Ce qui contraint les régimes modernes à réclamer des hommes nouveaux, c'est que les hommes anciens ne peuvent pas changer leurs principes. D'où il suit que, dans les sociétés où l'on conserve les principes anciens, le changement légitime soit du chef soit de la forme du gouvernement n'entraîne aucune véritable nécessité de dépouiller de leurs emplois des hommes honnêtes. Leur honnêteté les oblige à respecter les changements légitimes à l'égal des lois anciennes. Et telle eût été, en fait, la situation des peuples en France, en Italie, etc., si les promoteurs des gouvernements représentatifs modernes eussent voulu simplement un changement de forme gouvernementale et non un changement de principe. Les autorités légitimes auraient parlé et les sujets sincères auraient obéi. Ainsi pensent tous les publicistes impartiaux. Mais ce qu'on voulait, c'était changer le principe. Et voilà pourquoi l'on n'admettait aucune concession, pour peu qu'elle le défendît encore surtout en matière religieuse. Aussi, chose remarquable, pendant que les honnêtes gens se soumettaient par devoir aux nouveaux régimes, ceux qui avaient réclamé plus hautement des constitutions nouvelles étaient souvent les premiers à les attaquer. A Naples, on ne voulut pas prêter serment; à Rome et à Florence, on chassa les monarques qui avaient octroyé des réformes. Le Piémont fut sur le point de devenir une république. Et l'on y travailla surtout à mettre la guerre entre l'Église et le gouvernement que l'on poussa si bien à violer le principe catholique qu'il ne pouvait plus reculer sans se contredire lui-même. Le succès grisant les réformateurs, ils ont répété tranquillement leur adage : « A choses nouvelles, hommes nouveaux. » Mais ils comprenaient très bien que c'était la violation du principe catholique qui rendait impossibles les hommes anciens.

Cet aphorisme dont on voudrait faire un proverbe est donc un fruit naturel des sociétés modernisées ou hétérodoxes : il sort non des changements politiques, mais des innovations doctrinales.

Nous avons suffisamment établi cette conséquence inhumaine des idées hétérodoxes. Résumons ce que nous avons dit dans ce paragraphe.

CONCLUSION

SOMMAIRE : — 734. La représentation moderne est une représentation qui ne représente pas. — 735. Elle constitue un triple mensonge, car les représentants ne sont ni les *délégués* ni les représentants de la nation et de son organisme. — 736. C'est là une conséquence de l'*esprit* des institutions modernes. — 737-738. Si bien que ces institutions cesseraient d'être nuisibles si elles étaient comme au moyen âge neutralisées par le catholicisme. — 739. Il pourrait encore en corriger la malignité. — 740. Si on l'entendait sincèrement et — 741. Si on l'appliquait avec loyauté.

734. — Ici, cher lecteur, permettez-moi d'en appeler encore à votre droiture, à votre sincérité, à votre foi catholique. Permettez-moi de m'appuyer sur cette confiance qui s'établit naturellement entre un écrivain et ses lecteurs, quand ils cherchent également à connaître et à faire triompher la vérité, et de vous demander si l'on peut nier que les gouvernements représentatifs modernes sont autre chose qu'un perpétuel mensonge, puisqu'ils sont une représentation qui ne représente pas. Conclusion contradictoire. Oui. Mais quoi d'étonnant après tout ce que nous avons dit de l'influence hétérodoxe? Un principe contradictoire ne peut mener qu'à des déductions contradictoires. Par conséquent le principe qui prétend faire de cet être fragile, qu'on appelle

l'homme, un Dieu indépendant (1) doit nécessairement engendrer cette contradiction et beaucoup d'autres semblables. Oui, encore une fois : « Les gouvernements représentatifs, entendus selon l'idée de la Réforme, constituent une représentation qui ne représente pas. »

735. — En effet, que signifie le mot représentation ? On appelle « représentant » celui qui parle et agit au lieu et place d'un autre, et celui-ci nous l'appelons « représenté ». Par suite, un représentant du peuple ou de la nation, ou plus rigoureusement un représentant des intérêts de la nation sera celui qui sera délégué par la nation pour tenir sa place dans la défense des intérêts nationaux. Or : 1° les représentants ne sont point les délégués de la nation, je vous l'ai montré dans un article sur le suffrage universel (2). 2° En raison des institutions modernes, les représentants sont induits non pas à défendre, mais bien plutôt à trahir les intérêts de la nation. En effet, une nation est un organisme social ordonné hiérarchiquement et les députés, sous le souffle du principe protestant, tendent à désunir et à égrener l'organisme social, à promouvoir uniquement leur intérêt personnel ou tout au plus celui de leur propre parti : je vous l'ai démontré dans le présent article. Donc les gouvernements représentatifs modernes, animés de l'esprit protestant, sont un triple mensonge : un mensonge, en ce qu'ils se disent « délégués par la nation, un mensonge, en ce qu'ils se proclament repré-

<hr>

(1) C'est la doctrine formelle du panthéiste Mazzini, et qui admet l'idée protestante doit logiquement aboutir à admettre cette affirmation. V. C. I. n° 52.

(2) Voir t. Ier, ch. 2.

sentants ; un représentant est l'image vivante d'un autre, non de lui-même, eux défendent leur intérêt propre et non celui de leurs électeurs, à moins que par hasard ces intérêts se confondent ; un mensonge enfin, en ce qu'ils se disent représentants de la nation : car une nation est un corps organique, et eux représentent au plus la multitude non organisée. Or une telle multitude est toute autre chose que la nation, de même qu'un morceau de viande de boucherie est toute autre chose que le bœuf conduit à l'abattoir.

736. — Et remarquez-le bien, cher lecteur ; ce triple mensonge n'est point un effet de la malice humaine. C'est la conséquence nécessaire du principe protestant et des institutions qui sortent de lui toutes pénétrées de son esprit. Au moyen-âge des institutions analogues furent très innocentes ; celles d'aujourd'hui pourraient revenir à cette justice d'autrefois. Et c'est cette considération superficielle qui trompe tant d'hommes honnêtes. Ils ne regardent que le dehors des formes sans rechercher l'esprit qui les anime. Que si ces institutions nouvelles se corrigeaient, les hommes modernes ne tarderaient point à les mépriser. Ils diraient qu'elles appartiennent à l'âge gothique et sentent trop les sacristies.

Ce qu'on veut, ce n'est donc pas la forme, c'est l'esprit moderne ; il faut que l'on reconnaisse l'indépendance d'une raison libre, quand il lui plaira de jeter le blasphème à la face de Dieu, il faut que cette indépendance soit proclamée souveraine, que cette multitude de souverains soit exempte de tous les liens de la hiérarchie sociale ; mais pourtant qu'avec cette liberté elle ait le droit de se confédérer en associations nouvelles; il faut que ces armées formées par le suffrage universel des individus puisse légalement déchaîner la guerre civile, sans être arrêtées soit par la conscience publique, soit par l'Eglise, soit par le respect de l'autorité, soit par la crainte de la force matérielle.

Alors, oui, la société sera vraiment modernisée et progressera. Mais alors aussi la nation sera broyée, réduite en miettes, et ce ne sera plus une nation; les suffrages seront extorqués, achetés. Mais ce ne seront plus des suffrages nationaux; les représentants défendront leurs intérêts propres, mais ce ne seront plus des représentants.

737. — Comprenez bien, d'après tout cela, le mensonge des institutions à la moderne. Et vous comprendrez du même coup un phénomène que nos adversaires et d'autres personnes honnêtes mais crédules ont toujours regardé comme inexplicable. « Voyez un peu, s'écrient-ils parfois tout pleins d'étonnement! quelle chose étrange! Le peuple donne à ses représentants le mandat de surveiller et de contenir, de diminuer les impôts, de faire disparaître les abus dans l'administration de la justice, les dilapidations dans les finances. Or, plus il y a de représentants et plus le pauvre peuple est mis à sac.

— Pour vous, cher lecteur, est-ce que cela vous étonne après ce que nous avons dit?

Si, en vertu de son principe et de ses institutions, cette nation n'est plus une nation, si ses suffrages ne sont plus les siens, si les représentants ne représentent plus, loin d'être étonnés du mauvais résultat nous devrions l'être du succès; au lieu de dire : tout représentés que nous sommes, nous sommes cependant opprimés, nous devrions dire : Nous ne le sommes pas encore à l'égal des Irlandais; au lieu de nous écrier : « Oh ! que les impôts sont lourds et intolérables! » nous devrions dire avec reconnaissance : « Comme ils sont modérés ces législateurs tout occupés de favoriser leurs intérêts propres ! »

738. — Je vous l'avoue, quand je réfléchis au désintéressement de ces députés piémontais qui depuis cinq années dans le Parlement ne se sont point fait payer, comme c'est ailleurs l'usage, leur travail de législateur et surtout ces flots d'une éloquence patriotique qui ne le cède point à celle des orateurs les plus illustres, je demeure stupéfait de la force que déploie à toute heure le sentiment catholique au mépris du principe protestant embrassé par l'Etat! Voyez un peu, me dis-je à moi-même, chacun de ces députés devrait, selon son principe, plaider pour son intérêt personnel. Et voici que très peu ont réclamé et aucun n'a obtenu le salaire quotidien de sa journée parlementaire. Je ne canonise point par là leur désintéressement présent ni surtout futur, les intérêts d'un homme ne sont pas tous renfermés dans sa bourse. Mais leur modération même et leur discrétion sont d'autant plus dignes d'éloges qu'elles sont plus contraires à l'esprit des institutions modernes et à l'exemple de peuples même plus anciens lancés à l'aveugle dans les voies du progrès.

739. — Serait-ce donc que, dans le Piémont, ces institutions se seraient dégagées de l'esprit protestant?

Aucun pays n'était en effet plus capable de rejeter cet esprit que le Piémont. Là le gouvernement représentatif moderne avait été établi par un roi légitime : il n'avait point à sa naissance ce vice radical propre à tant d'autres, l'usurpation flagrante; il était dû, en partie, à certains hommes catholiques enthousiastes d'idées nouvelles, mais qui comptaient bien arrêter le mouvement au bord du précipice; il était dû surtout à l'hypocrite souplesse de ce Mazzini qui, connaissant très bien le respect profond des Italiens pour la légitimité, ne se serait jamais avisé de les pousser d'abord à une révolution. Par ailleurs la bonté du monarque, l'affection du peuple pour la dynastie de Savoie, le sentiment de l'ordre et du droit merveilleusement conservé dans cette nation, et cela grâce à une vie catholique intense, et malgré tous les efforts d'une presse impie depuis trois ans... toutes ces causes, dis-je, auraient dû rendre plus facile l'amélioration et la transformation d'un système de gouvernement radicalement faux. Un peu plus de bonne foi dans les volontés eût obtenu ce résultat.

740. — Le « Statuto » de Charles Albert avait besoin d'être expliqué. Quant à la piété de ce prince resté avant tout catholique, malgré plusieurs illusions, personne ne l'aurait mise en doute. Il avait octroyé le statut; il en eût été l'interprète, et au lieu de sacrifier le 1er article du concordat passé avec le pape les évêques et les catholiques à ces articles qui prescrivaient l'égalité civique et faisaient du prince la source du droit et des lois, il aurait subordonné, accommodé ces derniers à celui

qu'il avait placé en tête de la constitution : « La religion catholique, apostolique et romaine, est la religion de l'Etat ! » Ainsi le voulaient les règles de l'interprétation, les sentiments de la conscience et même les vrais principes de la philosophie chez quiconque n'avait pas perdu toute idée de religion et de catholicisme.

741. — Supposez que cette rénovation se fasse dans un pays, qu'arrive-t-il alors ? Le vrai principe rétabli dans les intelligences, les volontés redevenues plus loyales, on cherche moins à concilier les partis qu'à les maintenir dans la justice ; on a l'honneur de ne pas se contredire, on voit la force morale renaître de la vérité comme de sa racine ; et cette force morale s'identifiant dans ceux qui commandent avec la conscience de leur propre dignité, leur donne le courage de mépriser les accusations de l'opinion et les frémissements de la révolte.

Le chef de l'Etat ayant recouvré la puissance magique de dompter par son regard cette bête féroce qu'on appelle la révolte, un mouvement subit agite et rapproche tous les membres désunis de la nation ; le père sent l'obligation de représenter la famille et le fils de respecter son père ; la conscience du devoir paternel devient en même temps, chez lui, la conscience du droit qu'il possède de représenter à la commune ses propres enfants sans mendier leurs suffrages, et ce droit fortifié par l'amour, devient d'autant plus inaccessible à la vénalité qu'il a plus de tendresse pour les siens. La commune, à son tour, grâce aux relations quotidiennes et aux intérêts réciproques de ses habitants, est non seulement

poussée à procurer le bien de toutes ces familles, enla-
cées les unes aux autres par les mêmes péripéties de
l'existence, mais encore à défendre les liens qui l'atta-
chent aux communes voisines et les nombreux avantages
qu'elle en retire. D'où il suit qu'en se rattachant pour
sa part à la province, elle accepte aisément les sacrifices en vue d'un intérêt général bien connu. Le gouver-
neur de la province, moins accessible aux peines domestiques des individus, est en contact perpétuel avec
les communes, il en connaît les besoins, pour peu qu'il
ait le respect de lui-même et de sa conscience, il sent
grandir d'autant plus dans son cœur l'amour légitime
du pouvoir, du devoir, de l'honneur, etc., qu'il est plus
élevé au-dessus des émotions souvent troublantes de la
famille. Il représentera donc fidèlement (à moins que sa
conscience de catholique ne se taise) l'unité des communes, de même que la commune représente l'association des familles. Ainsi familles, communes, provinces
auront, non pas cette unité matérielle tracée par quelques lignes sur une carte géographique, mais l'unité
dans la connaissance et l'amour de devoirs qui les portent à rendre leurs relations toujours plus fermes. Car
ces devoirs sont fondés non sur la volonté changeante
et arbitraire des individus mais sur les préceptes mêmes
de l'immuable religion. Voilà ce qui serait peut-être
possible chez un peuple non encore corrompu, si le gouvernement établissait loyalement ce principe. « La religion catholique est la seule religion dominante », et ne
s'abaissait pas à des subtilités de légistes pour fabriquer
un catholicisme indépendant des évêques, des conciles

et du pape. Franchement et courageusement catholique il pourrait peut-être triompher, dans les élections, des influences voltairiennes; avoir une chambre en majeure partie catholique avec laquelle et sans l'acheter (car les catholiques ne se vendent pas), il dirigerait les affaires publiques, respectant la religion des honnêtes gens et imposant silence aux démagogues.

Que si, par une bonne réforme électorale, il trouvait le moyen d'amener à la chambre des hommes consciencieux qui fussent les représentants non des intérêts privés de quatre ou cinq cents individus, mais des véritables forces organiques de la société, alors il pourrait se flatter d'avoir dénoué un problème jusqu'ici mal résolu, « la vraie représentation d'un vrai peuple ».

CHAPITRE III

La législature (1)

§ I

Sommaire : — **742.** Résumé du chapitre précédent. — **743.** Proposition ou sujet du nouveau chapitre.

742. — Une nation qui n'est plus une nation, dont les suffrages ne sont plus ses suffrages, dont les représentants ne la représentent plus, tel est en quelques mots le résumé des considérations que nous avons faites sur le principe représentatif d'après les théories modernes.

Continuons d'étudier ces gouvernements soumis à l'influence protestante. Voyons-les maintenant dans l'accomplissement de leur fonction principale, la confection des lois.

743. — Pour comprendre ce qu'elle devrait être et ce qu'elle est réellement, il faut d'abord bien déterminer la fin qu'elle devrait poursuivre, et les moyens de l'atteindre, puis voir comment, par un changement monstrueux, elle fait du moyen la fin et de la fin le moyen,

---

(1) « Législature : corps législatif en activité, durée de son pouvoir, ou simplement pouvoir législatif » Voir Essai théorique, t. II, ch. V, n°s 1074 et suivants.

changement qui rendra visible à tous les yeux le vice essentiel d'un pareil organisme législatif, de même que les considérations précédentes nous ont fait palper le cancer protestant, dévorant l'organisme social. Mes lecteurs, je le suppose, connaissent suffisamment la banale formule qui sert à exprimer la composition du pouvoir légiférant : un roi (1), une chambre haute plus ou moins élective, plus ou moins héréditaire, une chambre basse ou de députés tous élus par le peuple. La chambre haute sera réputée conservatrice, la seconde progressiste, et le roi jouera le rôle de conciliateur.

Voyons d'abord la fin que ce corps assez compliqué devrait poursuivre.

§ II

LA LOI

Sommaire : — 744. La loi est le but des législateurs. — 745. Qui ont une ordonnance selon la raison. — 746. Pour une fin. — 747. A laquelle la loi doit se proportionner. — 748. Cette fin, c'est la féli cité. — 749. A obtenir par la justice. — 750. De l'ordre extérieur. — 751. Et cela grâce au soin et à l'action du chef suprême de la société. — 752. Condition de toute loi. — 753. Objet du législateur. — 754. Problème du publiciste, — 755. Former des législateurs sans idée systématique.

744. — Cette fin est très connue ; les législateurs sont créés pour faire des lois. Or, qu'est-ce qu'une loi ? Les hétérodoxes vous diront tout à l'heure que la loi n'est rien autre chose que la volonté générale. Mais, avant de les écouter, interrogeons le vieil interprète de la nature : le bon sens.

(1) Un président, si vous le voulez.

745. — Celui-ci nous dira : « Pour unir des indivi-dus raisonnables, il faut avant tout les ordonner selon la raison. Sans quoi, jamais un gouvernement ne créera chez eux, tout en respectant leur liberté, cette sorte de nécessité morale qui pousse à l'obéissance des esprits faits pour la vérité. Des commandements déraisonna-bles ne peuvent pas s'appeler des ordres ; et en dehors de l'ordre, impossible à l'intelligence humaine de se tranquilliser. »

746. — Mais, nous l'avons dit : ordonner présuppose un principe d'ordre ; et ce principe sera nécessairement, en spéculation une idée reconnue de tous et en pratique un même but à atteindre. Voulez-vous faire la classifi-cation des règnes de la nature, afin de les mieux com-prendre ? Vous en disposerez les différentes parties d'après les genres et les espèces, vous rattacherez fina-lement le tout à une idée universelle et suprême ? S'agit-il, par exemple, d'ordonnancer les opérations suc-cessives d'une industrie, d'une imprimerie, vous devrez les disposer de façon qu'elles aboutissent finalement à la publication des livres.

747. — La loi, vous le voyez, appartient à cette seconde espèce d'ordonnance. D'où il suit qu'elle doit s'accommoder avec sa fin, qui n'est autre que de rendre heureux les individus associés.

748. — Mais l'homme peut-il être heureux sur la terre ? Bien des fois nous avons résolu cette question. Nous avons montré que la félicité terrestre, toujours limitée et imparfaite, ne pouvait se concevoir sans l'honnêteté, et que l'honnêteté ne pouvait exister sans se rattacher à une autre vie. Voilà ce que nous avons établi, voilà ce qui constitue la base nécessaire et irréfragable de tout catéchisme social et de toute législation (1).

749. — La loi devrait donc être une disposition raisonnable dirigeant les citoyens au bien commun sous l'influence d'une conscience honnète. Mais quel est le bien commun qu'une conscience doit viser et s'efforcer d'atteindre? Il ne se trouve point parmi les biens matériels : dans cet ordre, tout ce qui est acquis et possédé par un homme ne peut être possédé par les autres. Le bien vraiment commun, c'est la justice; la justice, aimable en elle-même à la raison humaine, parce qu'elle constitue l'ordre des rapports et que l'ordre est toujours un bien pour l'intelligence, la justice avantageuse à tous les citoyens, parce qu'elle assure l'inviolabilité de leurs droits; la justice enfin qui assure à chacun une quantité de biens matériels convenable et proportionnée à son travail, à ses forces physiques ou morales. Sans doute ces biens matériels ne sauraient contenter la plus noble partie de l'homme, la raison; ils sont cependant appropriés à sa nature animale et ne peuvent être négligés entièrement.

750. — Cela regarde tout particulièrement la société civile, qui n'agit sur les esprits qu'indirectement et en passant par la matière. Si le bien de la société n'avait aucune relation avec la matière, nous n'aurions aucun besoin d'une législation civile. Mais nous trouvons dans la matière les éléments de notre corps, le soutien de notre existence, ainsi que des obstacles à notre

(1) Voir t. I, ch. I, § I, nᵒˢ 13 et seqq.

action ; il faut donc qu'il y ait dans la société civile un ordonnateur chargé de nous défendre contre ceux qui voudraient injustement ou nous enlever les secours naturels ou nous enchaîner en se servant des obstacles.

751. — La loi sera donc cette disposition raisonnable qui visera à assurer à tous, d'après les règles de la justice, le bien d'une existence extérieure honnête. Cette disposition, devant rassembler dans l'unité sociale tous les associés, devra nécessairement venir de l'ordonnateur suprême, seul capable de mouvoir leur volonté. Nous disons leur volonté : car il ne s'agit pas ici de remuer des rochers ; il faut mouvoir ces hommes selon les conditions de la nature humaine, et user de moyens qui leur fassent aimer l'ordonnateur.

Donc établir un ordre raisonnable propre à obtenir honnêtement le bien extérieur de la société : tel doit être le but immédiat du législateur.

752. — D'où il suit, cher lecteur, que trois conditions sont requises dans toute loi : l'utilité, la convenance, l'honnêteté. La loi doit être utile, puisqu'elle est destinée à procurer un bien extérieur ; elle doit convenir à la nature humaine, puisque l'on doit mouvoir l'homme selon sa nature ; elle doit être honnête ; car sans l'honnêteté les deux autres conditions ne sont pas possibles, puisqu'il ne peut jamais être utile à l'homme de s'avilir à faire le mal, ni convenir à sa nature de fouler aux pieds sa conscience.

753. — Ces conditions de la loi sont le point de mire que tout législateur doit avoir devant les yeux, quand il exerce ses fonctions. Il doit se dire en lui-même :

« La société qui dépend de moi souffre par exemple de l'insuffisance des récoltes, de la multiplication des voleurs et des vagabonds, de la licence des mœurs, etc. Nous devons faire une loi qui guérisse ces maux ; c'est le but utile à atteindre ; une loi qui s'observe sans trop de difficultés ; autrement, à quoi bon la faire si elle ne doit pas être observée? C'est la convenance de la loi. Enfin nous devons lui donner ce double caractère d'utilité et de sagesse pratique sans blesser en aucune façon l'honnêteté naturelle ; c'est la troisième condition. »

Tel est le problème que tout législateur doit se proposer de résoudre.

754. — Mais le problème du législateur est-il le même que celui du publiciste? Non, celui du publiciste est supérieur à celui du législateur, de même que ce dernier est supérieur à celui d'un magistrat civil. Si le législateur doit viser à faire rendre des sentences justes, celui qui établit un parlement doit faire en sorte de former de bons législateurs. Mais de tels hommes, comment les former? Et comment instituer un organisme législatif propre à nous donner des législateurs capables, par leur sagesse et leur probité, de faire des lois utiles, convenables (1), honnêtes? Pour nous, nous avons traité cette question spéculativement. Mais pour nos sages modernisés, pour ces réformateurs qui promettent aux peuples que de leurs institutions sortiront non point les béatitudes évangéliques, mais d'autres béatitudes filles de l'indépendance et toujours progres-

____

(1) Pratiques.

sives, pour ces sages, disons-nous, la spéculation n'a point suffi. Ils ont dû en venir à l'œuvre.

755. — Nous verrons bientôt comment pratiquement ils ont dû résoudre le problème à la lumière du principe protestant.

Mais auparavant consultons nous-mêmes ce gros bon sens que le poète préférait à la subtile sagesse des sophistes grecs ; ce bon sens qui court les rues et qui, à la lumière de l'Évangile, sans chasser ou spolier les évêques, a produit dans le moyen-âge des gouvernements représentatifs, reconnus aujourd'hui comme des modèles de vraie liberté.

Oui : à la lumière du bon sens nous tenterons de montrer comment on obtiendrait des lois utiles, sages, honnêtes en organisant la représentation des différentes classes de la société de façon à faire produire à cette institution politique, non pas accidentellement et grâce à une bonne volonté passagère, mais par elle-même les trois qualités que réclame naturellement toute loi. Nous tirerons nos raisons de la nature humaine. Elles conviendront par conséquent à tout gouvernement légitime. Et si nous ne faisons l'application des principes universels qu'aux gouvernements représentatifs, c'est que dans le présent ouvrage nous n'avons étudié que ce régime politique. On pourra, si l'on veut, voir ces principes généraux appliqués à toute sorte de gouvernement dans notre essai théorique. Nous nous basons sur les données de la nature, parce qu'entre tous les gouvernements représentatifs anciens ou nouveaux, réels ou possibles, nous n'en préférons aucun aux autres, à la condition toutefois qu'on en élimine le principe protestant, ce principe de l'indépendance auquel voudraient inexorablement nous enchaîner les prétendus réformateurs modernes.

Je ne suis ni un idéaliste ni un révolutionnaire, je ne viens point proposer des plans de prétendues améliorations politiques, qui ne sont au contraire que l'aggravation des maux publics, toutes les fois qu'ils ébranlent les droits du dernier des citoyens. Je viens rappeler aux politiques modernes les principes naturels et universels qui devraient leur servir de règle, mais aussi qui mettront en plein jour leurs erreurs et leurs travers, s'ils n'en tiennent pas compte. Bref, je viens prendre en main la règle infaillible des principes pour censurer des idées et des projets hors de raison, comme on prend le compas pour voir si un cercle tracé sur une carte est oui ou non parfaitement rond.

§ III

L'ORGANISME LÉGISLATIF AU POINT DE VUE DE L'UTILITÉ

SOMMAIRE : — 756. On suppose détruite toute autre autorité que celle du législateur. — 757. Le législateur doit connaître le besoin des gouvernés. — 758. Il appartient à ceux qui en souffrent de le faire connaître. — 759. Et ces hommes dans le besoin doivent être bien défendus.— 760. Comme jadis dans le catholicisme.— 761. Mais en les préservant des excès. —762. Pour faire connaître le besoin des ouvernés une constitution n'est pas toujours nécessaire. — 763. Puisque les princes peuvent entendre les doléances du peuple par la voix de fonctionnaires non-élus par le peuple lui-même.— 754. Et que d'ailleurs les élus du peuple peuvent faillir à leur devoir.

756. — Nous voulons donc établir un bon organisme législatif, c'est-à-dire une institution qui, par elle-même,

puisse moralement assurer la promulgation de lois utiles au point de vue matériel, sagement adaptées à la nature humaine (1), honnêtes devant la conscience. Comment croyez-vous que nous devions nous y prendre pour résoudre ce problème avec les simples lumières du bon sens? Si nous supposons un organisme légitime déjà existant dans la société, le travail sera facile : ou bien nous nous contenterons d'obéir, ou bien nous traiterons la question avec tout le respect et les égards qu'on doit avoir pour des droits acquis. Car, eussions-nous, dans l'esprit, l'idéal même de l'organisme législatif, ce serait une éclatante folie que de vouloir l'introduire de force dans une société : ce serait violer des droits préexistants, et, par conséquent, enlever à un corps son principe vital sous prétexte de lui donner des formes plus élégantes. En effet la vie de la société, c'est le droit, et un magnifique organisme sans droit ne serait, après tout, qu'un cadavre.

Tel n'est point notre cas. L'idée protestante, ayant, comme une furie, brisé et pour ainsi dire réduit en miettes les organismes sociaux du moyen-âge, nous avons pleine liberté pour le plan de l'édifice à reconstruire d'après le bon sens éclairé par la foi catholique. Courage donc, cher lecteur! Et à l'œuvre!

757. — Comment obtenir que le Corps législatif nous donne des lois utiles dans l'ordre matériel ?

Il est clair que le législateur doit connaître cette utilité ; sans cela pourrait-il la faire sortir de sa loi? Mais que signifie ce mot « utilité » sinon relation entre le

____
(1) Convenables.

moyen et la fin. Ici donc connaître l'utilité, c'est connaître le besoin de la société et le moyen de satisfaire à ce besoin.

Nous allons traiter ici du besoin ; dans le paragraphe suivant nous parlerons du remède.

Qui donc est plus apte à connaître le besoin ? Point de doute ; c'est celui qui le sent. Tous le sentent, direz-vous. Oui, mais surtout les plus pauvres, les plus malheureux, puis ceux qui par nature, par éducation, ou par office compatissent aux souffrances des malheureux. D'où le premier principe universel sur lequel nous ferons reposer pour une part la grande œuvre que nous avons entreprise, à savoir : « Fera partie de l'organisme législatif une élite des personnes les plus capables de sentir les besoins matériels de la Société. »

758. — Mais quoi, devrons-nous, d'après ce principe, rassembler dans une chambre législative tous les estropiés, les aveugles, les mendiants, comme fit le serviteur de l'Evangile ? Toutes les classes sociales ayant leurs besoins respectifs, il faudra, pour les représenter, faire un choix, parmi ces classes, sans oublier, qu'on le remarque bien, que les classes qui demandent surtout d'être protégées par la loi, ce sont les classes inférieures. La voix de celles-ci est facilement étouffée, la voix des autres a cent moyens de percer. Prenons une comparaison : voici un maître de chapelle qui veut donner un concert avec beaucoup d'instruments. Que fait-il ? Il met les plus faibles en nombre suffisant pour se faire entendre et il adapte à cette fin ses accompagnements. Quant aux contrebasses, trompettes, etc., il s'en préoc-

cupe moins, sûr qu'ils sauront toujours se faire entendre même au milieu de cinquante flûtes, violons et hautbois. De même la loi qui instituera le Corps législatif devra donner aux différentes classes de la société le moyen de faire représenter leurs besoins, mais elle devra surtout assurer ce moyen aux plus pauvres, moins encore par le nombre que par la fidélité courageuse de délégués qui ne craindront pas de plaider pour leurs clients.

759. — Et ici revient très bien l'éloge qu'un auteur trop fameux, Eugène Sue, a fait de « l'avocat des pauvres » ; cette institution de la monarchie de Savoie, mais dont la France ne jouit point encore après 50 ans de liberté hétérodoxe et de philanthropie sentimentale (1). Pareilles institutions ne manquent point dans les nations catholiques. Et personne qui n'ait admiré, à Rome, cette Congrégation dite de Saint-Yves qui, poussée par la charité, plaide à ses dépens toutes les causes des pauvres injustement opprimés. Mais il y a mieux. Ne sait-on pas qu'en faveur de tous les peuples catholiques la charité divine a établi cet organisme universel qui revendique comme le premier de ses devoirs et le plus sacré de ses droits de secourir, de rassembler, de représenter les persécutés et les malheureux qu'elle embrasse tous, les plus infortunés d'abord, d'un amour maternel.

760. — Vous le voyez, cher lecteur; je vous parle ici

____

(1) « Chose étrange, dit Eugène Sue, qu'en France, malgré l'initiative légale de la Chambre des députés, les pauvres ouvriers soient incomparablement moins bien traités que dans des Etats despotiques ». *Myst.* C. 143. N.

du prêtre catholique. Il est sans famille naturelle. L'E-
glise lui confie la chère et nombreuse famille de ses
pauvres. Jadis, afin qu'aucun de ces besogneux ne pût
échapper à la charité de ses ministres, le catholicisme
avait organisé, dans chacune des classes populaires, les
associations d'arts et métiers. Il les avait placées sous la
protection d'un saint, modèle pour les associés de toutes
les vertus chrétiennes; et il défendait à la fois et leurs
intérêts spirituels et leurs intérêts temporels avec cette
vigilante activité et cette douce et aimable familiarité
que seule la religion inspire (1). Ces corporations ne
pouvaient point trouver grâce aux yeux d'une réforme
qui ne sait que détruire. Elle les a condamnées, tout
en proclamant la liberté d'association pour tous. Aussi
n'est-il pas à craindre que la politique de nos jours
recoure au prêtre ou aux confréries pour connaître
les besoins de la société. Mieux valent, à son avis, les
clubs orageux et les inspirations d'un Proudhon ou d'un
Louis Blanc. Pour nous, nous étudions la politique du
bon sens éclairé par la foi catholique. On ne peut nous
empêcher de constater que, parmi nous, les intérêts de
la pauvreté et de la misère ont leur représentant naturel dans la classe la plus élevée de la société chrétienne,
dans le clergé; et que le clergé constitue réellement un
organisme sanctionné et inspiré par la religion. Si ces
intérêts sont mieux défendus par un humble prêtre, qui,
renonçant aux plaisirs du siècle, s'en va de cabane en

(1) « Il y avait autrefois, Messieurs, des corporations unies par le
lien de l'intérêt, unies par le lien de la religion. Ces corporations opposaient une digue à tout despotisme qui eût tenté de s'élever dans la
nation. » (Valdegamas, Discours aux Cortès.)

cabane porter les consolations de l'esprit et l'obole de la charité, que par des députés qui, dans nos grandes capitales et au sein des délices, péroreront sur la philanthropie, et fréquentent les théâtres et les banquets, ce n'est pas à nous de le dire ; on nous tiendrait pour suspects. Que les pauvres eux-mêmes en soient juges.

Inutile de m'étendre sur les autres applications pratiques de cette doctrine. Mon intention n'est pas de dicter une constitution, mais seulement de raisonner sur les principes qui devraient en être l'âme. Pour cela je crois avoir suffisamment montré que la vraie représentation des besoins requiert essentiellement le concours de ceux qui, par leur condition naturelle, les ressentent ou par leur emploi y compatissent.

761. — Faisons par ailleurs une remarque importante. Ceux qui souffrent sont d'ordinaire excessifs dans leurs plaintes. Il n'est pas rare que leurs réclamations dégénèrent en violence et en tumultes, surtout s'ils appartiennent à des classes moins cultivées. De là vient souvent que, d'un côté, le pouvoir, pour retrancher les excès, retranche les réclamations elles-mêmes et que de l'autre les malheureux, en exagérant leurs prétentions, perdent leurs droits. Il est donc évident qu'en confiant au clergé la représentation des besoins des pauvres et de ceux qui souffrent, on la rend d'autant plus efficace qu'elle est plus dégagée de passion. Les constitutions modernes au contraire accordent à tous ceux qui souffrent le soin et le droit de se défendre eux-mêmes ; mais, en définitive, c'est remettre le sort des malheureux à la faiblesse et à l'impuissance, c'est exciter des passions

dont la violence rendra juste et nécessaire la réaction des gouvernants. Ainsi, selon sa coutume, l'esprit protestant construit par ses lois une œuvre que la nature doit ensuite renverser avec beaucoup de peine.

762. — Voilà des considérations qui nous serviront à dissiper pleinement un sophisme répété de bonne foi même par des gens honnêtes et amis de l'ordre, faute d'idées claires et précises.

Une représentation qui fasse connaître sincèrement les vœux et les besoins du pays est, disent-ils, une nécessité pour tout gouvernement qui comprend et veut remplir sa mission. Or les vœux et les besoins du pays ne peuvent être exactement représentés que par les délégués de la nation, c'est-à-dire par des hommes délégués en vertu d'institutions constitutionnelles. Donc, la forme constitutionnelle est de toute nécessité pour un bon gouvernement.

Voilà, croit-on, un des arguments irréfutables qui donnent à chaque peuple le droit de nommer ses propres représentants. Eh bien ! par ce que nous avons dit plus haut, le lecteur aperçoit du premier coup le vice d'un syllogisme ou la majeure est vraie ; mais la mineure fausse, lorsqu'on la prend universellement comme ici. Cette fausseté, je l'avoue, est moins évidente de nos jours où les esprits sont pleins de préjugés contre l'autorité et concèdent tout à la multitude.

763. — Insistons un peu sur les deux causes de cette erreur. D'abord l'indépendance luthérienne et l'utilitarisme ont, du moins en général, tellement perverti les idées et le sentiment que, pour beaucoup, supérieur est

synonyme d'ennemi, d'adversaire hostile ou du moins d'homme toujours avide d'usurpation. Aussi quiconque exerce l'autorité devient le point de mire d'un journalisme libertin, comme si tout supérieur ne pensait qu'à voler au peuple son indépendance, dès que cet Argus vient par hasard à sommeiller et à fermer ses cent yeux. Ces idées une fois admises, il est clair que confier le bien du peuple à ses chefs, c'est confier aux loups la garde du troupeau. Puis comme ceux qui partagent l'autorité du prince ou du chef de l'Etat à différents degrés sont nommés par lui, ils ne sont aux yeux du peuple que son bras étendu jusqu'aux dernières limites de la société; ils sont donc comme lui suspects, détestés et éliminés par le peuple, quand il s'agit pour lui de trouver de vrais représentants de ses besoins.

Ce jugement funeste est la conséquence inévitable de l'enchaînement des idées, et bon nombre d'esprits qui, sans s'en apercevoir, en sont préoccupés, émettent souvent, par suite de réminiscences catholiques, des vérités absolument contraires à leurs préjugés. S'ils étaient logiques, après avoir affirmé que la nature a établi l'autorité pour le bien du peuple, ils en inféreraient aussitôt qu'un supérieur honnête sera naturellement soucieux du bien du peuple, de même que du précepte de la fidélité conjugale ils concluent que les époux honnêtes sont ordinairement fidèles. De l'infidélité conjugale, fréquente chez des hommes pervers, mais rare chez les hommes vertueux, l'on ne tire point cette conclusion. « Donc, il faut apposter des gendarmes dans chaque famille pour le bien de la société. » De même

ne doit-on pas conclure des usurpations des tyrans et de
la faiblesse de quelques rois honnêtes que tout prince est
hostile au peuple et qu'il faut s'armer contre lui comme
on le fait contre l'ennemi commun. Ce sont là des
phrases, qui nous dévoilent bien les sentiments des
démagogues, sentiments que beaucoup de modérés
partagent plus ou moins sans oser se l'avouer à eux-
mêmes.

Ils gardent dans leur cœur le souvenir de leur enfance
et du temps où le catéchisme leur apprenait que le
même précepte qui, nous ordonne d'aimer notre père,
nous ordonne aussi d'aimer le chef de la société civile.
« Puisque, par ce précepte, se disent-ils, Dieu me pres-
crit d'aimer et le Prince et mon père, il faut nécessairement avouer que la divine providence a mis dans le
cœur de celui-là de l'amour pour ses sujets comme il
en a mis dans le cœur du père pour ses enfants. Tel
est le raisonnement qui prévaut partout où règne le
principe catholique. Les princes soumis à l'Église pourront avoir parfois des égarements involontaires d'esprit ou de cœur. D'ordinaire pourtant ils aimeront leurs
sujets et les traiteront paternellement. Et nos modernes
réformateurs savent combien il leur est difficile d'é-
touffer dans l'âme du peuple cette confiance qu'il témoigne à ses chefs et qu'ils appellent, eux, une stupide
servilité.

La nature et la foi portent donc instinctivement un
sujet à s'abandonner aux mains d'un supérieur honnête,
comme elles portent un enfant à se confier à son père.
Elles portent ce sujet à représenter ses besoins au

prince, sans s'armer pour cela d'une loi ; elles lui donnent pour garantie non point la suspicion et la révolte, mais bien la conscience et l'amour de celui qui lui commande. Et voilà précisément pourquoi les esprits modérés mais honnêtes continuent de dire et de croire intimement que, de sa nature, l'autorité est bienfaisante et qu'un sujet doit aimer ceux qui le gouvernent.

Cependant la logique étant inflexible, ces hommes modérés n'en font pas moins découler de leur principe utilitaire l'hostilité du pauvre contre le riche, du prolétaire contre le noble, du sujet contre le prince. Les formules catholiques sont sur leurs lèvres ; ils les refoulent au fond du cœur, et s'efforcent de produire ce phénomène monstrueux dont nous avons parlé, d'une figure à la fois ronde et carrée, en voulant accoupler malgré tout l'amour paternel et le despotisme.

Avec un tel préjugé, ces faiseurs de constitutions ne trouveront jamais le moyen d'arriver à une vraie représentation des intérêts et des besoins du peuple.

Pour nous qui visons, non pas à fonder une pareille institution, mais simplement à établir sur leurs vrais fondements les idées sociales — (persuadés qu'elles mûriront dans un temps connu de Dieu) nous n'entreprendrons point ici la défense des gouvernements qui, à différentes époques, ont élu par eux-mêmes des représentants du peuple. L'équité nous fait un devoir de reconnaître loyalement les torts constatés par l'histoire partout où nous les trouvons. Les plus belles institutions de conseils municipaux et provinciaux, les inspections faites par des hommes de confiance, les visites person-

nelles des rois eux-mêmes dans les provinces, ont sou-
ventes fois trompé les espérances les plus légitimes et
les mieux fondées, cela grâce aux intrigues de ministres
ou de fonctionnaires tout-puissants, grâce à l'adulation
de délégués chargés de prendre des informations. Et
ces iniquités étaient d'autant plus détestables que les
intentions des gouvernements étaient plus droites. Mais
quoi? Devrons-nous inférer de là que ce mode de connaître les besoins de la multitude est radicalement mauvais? Dirons-nous, avec certains publicistes, qu'aucun
régime monarchique n'a jamais procuré le bien d'une
nation? Si l'on veut dire par là que les meilleurs gouvernements n'ont pas été sans défauts, l'on se tient dans
les limites de la vérité; mais sans avancer beaucoup la
question ; si l'on prétend qu'aucun gouvernement monarchique n'a jamais donné satisfaction aux désirs raisonnables de peuples sages et modérés, l'on se laisse
entraîner par la passion et l'on attribue au peuple entier
le mécontentement de quelques partis. Malgré tous
leurs efforts, ces partis n'ont pu faire partager à tous
leurs idées; alors, par un audacieux subterfuge, ils se
sont eux-mêmes proclamés « le peuple », les vrais et les
seuls sages. Mais l'histoire et le bon sens ne s'accom-
modent point de ces sophismes et de ces équivoques.
Et l'on ne peut effacer des annales d'une nation les noms
des grands hommes qu'elle a glorifiés comme les pères
de la patrie, ni étouffer dans le cœur d'un peuple des
sentiments formés par la nature et sanctionnés par la
foi. Enfin, tant que ce sentiment vivra, dans les peuples
catholiques surtout, jamais on ne tiendra pour une chi-

mère, dans un roi paternel, la sincère volonté de connaître les besoins de ses sujets, ni dans ceux-ci le courage de lui exposer leurs besoins et leurs désirs.

764. — Cette confiance réciproque manque encore aux réformateurs modernes pour une autre raison. Ils comptent trop sur l'élection par le peuple, comme si elle devait rendre les députés infaillibles et incorruptibles. Nous avons souvent montré, nous montrerons encore le mal fondé de cette présomption. Nous n'en parlons point ici. Nous ne voulons pas fatiguer nos lecteurs par des redites — d'autant plus que nous assistons depuis 60 ans (1) aux leçons douloureuses d'une maîtresse plus éloquente que tous les orateurs et qui ne paraît point vouloir mettre fin à ses enseignements.

Point de doute. Qu'on écoute avec docilité les leçons de l'expérience — et l'on avouera sans peine que si les délégués des rois ont plus d'une fois trahi leur maître par adulation ou par lâcheté, non moins souvent les élus du peuple ont trahi leur prétendu souverain, en le livrant ou par ambition ou par avarice. Or, si l'on ne veut pas prendre prétexte de la conduite de ces élus pour supprimer l'élection populaire, là où elle est légitimement établie, pourquoi s'appuyer sur les fautes de délégués monarchiques pour déclarer qu'une telle représentation est nécessairement mauvaise ?

— La vraie conclusion à tirer c'est celle-ci : qu'on redonne aux âmes le courage, aux consciences le sentiment de la justice, aux esprits les pensées de la foi. Et l'on verra les délégués des princes et les députés du

(1) Aujourd'hui 100 ans.

peuple retrouver l'indépendance et la sincérité de la
parole; on les verra, non pas insulter publiquement à
l'autorité, mais représenter avec respect à leur souverain respectif les vrais besoins et les vraies doléances
du peuple. N'est-ce pas ainsi, pour le rappeler à leur
gloire, qu'ont agi les Ambroise et les Thomas Becket.
Et dernièrement, dans l'ordre civil, ces illustres magistrats de Bade qui ont refusé d'exécuter la condamnation portée contre des catholiques? Voilà les modèles
que les représentants modernes devraient étudier et
surtout imiter.

Nous avons parlé du corps législatif au point de vue
de l'utilité. Parlons-en maintenant au point de vue de
la sagesse pratique. Et disons ce que doivent faire les
représentants pour guérir les plaies de la société.

§ IV

DE L'ORGANISME LÉGISLATIF AU POINT DE VUE DE LA SAGESSE PRATIQUE (1)

Sommaire : — 765. Le malade n'est pas son médecin. — 766. La loi doit
convenir à la maladie sociale. — 767 et à l'infirmité de la société. —
768. Les sophistes demandent au peuple de remplir le rôle de médecin. — 769. Il en est incapable. — 770. Pour connaître le remède
convenable il y a besoin de science et d'expérience. — 771. C'est le
lot d'un très petit nombre. — 772. Comment on pourrait former de
vrais législateurs. — 773. Mais c'est là le moindre souci des réformateurs modernes.

765. — S'agit-il de maladies corporelles, la prudence
la plus vulgaire nous apprend que le malade peut bien

____

(1) Convenevole... ce qui convient aux personnes, temps, circonstances, etc...

sentir et indiquer son mal, mais non en trouver ni en apprécier le remède, surtout s'il est étranger à l'art de la médecine. Mais voici que ce vieil adage n'a plus de valeur aux yeux d'un docteur à la moderne. Que fait-il pour guérir son client? Non seulement il lui donne la clairvoyance des remèdes convenables; il lui ferme encore les yeux en le plongeant dans un sommeil magnétique, afin qu'il discerne mieux. Il ne nous appartient pas d'examiner si l'opinion d'un ignorant endormi doit être préférée à celle d'un savant très éveillé. Dans une question de santé corporelle, nous nous en remettons au jugement des personnes intéressées. Ce qui revient à notre sujet, c'est l'examen d'une substitution analogue faite par les politiques modernes dans l'art de guérir les maladies sociales. Car quand il s'agit de ce mal..., d'après son principe d'égalité, la réforme hétérodoxe donne à tous, soit ignorants soit éveillés ou endormis, le droit d'exercer la médecine.

766. — Pour nous, qui n'avons point tant d'esprit, nous traiterons la question avec les idées du bon vieux temps. Que faut-il, croyez-vous, pour faire une loi pratique et convenable? L'idée de convenance, me dites-vous, est une idée relative. Et vous ne sauriez me répondre sans que je vous expose plus clairement à quel but, à quelle intention la loi doit convenir et s'adapter. Bien. Mais nous avons déjà, ce me semble, assez expliqué le but à atteindre. Et d'après ce que nous avons dit, pour être convenable et pratique, la loi devra être si bien faite qu'elle porte les citoyens à donner satisfaction aux besoins ou à guérir les maladies de la société. Suppo-

sons, par exemple, que, d'après les rapports des représentants, il soit constaté que la société est en grande souffrance à cause du nombre excessif des voleurs, nous devrons faire une loi telle qu'elle ôte aux citoyens le désir de voler ou qu'après un premier vol elle les mette dans l'impossibilité de récidiver.

Or rien de plus facile que de faire cette loi. Deux articles y suffisent. — Art. I. Il est défendu à tous et à chacun de voler. — Art. II. Quiconque volera sera emprisonné jusqu'à ce que le désir du vol soit éteint chez lui.

767. — Le beau remède, me direz-vous ? Nous le connaissons depuis longtemps. La difficulté est de savoir si le peuple obéira à la loi?

Vous avez raison, cher lecteur, et je vois comme vous que mon remède est insuffisant. Oui, pour faire cesser les vols, il convient que le peuple ne vole plus. Mais pour qu'il ne vole plus, il faut l'amener à observer la loi. D'où il suit que le législateur doit viser à ce que la loi convienne non seulement à la maladie pour lui appliquer un remède efficace, mais encore au malade pour qu'il ne le refuse pas. Il faut donc que ce législateur connaisse bien et la cause des maladies sociales et le tempérament moral des personnes qui en sont atteintes.

768. — Pour trouver de tels législateurs, les réformateurs modernes ont une recette très simple. Ils lancent le cri d'égalité, d'indépendance avec les promesses obligées de progrès, d'humanité. Cinq ou six cents électeurs leur donnent un député. De suite descend sur lui l'esprit de Luther et le voilà rempli de science et

capable de parler « de omni re scibili ». Cela, grâce au suffrage qu'on dirait contenir en germe et la science politique, et la sagesse et le courage des plus grands maîtres dans l'art de gouverner ou de faire la guerre. Aussi voit-on ces élus, à peine sortis de l'école, de la boutique, prendre leur vol vers les régions des plus sublimes connaissances et parler économie politique, stratégie, diplomatie, droit canon à étonner un Leibnitz. Il est vrai que, de temps en temps, observe malignement un journaliste, il arrive bien à un député, voire même à un ministre, de discourir de la Marine, par exemple, et de ne pas savoir la différence entre une voile et une antenne, entre la proue et la poupe. Mais qu'à cela ne tienne : notre honorable n'en parlera pas moins pendant une heure et plus. Eh bien! maintenant ne voyez-vous pas l'immense avantage des hommes du progrès sur les vieux obscurantistes?

769. — Parmi ces obscurantistes, nous devrions ici placer Romagnosi lui-même, ce publiciste si plein de zèle pour les ordres représentatifs, mais qui, malgré tout, ne parvient point à nous donner la berlue ni à nous faire admirer comme le seul régime possible la constitution anglaise, ou la constitution française. « Parcourez, dit cet homme illustre, les actes de tous les Parlements, pesez leurs procès-verbaux, dépouillez les listes des représentants. Puis, niez, si vous l'osez, que ces assemblées en dehors de quelques députés sages et honnêtes soient autre chose qu'une réunion d'hommes un peu plus choisis, mais remplis de tous les préjugés, de toutes les passions, et poussés ouvertement

ou en secret par le vent des rivalités populaires. »

Le même auteur avait dit plus haut : « Est-il vrai que, pour comprendre et juger la convenance d'une loi, il faille de la sagesse et de l'impartialité ? Est-il vrai que cette sagesse comprend la raison privée, la raison sociale, la raison d'Etat, afin d'harmoniser tous les droits, de concilier tous les intérêts et de produire définitivement et le bien des particuliers et le bien de l'Etat? Cette impartialité exige donc que les législateurs soient exempts de toute jalousie domaniale, industrielle, commerciale, courtisanesque ou autre et qu'ils n'obéissent qu'au sentiment du bien public. Or, je vous demande si vous trouverez dans nos assemblées parlementaires cette sagesse et cette impartialité ?

Et Romagnosi cite en « confirmatur » un extrait de la bibliothèque britannique (juillet 1828, pp. 21-23) où l'on dit que tous les auteurs et correcteurs des lois à la chambre haute ou à la chambre basse ignoraient également la raison de ces lois : « Chacun, y est-il dit, modifie à sa façon la loi proposée, il en comprend à peine l'objet. Elle est mutilée, torturée, refondue, métamorphosée d'abord par les commissions, puis par les partis politiques. Qu'est-elle devenue quand elle sort de cette fournaise ardente? Et comment veut-on qu'elle possède en réalité la force qu'on lui attribue? »

Ce jugement est péremptoire. Il est appuyé d'un autre fait raconté par des hommes dont on ne peut suspecter ni la capacité ni la droiture. Ce fait s'est passé récemment à l'assemblée française où il s'agissait du tarif sur les sucres. La loi fut proposée, les premiers articles approuvés après une discussion sans fin... puis vint je ne sais quel amendement à l'un des articles suivants. Il fut voté; mais bientôt l'on s'aperçut qu'il était en contradiction avec les premiers articles — et la pauvre loi allait être jetée à l'eau, lorsque la commission un peu plus entendue que les députés fut priée et accepta de mettre d'accord articles et amendement. Voilà ce qui arrive lorsque les sots veulent corriger les sages.

Ne nous étonnons pas de ce qu'écrivait Romieu dans « le Spectre rouge » (1852). « L'ordre bâtard établi par « les sophistes, à savoir : le gouvernement d'une nation « par des médecins, des avocats, des maîtres de forge, « les questions de paix et de guerre livrées à des sous- « amendements d'avocats de village; les grands servi- « ces de l'Etat mis en question, chaque année, sur la « chance d'un chiffre d'assistants aux débats; le repos « d'un grand pays livré aux caprices de quelques mécon- « tents ou de quelques jaloux, cela doit tomber en pou- « dre. » (« Le Spectre rouge » de 1852.)

Ainsi pensent et parlent les hommes instruits et sincères dont les théories de Montesquieu n'ont point fêlé le cerveau et qui ne craignent point l'accusation d'obscurantisme. Que ce langage nous soit donc aussi permis, à nous qui ne cherchons point la république de Platon avec les nouveaux réformateurs, mais qui trouvons dans les faits et dans les réalités l'explication des désordres et des troubles produits par tous les gouvernements représentatifs modernes.

Sans ailes pour voler, nous nous contentons de voyager à pied. Et notre guide c'est ce bon sens que la nature notre bonne mère a mis dans tous les hommes. Puissions-nous, à sa lumière, trouver ce que doit être un législateur et ceux qui le choisissent? Si nous étions une fois convaincus de l'égalité hypothétique de tous les hommes, c'est le principe présupposé des novateurs, quand on viendrait nous dire : « le peuple est mûr, il est éclairé, il est au niveau de son siècle, etc., nous répondrions de suite: « Alors prenez pour représentant le premier venu. » La chose en effet est indifférente, comme il est indifférent, au jeu de billard, de prendre l'une ou l'autre des billes, puisqu'elles sont également rondes. Pour nous, hésitant à voir une égalité parfaite entre un Sixte V et le frère Junipère, entre un Richelieu et un Calaunne, nous douterons toujours qu'un gouvernement puisse prospérer, si le choix de ses législateurs est dévolu au suffrage universel. Nous sommes même persuadés que, sans miracle, un homme ignorant ne trouvera point les vrais remèdes aux maux de la société, et qu'en général un député sans expérience n'amènera point le peuple à faire l'application de ces remèdes. Seul un esprit pénétrant et impartial a la force de pousser ses observations jusqu'aux racines profondes des maladies sociales. C'est encore la pensée de Romagnosi. « Les dogmes politiques, écrit-il dans sa « Jurisprudence théorique », p. I, l. VII. c. 4, dépassent par leur nature les visées de l'intérêt individuel et la masse flottante de la nation n'en saisit point la certitude. » Aussi s'aperçoit-on souvent qu'un remède, qui semblait bon à première vue, ne fait en définitive qu'aggraver la maladie. Prenons un exemple. « Soit un Etat qui a besoin d'argent. Quel est le premier remède proposé par un homme inexpérimenté? Augmenter les impôts. Eh bien! personne, aujourd'hui, pourvu qu'il ait quelque teinte de science économique, qui ne sache qu'au delà d'une certaine limite l'augmentation des impôts en diminue le profit. Or, si l'on est capable de pareilles bévues dans des questions courantes comme celles de l'argent, jugez dans quels erreurs l'on tombera, quand il faudra discuter les intérêts moraux et toucher aux fibres les plus délicates du cœur humain, quand on devra trouver un remède à la cupidité des avares, aux audaces de la vengeance, aux fureurs effrénées de l'amour, aux désordres de la famille, bref quand il faudra suivre, en longeant un double précipice, l'étroit sentier de la vérité.

770. — Si donc vous avez à tracer la règle universelle de la bonne organisation d'une assemblée législative, le bon sens consulté et la concession faite au peuple d'une représentation qui expose ses besoins, à quel moyen vous résoudrez-vous définitivement pour lui procurer des législateurs capables de découvrir des lois pratiquement convenables? Pour moi, je chercherais une élite parmi les hommes les plus doctes et les plus prudents, c'est-à-dire des esprits qui, après avoir étudié à fond toutes les sciences morales et politiques, auraient ensuite, par l'exercice de fonctions administratives et gouvernementales, acquis cette expérience, sans laquelle, dit le proverbe, la grammaire et les lettres servent de peu de chose.

771. — Ce mode de sélection, je le sais, ne sourirait point aux partisans irréductibles de l'égalité : mais c'est

convenu, nous raisonnons, nous, avec les idées du bon vieux temps, avec les idées de notre bonne mère, la nature, et ce n'est pas rien. Etes-vous d'accord avec moi sur ce point? Oui. Alors nous pouvons nous consoler en nous rappelant cet Anacharsis barbare d'origine mais l'émule des sept sages, au jugement des philosophes Grecs. On lui demandait à Athènes ce qu'il pensait du gouvernement de cette ville, où le peuple décidait en dernier ressort des lois proposées par les magistrats. « Je pense, dit-il, que le gouvernement où les fous commandent et où les sages obéissent est un étrange gouvernement. » Telle était l'idée de ce grand homme. Et si, peu à peu, cette idée venait à hanter et à transformer les têtes, vous verriez bientôt s'affaiblir, puis disparaître la manie du suffrage universel. Car, de toute évidence, il est impossible que la masse des boutiquiers, artisans, négociants, marins, laboureurs, soldats, etc., etc. (c'est d'eux que dépend la majorité des suffrages) puisse jamais juger soit de la convenance des lois, soit de la valeur philosophique et politique des candidats. L'on me dit : « Mais il s'agit pour le peuple non pas de faire les lois, mais seulement de choisir ses députés. La réplique ne vaut pas. Car, fût-elle vraie, elle ne résoudrait point la difficulté — puisqu'il faut autant de sagesse pour connaître la capacité politique que pour faire de sages lois. En fait, ne dit-on pas que les plus habiles parmi les rois ont été précisément ceux qui ont su le mieux choisir leurs ministres?

Mais l'assertion qu'on nous oppose est fausse et contradictoire dans les gouvernements constitutionnels.

Fausse; car, dans une Chambre, le parti de l'opposition, voulant corriger les lois, peut se rendre maître de l'opinion, faire changer les députés en provoquant par de nouvelles élections la sentence du peuple, c'est-à-dire de cette majorité ignorante, qui est, de par la constitution, juge des législateurs et les force à changer les lois. Or comment cette majorité pourrait-elle décerner à un législateur soit un éloge, soit un blâme, sinon en déclarant bonne ou mauvaise la loi qu'il a faite? L'assertion est contradictoire. Car si quelqu'un prétendait enlever au peuple ce droit de juger, il serait en opposition directe avec ce principe hétérodoxe « qu'aucun homme n'est obligé d'obéir à une loi qu'il n'a pas acceptée ».

772.— L'auteur d'un article cité par « le Constitutionnel de Florence » (13 avril 1851) a bien senti cette difficulté. Voilà pourquoi, donnant une forme hiérarchique à l'élection des députés, il voudrait que les élus des communes se bornassent à traiter les affaires municipales, laissant aux délégués des provinces le droit de traiter les affaires politiques. Voici ses paroles : « Dans une commune, tous sont capables de bien choisir leurs représentants. Car tous connaissent parfaitement les plus honnêtes et les plus instruits entre leurs compatriotes. Si donc les représentants des communes choisissaient les représentants de la province, et ceux-ci, à leur tour, des députés d'une sphère supérieure, toute garantie serait donnée aux intérêts existants. Nous n'avons point à décider si ce mode d'élection serait plus favorable à la nomination de représentants capables de

faire des lois pratiques et de guérir les maladies sociales. » Nous ne discutons pas les formes politiques ; nous
ne traitons les questions sociales qu'au point de vue
philosophique et abstrait. Si nous avons cité l'opinion
d'un publiciste, c'est pour prouver que nos idées ne
sont point des idées de rétrogrades, quand nous affir-
mons que le peuple ne saurait bien choisir ses législateurs. D'après l'auteur précité, ce mode d'élections hié-
rarchiques suppléerait à ce qui existait dans d'autres
temps, c'est-à-dire aux études et aux fonctions pour
lesquelles les jurisconsultes se préparaient à devenir des
législateurs et des hommes de gouvernement.

Tel était l'un des buts que l'on voulait atteindre par
l'institution des grades universitaires, et cette institution n'était point sans mérite ; aussi des études non
point superficielles comme celles d'aujourd'hui, mais
sérieuses, comprenant les sciences politiques, sanctionnées par un examen qui ne serait ni une pure céré-
monie ni l'objet d'un marché, couronnées par l'exercice plus ou moins long de fonctions sociales et dans
lesquels l'expérience développerait l'esprit de gouvernement, enfin le retour aux anciens titres de docteur, etc.,
tout cela, disons-nous, pourrait former une institution
plus utile que celle du passé. Ce qui est du moins très
sûr, c'est qu'elle serait de beaucoup moins déraisonnable que le certificat de sagesse et d'habileté décerné par
le peuple à des députés souvent illettrés et sans expérience, pour ne rien dire de plus.

773. — Voilà quelques aperçus fournis par le bon
sens politique et absolument nécessaires à la confec-

tion de lois sages et pratiques. Que si ces principes font essentiellement défaut dans les constitutions des Etats modernes, en vertu même de leur mode d'organisation, rien d'étonnant, vous le voyez, cher lecteur, qu'elles aient abouti à ce triste résultat dont gémissent tant de peuples, mais, hélas! inutilement, tant qu'ils ne croiront pas que ces principes seuls sont efficaces pour rendre une nation heureuse.

Mais poursuivons notre démonstration.

§ V (1)

DE L'ORGANISME LÉGISLATIF AU POINT DE VUE DE L'HONNÊTE

SOMMAIRE : — 774. L'honnêteté, condition préalable de toute loi. — 775. Elle doit être représentée par des hommes compétents, c'est-à-dire capables de la connaître et de la faire respecter. — 776. Ce n'est pas ce que disent les modernisants. — 777. L'autorité compétente pour les catholiques. — 778. Institution organique. — 779. Régulatrice de la morale publique.

774. — Pour faire des lois utiles, il faut créer, sous les auspices du droit, une représentation populaire chargée d'exposer au gouvernement les besoins publics; il la faut assez fidèle pour les manifester avec courage, assez puissante pour en demander la satisfaction, assez modérée pour ne rien exagérer.

Pour faire des lois convenables et pratiques, adaptées à la maladie et à la société malade, il faut des législateurs d'une grande sagesse, qui connaissent les hommes et les choses.

(1) Cf. C. VI., numéros 1231 et suivants.

Voilà ce que nous avons établi dans les deux paragraphes précédents.

Il nous reste à rechercher, toujours à la lumière du vrai bon sens, le moyen d'assurer aux lois une qualité préalable essentielle : l'honnêteté. Je dis une qualité préalable : car, à parler proprement, l'honnêteté n'est pas un des motifs qui pousse à faire la loi ; c'est une condition sans laquelle la loi n'aurait aucune valeur. La loi civile vise un bien extérieur ; or, l'honnêteté n'est pas un bien extérieur. Et par conséquent, de même que l'homme extérieur doit toujours se subordonner aux lois de l'homme intérieur, de même les lois politiques doivent toujours présupposer l'honnêteté.

775. — Or, dites-le-moi, qui sera l'interprète et le juge de l'honnêteté dans cette société que nous avons entrepris d'organiser avec les lumières du sens commun ? Oh ! pour nous, catholiques, il n'y a pas de difficulté. Quand nous voulons savoir s'il nous est licite de faire tel contrat pour le bien de notre famille, nous allons tout droit trouver notre confesseur ou notre curé ; non point pour savoir si ce contrat est utile ou comment nous pourrons amener à nos désirs la partie adverse (sous ce rapport nous en savons plus que le confesseur ou le curé), mais uniquement pour être certains que, dans ce contrat, nous ne violerons aucune loi de justice.

Or, si nous prenons cette précaution quand il s'agit d'un petit intérêt, à plus forte raison devrons-nous la prendre dans des affaires qui peuvent bouleverser toutes les consciences, dans une société catholique.

776. — Cela soit dit entre nous. Car si vous alliez souffler pareille proposition aux oreilles des politiques à la moderne, ils vous répondraient par une explosion de rires ou d'impropéries, selon qu'ils auraient bien ou mal dîné ce jour-là. Pour eux, vous le savez, l'honnêteté, c'est l'intérêt public; et dès lors que la loi est utile elle est honnête par la même. Que d'aucuns admettent encore la distinction entre l'utilité et l'honnêteté; ils se font chacun, d'après le principe de la Réforme, le juge de celle-ci. Et, dans les assemblées, la majorité prononce en dernier ressort, sans jamais consulter les oracles du sanctuaire.

De là une remarque très juste faite par l'illustre publiciste espagnol, Donoso Cortès, dans sa dernière, brochure (1). Les libéraux, dit-il, accorderont encore à Dieu sur la société une sorte d'autorité primitive et radicale, pourvu qu'il leur laisse à eux le pouvoir actuel. Voilà pourquoi vous les entendrez souvent parler du droit fondé sur la religion, de lois que le Créateur nous manifeste par la nature des choses. Ils comprennent trop bien que, sans ces idées fondamentales, leur gouvernement ne saurait se soutenir. Mais qu'un catholique vienne leur demander de reconnaître la voix de Dieu dans celle de l'Eglise, et cela pour le bien même des intérêts publics, aussitôt vous les entendez crier comme des énergumènes et déclarer que le règne de Dieu n'est pas de ce monde.

Dire à ces hommes que, chez un peuple catholique,

(1) Essai sur le catholicisme, le libéralisme et le socialisme, par D. C... (Paris, 1851).

l'honnêteté des lois devrait être jugée et confirmée par l'autorité ecclésiastique, ce serait vouloir les ramener à la nuit du moyen-âge, « ce serait, comme l'exprime si bien Valdegamas, concéder à Dieu un pouvoir actuel sur la société ».

Savez-vous ce que vous pourrez peut-être obtenir de ces libéraux qui sentent la nécessité de paraître catholiques et de reconnaître, comme tels, le tribunal de l'Eglise ? Le voici. Leur expédient est tout prêt. Ils montent à la tribune et, ménageant la chèvre et le chou, font une retentissante énumération d'écrivains ecclésiastiques, de députés et de journalistes dont la théologie a toujours été l'humble servante de ceux qui gouvernent. Et ils se dégagent par là de l'autorité des évêques pour lesquels ils ont un médiocre respect et de celle des confesseurs dont ils n'usent point.

777. — Pourtant un peu de réflexion leur montrerait vite combien est chancelante la base sur laquelle ils appuient l'honnêteté des lois. En effet, ne sont-ils pas les premiers à prêcher continuellement l'importance des institutions ? Ne répètent-ils pas sans cesse que la sécurité dépend non point des personnes, mais des institutions ? Or, comment croire à l'honnêteté des lois quand vous n'avez, pour la garantir, que l'opinion de huit ou dix abbés sortis, Dieu sait comment, de l'urne électorale ? Non ; pour nous catholiques le garant de l'honnêteté, c'est le pouvoir de l'Eglise, et non point tel ou tel prêtre... Et, Dieu merci, l'Eglise a été dotée par le Sauveur lui-même d'un organisme qui doit régler nos consciences, si nous voulons nous dire franchement catholiques.

778. — Ainsi, vous le voyez, le Sauveur nous a délivré de toute inquiétude dans l'affaire en question. Il s'est chargé lui-même de nous donner un pouvoir parfaitement constitué pour assurer dans les sociétés chrétiennes l'honnêteté des lois. Acceptons avec reconnaissance ce don généreux de l'infaillible sagesse; et nous serons tranquilles non seulement pour la justice et l'honnêteté des lois, mais encore pour la concorde entre les citoyens. Mais cela n'est admis que par les vrais catholiques. Car nos réformateurs modernes, lors même qu'ils portent le nom de catholiques, bannissent des fonctions législatives l'Eglise enseignante ou, comme ils disent, le haut clergé. Berti ne disait-il pas à la chambre piémontaise (le 15 mars 1851) : « Les doctrines politiques professées par le clergé de Rome sont également les doctrines du haut clergé dans tous les pays catholiques. Je vous le demande, l'enseignement despotique de Rome devrait-il être toléré dans un gouvernement constitutionnel? Que l'Eglise renonce à toute ingérence politique, qu'elle s'établisse sur sa véritable base (1); alors nous ne ferons aucune difficulté de renoncer à une ingérence quelconque. Nous ne combattons ni l'Eglise, ni ses saintes doctrines; ce que nous rejetons, c'est l'enseignement politique du haut clergé. »

779. — Ainsi l'on enlève toute influence sur l'ordre politique à l'Eglise enseignante, l'unique autorité à laquelle les catholiques doivent une obéissance entière et absolue, l'unique à qui l'infaillibilité ait été promise,

____

(1) C'est-à-dire se renferme, comme on dit aujourd'hui, dans la sacristie.

l'unique qui ait reçu la charge de veiller sur l'ordre moral de toute la chrétienté. Puis l'on vient proclamer par les faits ou bien que la moralité n'a rien à voir dans la législation, ou bien que les députés en sont les juges infaillibles. Que si, par malheur, quelque sujet scrupuleux, doutant d'une pareille infaillibilité, refuse d'obéir, l'on recourre aux moyens des Antiochus et des Néron, afin de débarrasser de leurs scrupules les nouveaux Macchabées et les nouveaux chrétiens et d'éloigner de l'Etat toute ingérence politique de la part de l'Eglise.

N'est-ce pas ce que nous avons vu plus d'une fois dans nos temps? Si donc, obstinée dans son caprice, l'Eglise continue de se mêler des affaires politiques, tant pis pour elle. Les modernes réformateurs lui ont signifié clairement que, comme église enseignante, elle n'a rien à y voir. Si d'aventure le gouvernement croit avoir besoin de conseil sur quelque point de morale, de justice, etc., libre à lui d'appeler des théologiens, des canonistes, voire même des évêques. Mais alors, qu'ils le sachent bien, ils parleront comme députés ou sénateurs, mais non comme évêques. Quant à ce corps organique dont nous parlions plus haut, et qui, pour les catholiques, est le légitime interprète du vrai et du juste, celui-là ne doit rêver d'aucune ingérence; il ne peut être toléré dans un gouvernement constitutionnel.

— Mais alors comment assurer l'honnêteté des lois?

Romagnosi, plus intelligent que beaucoup de publicistes modernes, a cherché la réponse à cette question. Il comprenait la nécessité de proportionner les fonctions à la capacité des sujets, mais malheureusement n'avait pas d'idées justes en religion et en morale. D'après lui l'honnêteté des lois consistait dans leur conformité à la constitution. Mais il voulait que cette honnêteté légale fût jugée par une autre autorité que celle qui aurait décidé de la convenance de la loi. Un sénat conservateur d'un côté, une consulte nationale de l'autre auraient rempli cette double fonction (1).

« D'où il suit que, confier le pouvoir de juger de la moralité des lois à cette Eglise dont le divin fondateur nous recommande le magistère, est pour les catholiques la rigoureuse conséquence de leur foi et par contre que dénier au clergé toute influence dans la législation c'est rejeter le juge suprême de la morale.

§ VI

COORDINATION DES ORGANES DE LA LÉGISLATURE

Sommaire : — 780. Distinction de ces organes. — 781. Basée sur l'objet propre de la fonction. — 782. L'Eglise ne peut donner de sécurité qu'aux catholiques. — 783. Par nature le politique ne doit pas juger de l'honnêteté. — 784. L'église injustement accusée. — 785. Indépendance mutuelle des fonctions. — 786. Elles sont concentrées dans le prince. — 787. Répartition proportionnée des actes législatifs. — 788. L'initiative. — 789. La discussion. — 790. La sanction. — 791. Unité harmonique. — 792. A quoi il faut la demander. — 793. Elle n'est pas impossible. — 794. La répartition moderne des fonctions législatives est déraisonnable. — 795. La nôtre est fondée sur la nature.

780. — D'après le sens commun, les besoins de la société doivent être manifestés par ceux qui en sentent le poids, satisfaits par ceux qui ont acquis science et

(1) Romagnosi, *Jurisprudence théorique*, P. I, l. 7, c. 4.

expérience en législature, enfin les lois elle-mêmes doivent être sanctionnées par celui qui est l'interprète de la morale. Et ces trois fonctions, avons-nous dit, demandent d'être distinctes. Car il serait absurde de vouloir corriger le sentiment des besoins avec la science de celui qui ne les éprouve pas, de faire dépendre la science du médecin de l'ignorance du malade, enfin de mêler dans les jugements sur l'honnêteté des lois un élément quelconque d'intérêt ; il en vicierait la justice.

781. — D'où il appert que nous ne devons pas admettre pour les trois organes de la représentation le même système que les réformateurs modernes pour les chambres et le ministère. S'agit-il, en effet, d'établir une loi dans toutes et chacune de ses parties, ils ne leur demandent qu'un seul vote et ne font aucune distinction de l'honnêteté, de la convenance ou de l'utilité. Nous avons vu comment les trois fonctions diverses appellent respectivement trois classes d'hommes ; et il serait déraisonnable de confondre ces éléments disparates dans un seul vote. Ce qui est nécessaire, c'est que chaque loi passe successivement par ce triple creuset et subisse dans chacun, en dehors de toute influence contraire à la liberté, l'épreuve à laquelle on la soumettra respectivement.

La raison de cette distinction est évidente. N'avons-nous pas dit que le peuple sent ses besoins, mais qu'il n'en connaît pas les remèdes ? Il serait ridicule d'appeler comme médecin le malade ignorant ou peut-être furieux. Pour la même raison, ce n'est pas l'homme politique qui doit juger de l'honnêteté des lois. Il est parfois peu scrupuleux en cette matière et comme toujours tenté par sa profession de sacrifier la morale à l'intérêt.

782. — Je dis par sa profession, afin de prévenir une objection qui n'est pas entièrement invraisemblable : « Car, pourquoi supposer, me direz-vous, que le législateur qui juge une loi convenable ne puisse pas aussi la faire honnête ? Ce législateur est un homme. Et comme tel n'est-il pas apte à connaître et à décréter ce qui est honnête, comme les hommes doctes et expérimentés le sont à juger de la convenance d'une loi ? »

Mon lecteur voit sans doute très bien qu'au moins pour les catholiques l'objection ne porte pas. Car nous professons que le seul juge compétent et suprême de la morale, c'est l'Eglise. Par conséquent, obliger et contraindre des sujets catholiques à observer une loi qui n'aurait pas, grâce à la sanction de l'Eglise, l'empreinte indéniable de l'honnêteté, ce serait au moins une grande et manifeste imprudence : ce serait souvent une tyrannie sauvage aux yeux de la civilisation, impie aux yeux de la conscience religieuse. Hélas ! combien de fois, dans notre siècle en France, en Piémont, etc., les faits sont venus prouver que l'honnèteté catholique des hommes politiques n'était pas toujours à l'abri des tentations de l'intérêt ?

783. — Mais faisons abstraction de la compétence naturelle de l'Eglise dans la question de morale : notre assertion restera vraie en ne considérant que la nature des choses. Et c'est ce que j'ai voulu dire en affirmant plus haut que, « par leur profession, » les politiques

sont souvent tentés de sacrifier l'honnête à l'utile. En
effet : l'on connaît le principe de toute bonne législation : « Personne ne doit être réputé coupable sans preuves. Nemo putatur malus nisi probetur. » Et cependant
ce serait une très mauvaise loi que celle qui fournirait
à l'humaine faiblesse l'attrait qui se trouve naturellement dans les occasions du mal ; tandis qu'une loi excellente est celle qui, en liant la conscience par le devoir,
peut et sait y joindre le motif de l'intérêt si puissant sur
notre nature sensible. Or, nous le savons, les hommes
ne sont pas seulement portés par le poids de leur cœur
à grossir l'utilité, surtout lorsqu'elle se couvre des couleurs du bien public ; mais ils suivent presque exclusivement cette propension, lorsque l'objet de leur désir
convient si bien, disent-ils, à leur profession ou à leur
emploi. C'est alors en effet que leur désir se revêt pour
eux des couleurs du droit et du devoir. Donc, et je —
vous prie de bien noter cette conséquence — un corps
politique, chargé de pourvoir par des lois à l'utilité
publique et à l'ordre extérieur, sera toujours tenté de
rechercher et de procurer jusqu'à leur dernière limite
ces biens extérieurs, s'il n'est contrebalancé par ceux
dont l'objet et l'office propres sont d'assurer aux lois une
honnêté sans tache. Et c'est là précisément le rôle du
clergé catholique, en raison même de son devoir et en
vertu de l'institution divine.

Les trois fonctions doivent donc être non confon-
dues mais coordonnées. Cette coordination doit se baser
sur les rapports des fonctions entre elles et avec la
nature humaine, le sujet de lois. — Et parce que, dans

cette vie, la règle suprême et indéclinable de la nature, c'est l'honnêteté, celui qui en sera le juge compétent et reconnu comme tel, par la société, pourra toujours, par son veto, empêcher une loi de s'établir.

Toutefois, nous l'avons dit plus haut, l'honnêteté n'est qu'un « prærequisitum, » une condition préalable. Sans doute, sans l'honnêteté, point de loi possible. Elle n'est pourtant pas la cause immédiate de la loi. Autrement on devrait commander tout ce qui est honnête. — Par conséquent, bien qu'une détermination sans honnêteté ne puisse jamais acquérir la dignité de loi, cependant nous ne devons pas rechercher la cause d'une loi, dans l'élément qui la rend licite, mais bien dans celui qui la rend soit nécessaire, soit utile. — Quel est cet élément? — Cher lecteur, vous le devinerez vous-même : car si des besoins sont réels et graves, il faut nécessairement y pourvoir, et entre tous les moyens convenables pour cela le choix se porte naturellement sur celui qui l'est davantage. — Voici donc la formule à suivre d'après le sens commun pour coordonner les fonctions législatives dans une société catholique. « Aucune loi ne sera promulguée si le « corps » chargé d'observer et de constater les besoins du peuple n'en reconnaît pas la nécessité; si les interprètes autorisés de la prudence politique ne la jugent pas convenable et pratique; enfin, si elle n'est pas sanctionnée par le clergé, lequel étant, en vertu même de sa charge sociale, le juge de l'honnêteté, devra, non pas proposer les lois, mais empêcher seulement qu'elles ne soient votées lorsqu'elles répugneront à la morale. »

784. — Vous voyez par là, cher lecteur, combien est injuste contre le clergé catholique cette accusation d'usurpation, de partisan de la théocratie et du despotisme sacerdotal; de corps qui veut se mêler à tout et empêcher la libre action des gouvernements! Point de doute; le prêtre est par office le gardien de l'honnêteté; par conséquent, comme celle-ci doit être, au préalable, une des propriétés non seulement de toute loi, mais de tout acte humain, il est impossible que le clergé n'exerce pas parmi les croyants une grande et continuelle influence, surtout en les préservant des déviations et des excès. Mais empêcher des excès ne veut pas dire faire les lois ou les appliquer. Tant que le clergé, se renfermant dans ses attributions morales, laisse à la représentation populaire le soin d'exposer les besoins du peuple et d'en décréter les remèdes, accuser son action de théocratie est un abus de mots — comme si, par exemple, l'on appelait architecte d'une maison le manœuvre qui creuse la terre, jusqu'à ce qu'il trouve un terrain solide pour y reposer sans crainte l'édifice; comme si, ce manœuvre continuant ses fouilles, parce qu'il n'a pas encore rencontré ce terrain, était accusé de vouloir usurper les fonctions de l'architecte. N'est-il pas également ridicule de jeter à la tête du clergé l'accution calomnieuse d'usurpateur, parce qu'il empêche la promulgation de lois qui ne seraient pas honnêtes? Si des gouvernants persévèrent, malgré tout, dans des desseins contraires à la morale, ils ne manqueront point, la chose est sûre, de se heurter à l'opposition de l'Eglise. Mais celle-ci doit-elle porter la faute de leur malice?

Tout droit, toute loi d'ordre naturel ou d'ordre religieux est un obstacle aux gouvernements despotiques. Accuserez-vous pour cela d'usurpation et la religion et la nature?

785. — Que chacun des trois organes législatifs reste donc dans les limites de ses attributions, qu'il décide des objets dont il est le juge compétent, qu'il laisse aux autres le même droit de décision suprême dans leur sphère respective, alors l'action gouvernementale procédant avec ordre ne donnera lieu ni aux collisions ni aux incertitudes, ce qui se produit d'ordinaire quand un pouvoir suprême décide sans appel.

786. — Coordonnez ainsi les fonctions législatives et vous verrez de suite que, dans cet organisme, un chef, quel que soit son nom, est un membre nécessaire, pour communiquer aux trois corps délibérants une indispensable unité. Ce chef joue dans le gouvernement le rôle du « sensorium commune » (1) auquel, vous le savez, doivent parvenir toutes les diverses sensations produites par un seul objet afin d'être amenées à l'unité. Comment pourriez-vous dire, par exemple : cette rose est empourprée, moelleuse et odoriférante si un seul organe sensitif interne ne ramassait en lui-même les sensations de la vue, du tact et de l'odorat? Pareil est le rôle d'un chef ou monarque. Il reçoit et lie entre elles les trois délibérations et donne à la loi son dernier complément. Et remarquez-le : ce rôle est tellement nécessaire que sans lui de deux choses l'une : ou bien les lois seront impossibles, ou bien le pouvoir respectif et indépen-

(1) Appelez-le, si vous le voulez, l'organe sensitif central.

dant des trois assemblées représentatives sera détruit ou du moins entamé…

Les politiques modernes ont confondu les fonctions et les ont confiées indistinctement à tous les membres de toutes les Assemblées. Aussi, chez eux, le chef est une plante parasite; car le président de l'Assemblée suffit pour centraliser les opinions. Est-il étonnant après cela qu'en France la branche aînée de la dynastie ait été dépossédée si facilement, que la branche cadette soit tombée dans la personne de Louis-Philippe, et que le président de la République, modernisé plus encore que la précédente monarchie, ressemble à un fantôme de chef toujours menacé de disparaître? Assignez au contraire une fonction distincte à chacun des organes représentatifs, et vous verrez l'absolue nécessité d'avoir un chef réel qui donne son unité à tout cet organisme.

Ce chef fait dans les gouvernements représentatifs ce que le roi fait dans les monarchies absolues, mais en ordre inverse. Dans celles-ci c'est le roi qui, de sa propre autorité, provoque les informations sur les besoins du peuple, demande les conseils de la science politique et les oracles de l'Eglise. Dans les gouvernements représentatifs, au contraire, l'action législative part des trois organes distincts pour s'unir dans le chef de l'Etat.

787. — Après vous avoir indiqué les éléments naturels des fonctions organiques, j'ai considéré l'objet propre de chacune d'elles, puis la qualité naturelle de l'organe qui les accomplit. D'où ressort avec évidence la vérité énoncée dès le début, à savoir : « que cette théorie s'applique à n'importe quelle forme de gouverne-

mont. » Car il n'y en a point dans lequel il ne soit pas nécessaire de connaître et les besoins du peuple et la nature des remèdes propres à les guérir et la moralité des lois. Mais, d'un côté, le champ de notre étude ne comprend que les régimes représentatifs, et de l'autre nous voulons examiner théoriquement les causes des maladies qui travaillent aujourd'hui ces sortes de gouvernements. Nous allons donc encore demander à la philosophie du droit la réponse rationnelle aux deux questions suivantes. 1° Dans quelle proportion les trois organes dont nous avons parlé doivent-ils participer aux trois actes législatifs d'initiative, de discussion et de sanction? 2° Quelle est la raison concrète de cette répartition? — Du reste la réponse à ces deux questions sera facile et laissera subsister pleine et entière la liberté des applications politiques.

788. — L'initiative, qui ne le voit, appartiendra naturellement à tous ceux qui peuvent éprouver des besoins, c'est-à-dire à toutes les personnes physiques ou morales, comme nous l'avons expliqué au § 3. — Là nous avons surtout insisté sur les besoins et les droits de la classe pauvre, sans négliger toutefois dans la généralité de nos propositions les besoins des autres classes de la société. Toute classe pourrait donc avoir le droit d'initiative dans la représentation de ses besoins. Par conséquent, les deux organes législatifs chargés de juger de la sagesse et de la moralité des lois, pourraient eux-mêmes proposer celles qui seraient réclamées par l'intérêt de leurs corps ou l'objet [de leurs fonctions : Car il y a dans les sociétés des besoins qui, sans être matériels et

sensibles, n'en sont pas moins des besoins.— Par exemple, le besoin des hautes études est beaucoup plus vif dans les classes instruites que dans les classes populaires ; les violations de la morale provoquent beaucoup plus les reproches du clergé que ceux des particuliers, surtout s'ils sont laïques. Les politiques trouveraient donc ici un vaste champ, pour faire, sous mille formes concrètes, l'application de ce droit d'initiative qui naît naturellement du besoin.

789. — Quant à la discussion, la réponse n'est pas moins évidente. Point d'assemblée, en effet, qui puisse arriver à l'unité de résolution sans en discuter les motifs. D'où il suit que tout organe législatif devrait, conformément à sa composition personnelle et à son objet, discuter les raisons propres de ses avis.— Ce qui est vrai, surtout de la représentation des besoins, où le petit peuple, moins apte à la discussion, devrait avoir médiatement ou immédiatement une grande part. L'ignorance des sciences, l'irritabilité des passions, la mobilité des opinions, la continuité du travail, la dépendance personnelle et mille autres raisons peuvent porter à faire adopter pour ces représentants une forme de discussion tout à fait différente de celle qui est en usage dans les autres assemblées. Car, cette assemblée est celle qui doit faire connaître ses besoins ressentis par le peuple ; et le sentiment, on le sait, marche beaucoup plus terre à terre que les considérations sur la sagesse ou l'honnêteté des lois. D'où surgit naturellement cette question, à savoir « s'il est utile, pour obtenir une meilleure représentation des besoins, que tous les dépu-

tés se réunissent en une seule assemblée ». L'Irlande a maintes fois manifesté le désir d'avoir son parlement particulier ; de même la Lombardie, la Sicile, à l'occasion de certaines révolutions. Et ce désir est fondé, du moins en partie, sur cette persuasion que les besoins d'une province ne sont pas les besoins des autres provinces, qu'on ressent beaucoup mieux ces besoins dans le lieu même où on les éprouve, et que cette diversité des pays peut amener des décisions favorables aux uns, mais très nuisibles aux autres. De plus, une discussion qui se fait sur place s'inspire des faits de la vie quotidienne et trouve plus facilement des résolutions pratiques. — Aussi pourrait-on fort bien admettre que la discussion des besoins eût lieu, du moins pour une partie de la session, en différents centres éloignés de la capitale, comme cela se pratiquait en France au temps des Parlements et maintenant encore (1) dans les conseils provinciaux du royaume de Naples. Et cela pourrait fort bien obvier aux inconvénients d'une concentration outrée et à des plaintes semblables à celles des départements français, lorsqu'en 1850 ils demandèrent que l'on réagît, en législation, contre la prédominance des influences parisiennes. — Des raisons d'une autre nature conseilleraient une division analogue de la discussion par les représentants chargés de juger sur l'honnêteté des lois, au moins parmi les catholiques. Ceux-ci en effet possèdent, de par le droit canon, dans les diocèses et les métropoles, une répartition organique du

(1) 1850.

pouvoir chargé de prononcer sur la moralité des lois. Il pourrait donc paraître superflu, du moins à l'ordinaire, de réunir dans un centre une assemblée plus nombreuse ; puisque la convocation canonique des synodes suffit à cette fin.

Ces observations, je le répète, n'ont point pour but de recommander une forme de gouvernement plutôt qu'une autre, mais bien de confirmer par des exemples ce que nous avons dit comme philosophe et non comme politique, savoir : que notre théorie est universelle et par conséquent qu'elle ouvre un champ très étendu à toutes les formes de gouvernement et d'organisation.

790. — Venons à la sanction. Dans un gouvernement où l'on veut que le peuple ait une réelle influence dans l'exercice du pouvoir suprême, il faut se rappeler surtout deux choses, quand on traite de la sanction. La première, c'est que jamais une loi n'est de fait existante, sans l'influence du peuple ; la seconde, c'est que cette influence est bienfaisante en vertu des institutions, comme l'autorité l'est par nature. Or, ces deux conditions exigent que la sanction d'une loi dépende des quatre pouvoirs dont nous avons parlé plus haut, mais de chacun dans les limites de sa sphère propre. De sorte que, pour être revêtues de toutes les formes légales, une loi doit avoir la sanction du peuple qui en a vraiment senti le besoin, la sanction de ceux qui, vu leur sagesse et leur expérience, ont le pouvoir de juger de la valeur du remède, la sanction religieuse qui la déclare honnête, enfin la sanction du roi ou du chef de l'Etat qui, reconnaissant légitime l'accord des trois

autres, sanctions, déclare que la loi peut être mise à exécution.

791. — Dirait-on que c'est chose trop difficile de réunir tant de sanctions en faveur d'une loi? La première réponse serait celle-ci : ces sanctions sont nécessaires, donc...— Mais rappelez-vous ce que nous avons dit ailleurs de la division du pouvoir (1). Utile pour empêcher les abus dans des gouvernements, elle est, en soi et par une loi inexorable de la nature, très nuisible à l'unité comme à la promptitude de l'action sociale. — Et quiconque recourt à cette division doit nécessairement en subir les inconvénients, comme ceux qui embrassent un système opposé se résignent à en supporter les difficultés. — Voulez-vous un gouvernement prompt, rapide, qui ne soit pas exposé aux retards des heurts et des collisions? Résignez-vous à avoir un monarque : s'il est juste et catholique, il choisira les conseillers qui lui paraîtront les plus propres aux différentes fonctions du gouvernement. Mais si la peur de l'arbitraire hante toujours votre tête, partisan irréductible de la division du pouvoir, ne pensez pas éviter les inconvénients qui découlent naturellement de ce système.

Nos adversaires nous fournissent la seconde réponse: un gouvernement, disent-ils, ne peut être stationnaire: il faut qu'il agisse, qu'il marche. La nécessité amène entre les différents pouvoirs une souplesse de relations qui prévient les inconvénients.

—Mais, braves gens, si vous admettez cela avec vos trois pouvoirs à qui vous attribuez la pleine détermi-

(1) T. I, chap. x, § 8.

nation de la loi, ne l'obtiendrez-vous pas beaucoup plus facilement lorsque les organes législatifs n'auront à déterminer que la propriété respective dont chacun est, de l'aveu de tous, le juge naturel et compétent? En fait, quoi de plus aisé, parmi les vrais catholiques, que d'amener les laïques à accepter du clergé les enseignements qui regardent la morale? Que d'amener le peuple à accepter les remèdes prescrits par des hommes expérimentés? Et quels efforts gigantesques, dignes d'une meilleure cause, ont dû faire les réformateurs modernes pour refouler cette propension naturelle et soustraire le peuple au joug prétendu de l'aristocratie et du clergé, en l'éclairant avec les doctrines protestantes? Ce n'est donc point chose trop difficile, comme d'autres pourraient le croire, que d'accorder et d'unir entre eux les quatre éléments de l'action sociale.

Le catholicisme nous fournit encore une autre réponse : sur quoi repose la force de la religion? sur la conscience. Elle agit sur la masse des chrétiens; elle en fait l'unité, la vie; et elle est à l'abri du principe hétérodoxe.

792. — Cette première question résolue, nous abordons la seconde : sur quelle base concrète doit reposer la distinction et la répartition des trois actes législatifs telle que nous l'avons indiquée? Voici la réponse : « Quand on veut ramener à un système rationnel les fonctions législatives et leurs actes, il faut les distinguer et les répartir conformément aux propriétés des organes ou corps législatifs eux-mêmes et à la nature de leurs actes. Par ailleurs tout organisme social doit,

avoir sa vitalité propre, c'est-à-dire finalement la jouissance de son droit (car on ne régit les hommes que par le droit),et nous l'avons prouvé (1) : tout droit a ses racines dans des faits antécédents ; par conséquent, la politique qui se trouve dans le cas de renouveler les lois organiques, c'est-à-dire les droits politiques d'une société, devra toujours être assez courageux pour baser les raisons de sa répartition nouvelle sur les droits antérieurs. Autrement, loin d'être un secours, cette innovation gênerait et embarrasserait la marche de la société ; c'est en cela que se sont trompés essentiellement les gouvernements issus de la révolution. Ils ont espéré établir des droits, pendant que leurs actes proclamaient au grand jour la violabilité du droit.

793. — Vous me direz : Mais s'il faut respecter tous les droits, jamais on ne pourra changer une constitution.

Prise universellement cette objection est fausse. Mais elle est étrange et imprudente dans cette Italie où les princes ont été si prompts et si larges dans leurs concessions et où la noblesse a renoncé si facilement à ses privilèges.

Mais laissons l'Italie : quiconque se rappelle l'explication que nous avons donnée de la théorie du droit et les changements incessants de ses éléments matériels, comprendra sans peine que des droits antérieurs peuvent être légitimement changés. Assurément de telles mutations ne se font point par ces cris insensés de la place publique : « Le siècle veut ceci : le peuple ordonne

(1) Voir vol. I, c. I, n° 26 et seqq,; et c. III; § 2.

cela. — Rencontrez-vous sur votre route un droit? Au lieu de le fouler aux pieds, protégez-le. Un concordat vous arrête-t-il? Ne le lacérez point. Admettez que cette convention dépend de l'Eglise. C'est ainsi que se traitent les affaires entre gens bien élevés, et cette modération n'est point un obstacle à leur accomplissement. Tout au plus pourra-t-elle empêcher quelquefois que toutes les volontés d'un parti soient satisfaites, que toutes les cupidités de l'ambition soient heureuses. Mais n'est-ce pas précisément le vœu des partisans sincères de la division des pouvoirs? En effet, pourquoi soutiennent-ils cette division, si ce n'est pour faire que quiconque voudrait abuser de son propre droit dans le commandement, voie surgir devant lui un droit contraire qui l'arrête et ramène ses prétentions aux limites de la justice et de l'équité? Voilà justement ce qui arrive, toutes les fois que les innovations politiques sous n'importe quel gouvernement se font selon les règles et à la lumière du droit. Par exemple, comment des monarques sages et modérés s'y sont-ils pris pour abaisser la puissance des barons, sans violer leurs droits existants? Ils les ont amenés doucement à renoncer eux-mêmes à ces droits dont les conséquences économiques et civiles étaient un obstacle à la vie sociale. Ainsi ont-ils obtenu ce qui était réclamé par le bien public, mais sans violer la justice et sans compromettre la tranquillité de la nation.

794. — D'après ce que nous venons de dire, il est donc manifeste que la nature fournit des éléments et des raisons qui légitiment, disons plus, qui exigent la

distinction et la répartition des fonctions sociales. Il n'est pas moins clair qu'elle se fera différemment dans les différentes sociétés et que les adversaires de l'opinion exclusive et absolue des constitutionnels purs ne sont point pour cela les partisans du despotisme et de la tyrannie.

La triple représentation exposée plus haut, je ne l'ai point forgée à ma tête comme font les réformateurs modernes pour leurs systèmes. Ces systèmes en effet sont le fruit de leur caprice. Et ce qui le prouve avec évidence, c'est qu'ils les modifient, les suppriment, les dénaturent à leur gré sans jamais obtenir ce qu'ils cherchent. Tout d'abord ils veulent que la haute chambre soit composée de riches et que leur charge soit héréditaire. De cette façon ils seront « conservateurs ». On y ajoute ensuite des conservateurs non héréditaires, mais nommés par le roi. En 1848, cette nomination royale ne paraît point nécessaire au parlement Sicilien. Et la seconde chambre se charge de tout le travail. L'exemple paraît bon aux républicains de France et ils ne voient pas pourquoi les balivernes débitées dans une assemblée de 700 députés devraient être répétées dans une Chambre plus restreinte et composée de plus riches personnages.

Vous le voyez, la représentation des réformateurs modernes, si multiple qu'elle soit, n'a rien d'organique : car on ne saurait appeler « organique » un composé homogène où toutes les parties ont la même fonction. Je vous demande : Combien « la sensibilité » a-t-elle d'organes chez l'homme ? De suite vous me répondez :

Cinq, cinq; mais pourquoi pas huit ou neuf? Parce que les deux yeux, les deux oreilles, les deux narines constituent en chaque paire un seul organe; le palais et la langue sont également un seul organe, de même que de la tête aux pieds les deux épidermes extérieur et intérieur sont un seul tact. Les fonctions spécifient les organes. Si donc vous avez une fonction déterminée, vous avez par là même un organe unique; et cet unique organe n'est pas autre chose qu'une masse de chair douée de sensibilité, mais impropre aux fonctions qui doivent être exercées par des organes destinés à des opérations différentes des siennes. La vue, par exemple, est faite pour percevoir les couleurs; elle ne peut accomplir le phénomène de l'audition.

Quiconque a la moindre connaissance pratique des influences organiques dans les délibérations si différentes les unes des autres, comprendra de suite l'énorme diversité qui existe entre les délibérations distinctes de trois corps, visant chacun un objet propre, et la délibération unique de trois ou quatre cents députés qu'on suppose doués de toutes les qualités de vrais et parfaits législateurs. A ceux qui ont moins d'expérience, je ferai remarquer que, dans cette réunion de tous les députés, la majorité tendra toujours, par sa nature (sauf de nobles exceptions), à vicier la loi, tandis que, dans les délibérations distinctes avec un objet propre, elle tendra au contraire à la rendre plus parfaite.

Je m'explique :

Supposez dans chacune des trois assemblées distinctes par exemple cent députés. Les cent qui délibéreront sur l'utilité de la loi n'auront aucune influence sur les deux autres délibérations qui auront pour but de décider sur la convenance et sur la moralité de cette loi. Donc si la seconde et la troisième assemblée rejettent la loi proposée comme imprudente ou opposée à la morale, ces deux défauts se montreront avec évidence dans toute leur difformité, malgré les réclamations même unanimes de l'assemblée chargée de représenter les besoins du peuple. Au contraire, réunissez les trois assemblées, vous aurez, touchant les deux défauts signalés, une minorité favorable combattue par les deux autres fractions qui, dans l'assemblée entière, formeront naturellement la majorité. Prenons deux exemples. En Italie, si la loi Siccardi eût été discutée dans trois assemblées distinctes, elle eût peut-être obtenu la majorité des politiciens, mais elle eût été rejetée par le clergé. De même en France la loi du suffrage universel eût triomphé dans l'assemblée populaire, mais elle eût été probablement rejetée par des politiques habiles et prévoyants. Au contraire, vous réunissez en une seule assemblée toutes les fractions de la puissance législative, les sages sont surpassés par la majorité des démocrates et les quelques députés fermement catholiques par la masse des voltairiens et des indifférents.

795. — Il y a donc une différence immense entre les résultats des deux genres de délibération, si nous les considérons par rapport aux lois à établir. Elle n'est pas moindre entre les effets produits, qu'on les considère au point de vue de la raison ou au point de vue de

la stabilité des organes législatifs. Si chacun de ces organes avait sa fonction propre, si cette fonction était adaptée aux personnes qui le composent, si ces personnes représentaient une réalité sociale et non une fiction créée par les publicistes, chaque organe, la chose est évidente, trouverait sa raison d'être spéciale dans les trois propriétés de la loi, utilité, convenance, honnêteté; les membres qui le constitueraient seraient choisis d'après leur aptitude à telle fonction plutôt qu'à telle autre; on ne rendrait pas éligibles du jour au lendemain des hommes qui ne l'étaient point la veille, et cela rien qu'en abaissant la taxe d'un impôt annuel... ou par quelque bizarre modification qui a fait d'un Ulysse un Tersite et d'un législateur un simple citoyen. Enfin ces organes législatifs fondés sur les propriétés naturelles des lois et sur la capacité des personnes n'auraient pas seulement leur raison d'être dans la nature sociale et dans la divine institution du catholicisme; elles y trouveraient encore une garantie de perpétuité.

§ VII

PREUVE HISTORIQUE DE L'ORGANISME LÉGISLATIF

Sommaire : — 796. Objection. — 797. 1re réponse : Nous ne sommes pas systématiques. — 798. 2e réponse : Ouvrons l'histoire. — 799. Les Évêques au Parlement. — 800. Les nobles et les hommes compétents. — 801. Les communes. — 802. Obstacle à l'œuvre de la nature.

796. — Avant de commencer cette nouvelle considération, que mes lecteurs me permettent de leur confesser le soupçon qui plusieurs fois a traversé mon esprit,

pendant que je leur exposais mes vues sur l'organisme législatif. Ne m'ont-ils pas accusé d'être trop grand parleur ? Ne se sont-ils pas dit avec force soupirs et interjections : Allons ! que nous veut encore celui-ci ? N'avions-nous pas assez de tous les rêveurs d'utopies constitutionnelles, de tous ces architectes d'une autre Babel ? Et ce livre ne va-t-il pas accroître par un nouveau dialecte la confusion des langues ?

797. — A ce reproche possible, je puis opposer deux réponses très solides. La première, c'est que mes idées et mes projets ne vont à renverser aucun ordre légitimement établi. Je veux seulement résoudre quelques problèmes de droit public et montrer que les maux dont nous souffrons aujourd'hui ont leur cause dans la subsitution déraisonnable des institutions modernes aux institutions légitimes persistantes. Cette première réponse pourra, je l'espère, calmer un peu le courroux de mes lecteurs.

798. — Que sera-ce si j'ajoute que, loin d'être une utopie, mon projet est la pure expression, ou, si l'on veut, l'explication raisonnable d'un phénomène social au moins commencé chez beaucoup de nations par la nature, et que si l'œuvre n'a pas atteint sa perfection, cela n'est dû qu'à l'hostilité d'hommes égarés dont les efforts aventureux n'ont abouti qu'à enfanter un monstre, une cristallisation amorphe. Lisez l'histoire de ces peuples. Nos régénérateurs voudraient en assimiler les formes représentatives à leurs avortons. Mais vous verrez comment, par un travail persévérant et irrésistible, la nature préparait de longue main l'organisme dont je

vous ait fait la description ; organisme dont la Réforme devait nécessairement faire un avorton monstrueux.

799. — C'est un fait notoire, pour quiconque a parcouru l'histoire du christianisme, que les nations modernes sont nées de la lente opération de l'Eglise et ont été façonnées par l'Episcopat catholique comme les ruches le sont par les abeilles. Gibbon en témoigne pour la France, Guizot pour l'Espagne, Müller pour les peuples de Germanie ; pour l'Italie et l'empire de Constantinople, tous les historiens qui ont parlé du Souverain Pontificat et de l'action de Byzance sur l'Eglise grecque. Or à quel titre les papes et les évêques ont-ils exercé cette fonction de législateurs, si ce n'est précisément comme maîtres des consciences ? Ce magistère, les barbares dont l'épée avait brisé les aigles romaines s'y sont soumis et si bien qu'une fois formés au respect du droit, ils ont officiellement et publiquement reconnu comme leur législateur l'Episcopat catholique. Enfin, l'Episcopat a continué d'exercer cette fonction sacrée jusqu'au jour où, sous le souffle de la révolution, fille de Voltaire et petite-fille de la Réforme, le Clergé, la Noblesse et le Tiers Etat se sont fusionnés pour ne plus former qu'un seul corps législatif. Plus tard, d'autres nations ont imité la France.

Mais notez, à ce propos, une singularité étrange et pourtant souverainement logique ! Le Protestantisme faisait abolir la représentation ecclésiatique en France et dans les autres contrées catholiques. Il la retenait en Angleterre et en Suisse. Pourquoi ? Parce qu'en dehors de tout intérêt sectaire l'institution était en elle-même si raisonnable qu'il paraissait absurde de l'abolir. L'évêque en effet est naturellement le docteur et le maître du droit parmi les catholiques, et c'est chose insensée que de lui fermer les portes d'une assemblée législative. Et remarquez-le : « Ce magistère n'est point attaché à la personne mais bien à l'Episcopat uni au Pontife. » D'où il suit que ce n'est pas à tel ou tel évêque qu'il appartient d'être le représentant de la moralité des lois dans les sociétés chrétiennes; mais à l'Episcopat. Ils se trompent donc du tout au tout ces publicistes, qui croient avoir suffisamment garanti l'honnêteté des lois lorsqu'ils ont fait asseoir sur le banc des législateurs quelques évêques plus en vue que les autres; comme si ces personnes, dignes sans doute de tout respect, à cause de leur caractère, représentaient vraiment dans cette assemblée l'autorité infaillible de l'Eglise. Admettre quelque membre de l'Episcopat au Parlement peut être une de ces habiletés politiques qui trompent les esprits vulgaires. Les apparences matérielles sont sauvées; ils croient que la discipline et la foi le sont aussi. C'est à peu près de cette façon que Luther avait intérêt à garder la Bible : il faisait croire par là qu'il avait le respect de la parole de Dieu. Mais qui comprend l'esprit des institutions de l'Eglise rira également et de ceux qui croient que l'Eglise fait fonction de législatrice dès qu'un de ses évêques siège au Parlement et de ceux qui croient voir passer la parole de Dieu dans les caisses de la société biblique. Non. Aucun évêque particulier n'a droit à la soumission d'une nation catholique; aucun, par conséquent, ne peut calmer pleinement les consciences ; aucun les unir inviolablement dans l'observation de la loi. Au contraire, réunissez en corps les évêques d'une nation, vous formez de toutes leurs autorités une seule autorité, que personne ne peut méconnaître, et qui, par leur union avec le Vicaire de Jésus-Christ, devient infaillible.

800. — Quant à la Noblesse, la participation aux lois est sortie d'un caractère et des droits de la classe seigneuriale, comme elle était sortie pour le Clergé de son autorité sur les consciences. Cette participation soutenue à la pointe de l'épée a été le lot des plus braves... Mais ces conquérants n'ont point tardé à comprendre qu'autre chose est de soumettre des peuples par la force et autre chose de les gouverner. Ils ont donc eu recours principalement à ceux qui étaient plus versés dans la science des lois. Puis à mesure que s'est développé le bien-être matériel, les rois ont souvent associé ou même préféré aux doctes les hommes habiles à faire de l'argent. Et c'est ainsi, vous le voyez, que la noblesse, la magistrature et les hommes d'administration ont été naturellement appelés à participer au gouvernement, soit en raison de leur science, soit à cause de leur expérience.

801. — Et les communes sont-elles entrées dans les Chambres législatives? La même cause qui les a formées, c'est-à-dire le besoin, leur a ouvert la porte de ces Chambres. Forcées de se défendre contre l'oppression des seigneurs, les classes populaires se sont unies en communes, et ces communes, toujours pour le même but, ont fini par entrer au Parlement. Elles ont reproduit en cela le phénomène social de Rome, où le peuple

afin de se protéger contre l'oppression des consuls, a créé ses tribuns avec le droit de participer à la confection des lois.

802. — Si ces constitutions devaient leur origine et leur progrès à la nature, qu'aurait-il fallu pour qu'elles devinssent parfaites? Que la catastrophe antinaturelle dont nous donnerons l'explication n'eût pas lieu. Alors le clergé eût continué la grande œuvre commencée par l'héroïque Hildebrand contre les simoniaques et les concubinaires, il eût fait disparaître ces mœurs profanes que la licence des barbares avait inspirées à plusieurs de ses membres, comme il le fit réellement dans les Conciles de Constance et de Trente. Car une des merveilleuses propriétés de l'Église et la preuve irréfragable qu'elle est conduite par le Saint-Esprit, c'est qu'elle travaille sans cesse à se réformer même par la bouche de prélats imparfaits; bien plus, par des prélats parfois corrompus et qui répugnent naturellement à toute idée de réforme. Mais en se réformant elle-même l'Eglise n'eût point perdu cette influence sociale qui, comme un arôme ou pour dire mieux avec l'Evangile, comme le sel, préserve de la corruption toute société humaine. Par conséquent l'influence d'un clergé meilleur en lui-même et respecté dans son autorité eût fait continuer ce mouvement de progrès qui avait transformé les hordes germaniques en nations féodales, en leur infusant au cœur le vrai germe du progrès, la morale évangélique.

Celle-ci, grâce à l'humilité dont elle est pénétrée, eût abaissé l'orgueil des grands jusqu'à leur faire voir des frères dans les petits. Elle eût imposé aux oisifs la loi du travail, aux riches la pratique d'une charité libérale. Et c'est ainsi qu'elle eût préservé le peuple des excès et des fureurs par lesquels il prétend substituer une égalité impossible et contre nature à cette aimable égalité chrétienne faite d'humilité et de charité évangéliques.

Voilà le progrès auquel marchait la société chrétienne sous l'impulsion d'une morale qui avait pris corps dans les trois organes sociaux naturels, celui qui représente le besoin, celui qui possède la science politique, et celui qui juge de l'honnêté des lois. Je dis naturels, car ces trois organes sont naturels à la société, comme il est naturel à l'homme de se guider dans l'ordre moral par les principes religieux, dans l'ordre civil par la sagesse politique, dans ses jugements sur les besoins du peuple par la voix du peuple lui-même.

Cette répartition des pouvoirs, très naturelle et très forte à la fois, avait en elle-même comme garanties de sécurité l'impuissance même où se trouvaient les trois classes d'usurper les attributions les unes des autres, la facilité donnée à chaque individu de passer d'une classe dans une autre sans confondre les pouvoirs, enfin les immenses avantages que chacune retirait pour elle-même de la coopération des autres. La noblesse ne pouvait point usurper les fonctions du clergé, mais la porte lui en était ouverte toutes les fois qu'un des siens voulait devenir membre de l'ordre ecclésiastique. Un Masaniello quelconque ne pouvait viser à la dignité de législateur en sollicitant les suffrages des charretiers et des pêcheurs, mais il pouvait étudier et en s'évertuant passer de son étable au palais du Vatican comme un Peretti, au conseil des rois comme un Ximénès ou un Bogino, au bâton de maréchal, comme un Catinat, au grade d'amiral comme un Jean Bart. Ainsi l'ambition jointe à la valeur avait un espoir fondé ; mais sans ce passeport elle devrait se résigner à rester dans le cercle de sa condition native. De plus le pouvoir exécutif, ou la force matérielle aux mains du peuple se trouvait naturellement et séparée de la puissance intellectuelle et dirigée par elle ; à son tour celle-ci, vivant soumise à l'autorité morale, ne pouvait d'ordinaire abuser de son influence ; et l'autorité religieuse n'était point poussée à d'ambitieux desseins, parce qu'elle n'avait à sa disposition d'autre force que celle de la morale évangélique et qu'elle était ainsi contenue dans les limites de la raison.

Telle était la combinaison et comme le faisceau naturel des trois pouvoirs dans les sociétés catholiques, qui, au moyen-âge, avaient un gouvernement représentatif, il est vrai, mais très différent des inventions modernes sorties du cerveau de la Réforme hétérodoxe. Cette combinaison bien méditée, le lecteur sincèrement catholique comprendra combien rusée et fourbe en même temps est la tactique de nos prétendus réformateurs. D'un côté, ils s'appuient sur les traditions du moyen âge pour recouvrer, disent-ils, « leurs droits et cette liberté dont ils ont été dépouillés au XVIIIe et au XIXe siècle » ; et de l'autre, ne reculant point devant les contradictions, ils accusent sans cesse le moyen-âge et l'Eglise, alors souveraine, d'un servilisme honteux ; ils prétendent qu'elle favorisait par là tous les despotismes, mais qu'après avoir enchaîné pendant tant de siècles tant de peuples européens, elle les voit aujourd'hui secouer courageusement les chaînes de leur esclavage ! La conclusion, c'est que, d'un côté, par horreur du servage, les peuples doivent briser les chaînes, c'est-à-dire les institutions du moyen-âge, et, de l'autre, que, pour recouvrer leurs droits, ils doivent invoquer la liberté dont leurs pères ont joui au moyen-âge. Pardon, habiles raisonneurs. Pourriez-vous nous dire nettement si, au moyen-âge, nous étions libres ou si nous étions esclaves ? Si nous étions libres, ne voyez-vous pas quel coup funeste vous portez à votre cause en changeant les anciennes constitutions ? Quelle plus grande folie que d'abandonner un titre solide de longue et ancienne possession pour inventer des utopies que ne peuvent justifier ni des droits antérieurs, ni la conquête, ni des promesses sérieuses du succès, puisqu'elles ne s'appuient point sur l'expérience ?

Au contraire, étions-nous esclaves au moyen-âge ? Si oui, ne nous parlez plus du moyen-âge pour pallier votre révolte. Et contentez-vous de baser votre conquête uniquement sur le mensonge de la souveraineté du peuple. Il vous suffit pour tromper des ignorants et des sots. N'allez pas vous discréditer en y joignant des contradictions aussi manifestes.

Mais à qui s'adressent ces paroles ? A mes lecteurs ? Oh ! pour eux ils sont tout à fait édifiés sur le véritable état de la question. Ils savent très bien que les réformateurs n'ont jamais eu et n'ont point encore pour but de délivrer le peuple d'un joug politique quelconque, mais bien de détruire chez lui toute idée religieuse : voilà pourquoi le moyen-âge ne pouvait en rien leur être utile. Car se seraient-ils jamais contentés d'une liberté respectueuse de l'Eglise, de la Congrégation de l'Index et des excommunications du Concile de Trente? Ils voulaient et ils veulent encore une indépendance totale de la vérité, de la foi, de la coutume et de la discipline catholique; cette indépendance est le contre-pied de la liberté du moyen-âge. Et, pour la conquérir, ils auraient renoncé, ils renonceraient encore à toutes les libertés. Lâches adulateurs, ils ont plié la tête et ils la plieraient de nouveau devant un Frédéric II, une Catherine de Russie, un Napoléon, un Robespierre, enfin devant Lucifer lui-même, s'ils espéraient étouffer le catholicisme.

Après la France, l'Italie en son temps donna le même spectacle. Les prétendus restaurateurs de la liberté commencèrent par y détruire les privilèges de la noblesse et du clergé; ils finiront par abolir les corporations. Là aussi ce qu'ils voulaient, c'était s'affranchir de l'influence religieuse beaucoup plus que de la dépendance politique. Et pour arriver à cette fin, ils sacrifiaient tous les anciens droits.

Terminons ces considérations tirées de l'histoire en réfutant une autre objection.

Un publiciste de mérite cité par « le Constitutionnel de Florence » (13 avril) trouve défectueuse la représentation du moyen-âge, et cela pour plusieurs raisons. « Cette

représentation, dit-il, composée de catégories différentes, la noblesse, les marchands, le clergé, les paysans,
les savants, etc..., tendait à perpétuer le régime féodal,
en l'incarnant dans les institutions, à former des classes distinctes dans la société, à maintenir la lutte des
intérêts, à fomenter l'esprit de corps qui de sa nature
est exclusif, à établir des castes, comme chez les Indiens,
à réagir contre le progrès même au sein de la civilisation chrétienne. Enfin, ajoute-t-il, la représentation par
classes est contraire à l'égalité des citoyens : elle blesse
toujours des droits, entretient des luttes interminables
et prépare des révolutions. »

Après avoir ainsi rejeté la représentation par classes,
puis blamé la représentation basée sur le cens, l'auteur
admettrait volontiers, dit-il, la représentation par communes et par provinces. — Telle est l'objection de
l'auteur. Voici notre réponse : comme lui nous tenons
pour essentiels les éléments naturels de la société, c'est-
à-dire la famille, la commune, la province. — Mais il
n'a pas, croyons-nous, saisi suffisamment le caractère
de l'organisme social au moyen-âge, ni le travail irrésistible de la nature dans la formation de cet organisme,
— d'où la confusion de la représentation par classes
avec la représentation par régions et par Etats, etc. Les
considérations théoriques du paragraphe précédent
nous semblent conduire à des conséquences différentes : elles nous font voir la représentation par classes
comme un phénomène naturel de l'ordre civil, et nous
la font distinguer de la représentation par Etats ou provinces qui est aussi due à la nature, mais dans l'ordre

politique. La première, en effet, se produit dans l'ordre civil par les accroissements que prend une population dans un même lieu, bourg ou ville. En fait, tant que la commune reste peu nombreuse, les intérêts de la profession ou du métier se confondent avec ceux de la famille. Nous voyons cela dans les villages, dans les bourgs où il est rare de rencontrer plus d'un médecin, plus d'un pharmacien, plus d'un menuisier, etc. Mais que la population augmente : aussitôt vous voyez augmenter aussi le nombre des personnes adonnées à chaque profession particulière. Elles ont alors des intérêts communs, et le besoin naturel de les satisfaire et de les défendre les porte à s'associer. L'esprit de corporation est donc une nécessité de nature. Et voilà pourquoi cet esprit reparaît de nos jours sous l'influence du socialisme lui-même, après avoir été étouffé par l'impiété au nom de la religion. Oui, l'association ouvrière veut remplacer la confrérie.

Le reproche d'exclusivisme fait par l'auteur susdit à l'esprit de corporation nous paraît donc exagéré, s'il s'applique aux corporations d'ordre civil : sans doute, toute tendance naturelle peut devenir excessive. Mais ce n'est pas une raison pour la supprimer radicalement. Un ouvrier peut pousser trop loin l'esprit de famille, en portant dommage à ses collègues de profession : corrigerez-vous cet excès en détruisant, avec Beccaria, l'esprit de famille ? — Non. Du reste la sagesse de nos aïeux avait prévu la difficulté. A l'égoïsme individuel de l'ouvrier elle avait opposé la corporation des métiers; et à l'exclusivisme possible de la corporation, l'unité de la commune. Elle avait ainsi, docile aux leçons de la nature, organisé plus parfaitement la commune en lui donnant ces organes nouveaux tout indiqués par le sentiment du besoin à mesure que la population s'augmentait.

Du reste nous pouvons à l'objection de l'auteur opposer ses propres paroles : « Si toute cité, dit-il, eût été un Etat, comme à l'époque des communes italiennes, le système de la représentation par classes n'eût pas été sans valeur. » Très bien, dirons-nous ; car au point de de vue de ses intérêts communaux toute commune a droit de se considérer comme une sorte d'Etat, puisqu'elle pourvoit à ses propres intérêts sans blesser les droits d'autrui. Donc, d'après l'auteur, dans l'ordre civil la représentation par classes de métiers, professions, etc., n'est pas sans valeur.

La représentation par les corporations est donc dans l'ordre civil un excellent principe d'organisation pour la commune. Mais il n'en va plus de même s'il s'agit de l'Etat ou même de la province. La représentation corporative y porterait le trouble. Pourquoi? Parce que la province est l'union de toutes les communes, et non pas, au moins directement, de toutes les professions. Par conséquent si ces professions étaient formellement et distinctement représentées à la province, elles ne seraient plus représentées en tant que communes et le lien qui, dans la province, unit tous leurs intérêts municipaux serait brisé. Or lequel de ces deux intérêts doit ici céder à l'autre? L'intérêt communal à l'intérêt professionnel? Ou l'intérêt professionnel corporatif à l'intérêt communal? Le doute n'est pas possible. Il est clair que la corporation est, dans un sens, ordonnée à l'existence et au bien de la commune : mais non pas vice versa. Donc la représentation par corporations appartient, par sa nature, à l'ordre municipal ou civil, tandis que la représentation par communes est du nombre des institutions de la province et par elle de l'Etat. Elle appartient donc à l'ordre politique.

§ VIII

DE L'ORGANISME LÉGISLATIF A LA MODERNE

Sommaire : — 803. La réforme est la destructrice de la nation (supra). — 804. Elle devait, avec son égalité. — 805. Détruire l'organisme législatif. — 806. Mais tout spécialement un des membres de cet organisme, le clergé. — 807. L'organisme de la vraie représentation une fois détruit, et — 808. Transformé en un mécanisme purement matériel. — 809. On voit naître l'organisme des partis. — 810. Animé par des intérêts factieux. — 811. De là sort une majorité tyrannique. — 812. Hostile d'ordinaire au catholicisme. 813. — Apparences captieuses du système modéré. — 814-823. Il promet, mais ne donne point de lumière à la nation; la discussion reproduite faussement par le journalisme, constituant une lutte des partis. Il promet mais en vain liberté et ordre, même sous des gouvernements honnêtes, Preuve historique. Pourquoi la théorie moderne est-elle cependant en faveur. Conclusion.

803. — Au moyen-âge, je vous l'ai démontré, l'organisme du pouvoir législatif catholique était sorti de la nature même de la société. L'Église avait respecté ces éléments naturels, elle leur avait infusé « l'esprit de vie, spiraculum vitæ ». La famille, la commune, la province, dotées chacune de leurs droits respectifs, grâce à la marche des choses, avaient vraiment leur être social propre et constituaient une personalité morale, inviolablement respectée par tous les pouvoirs de l'Etat.

Mais ces droits, remarque très bien le marquis de Valdegamas, opposaient une digue à tout despote tenté d'asservir la nation. Les réformateurs modernes devaient les détruire. Quoi de plus excellent que la vie domestique, que la vie de la commune et de la province. Elles devaient tomber aux pieds de l'omnipotence des honorables représentants. De fait, elles y sont tombées. Et désormais la nation réduite à n'être plus qu'une masse inorganique ne peut plus être représentée dans son être naturel. Elle a été tailladée en tranches à peu près égales et mesurée au compas. Elle n'est plus représentée que selon le bon plaisir du gouvernement. Il nomme à tous les emplois, se crée des agents pour les élections, et son despotisme contraint le peuple soit par la ruse soit par la force à suivre ses caprices. La conséquence, je vous l'ai expliquée plus haut : c'est que les représentants ne représentent plus, puisque le vrai sujet à représenter a disparu.

804. — L'idée protestante qui avait détruit la vraie représentation nationale, en changeant essentiellement le sujet à représenter, devait aussi détruire l'organisme des fonctions législatives. Que me parlez-vous, dit la Réforme, de ceux qui doivent représenter soit la morale soit la science politique? Tout cela n'est qu'obscurantisme. Tout cela n'est bon qu'à exclure le peuple du gouvernement et à violer ouvertement les droits inaliénables d'indépendance et d'égalité. Tous indépendants, nous devons tous choisir celui qui nous gouvernera, tous égaux, nous sommes tous également éligibles. L'égalité dans les droits politiques et dans les droits

civils ne sera jamais une vérité que si l'on abolit tous les privilèges de caste, que si tous les emplois sont également accessibles à tous.

805. — Ainsi parle, ainsi devait parler la Réforme conformément à ses principes, et la conséquence est facile à saisir. Une fois que l'idée de toute inégalité entre les conditions sociales a disparu des esprits, il ne voient plus dans la nature ou les propriétés de la société aucune raison d'en distinguer les fonctions. Sans doute il y aura encore à cette distinction des motifs tirés des personnes; car, en dépit de l'axiome hétérodoxe, la nature s'entête à produire des individus tout à fait inégaux. Mais cette inégalité ne prend point corps dans les institutions sociales, elle n'y a ni base ni signe extérieur. Elle devient invisible comme l'Église de Luther ou de Wiclef. D'où il suit que vous aurez dans les Chambres législatives des députés d'une ignorance crasse, d'une conduite plus que douteuse. Ils seront cependant tous et chacun chargés de représenter tous les besoins du peuple, ils auront tous les talents capables d'y pourvoir et enfin ils seront la puissance qui donne aux lois leur sanction morale.

806. — Ainsi fut réduit en poudre l'organisme des fonctions sociales. Et le protestantisme, dans sa joie, y applaudit avec d'autant plus d'éclat que l'abolition du clergé catholique, ce représentant naturel de la morale, était le premier besoin de la Réforme. Pour les nobles et d'autres personnages distingués par leur doctrine ou leur expérience politique, on pouvait procéder avec une certaine lenteur. On espérait du reste les enlacer

peu à peu dans les filets de leurs adversaires et les fasciner par le charme des nouveaux principes. Mais le clergé catholique ne changerait jamais de doctrine : il fallait l'abolir promptement et entièrement. Et c'est ce que les réformateurs firent aussi bien en Italie qu'en France, avec un empressement si effréné que les esprits les moins portés à l'opposition furent contraints de reconnaître les desseins de l'impiété et de les attaquer pour ne pas en devenir les complices, comme ils devaient en être les victimes.

807. — La triple représentation « du besoin, de la sagesse politique et de la moralité des lois » une fois supprimée, l'assemblée législative n'est plus qu'une masse inorganique où tous les députés, élus soi-disant par tous les citoyens, devront exercer toutes les fonctions du législateur. Mais un corps inorganique, même matériel, est, selon les lois ordinaires de la nature, dans l'impossibilité de vivre et d'agir. A plus forte raison en sera-t-il de même d'un corps moral qui, pour être un, exige absolument d'avoir une tête (1).

808. — Il est vrai, l'assemblée crée, dans son sein, je ne sais quel organisme de présidents, de comités, de secrétaires, etc. Mais cet organisme est destiné seulement à rendre possible le mécanisme matériel des délibérations. Et il est si loin d'être un instrument propre à s'emparer des pensées et des députés pour les réduire à l'unité et les amener à une conclusion pratique que tout son art et tout son travail consistent à n'expri-

(1) V. C. III, § I.

mer lui-même aucune pensée et à laisser à toutes les têtes la plénitude de leur liberté.

809. — La liberté de penser et de vouloir leur reste ; soit. Mais il y a dans le cœur une lutte inévitable, celle des intérêts. Et comme il serait impossible à chaque député laissé à lui-même de conduire heureusement sa barque sur la mer tempêtueuse de la politique, il sent nécessairement le besoin de s'associer. Avec d'autres il obtiendra peut-être ce que seul il n'aurait jamais obtenu. De là, dans l'assemblée, et cela par une nécessité naturelle et irrésistible, la formation d'un autre organisme, si mal vu de l'illustre Balbo (1). Cet organisme se compose de plusieurs partis luttant les uns contre les autres. Et c'est de leur choc que devra jaillir la lumière destinée à éclairer et à animer la vie nationale.

Or, d'après quelle loi physiologique, si l'on peut employer ce terme, devra se former un pareil organisme! Qu'on se rappelle ce que nous avons dit ailleurs touchant l'organisme national substitué par la Réforme aux grandes institutions naturelles la famille, la commune, la province. L'on devinera de suite les formes que revêtiront les membres de « cette nature politique » d'un nouveau genre. Les députés sortis de l'urne électorale sont le produit de mille illusions sur la victoire probable de tel ou tel parti. Et vous espéreriez voir ces élus renier le parti auquel ils doivent leur élévation? Si ce n'est pas l'espoir, c'est le vœu de Balbo, « au moins, dit-il, quand, pour rester fidèle à son parti, l'on devrait

(1) V. C. VI, § II, n°° 389 et suiv.

sacrifier ou la religion, ou la justice, ou l'honneur ».
Pieux désir d'un publiciste catholique! Mais le voyons-
nous se réaliser d'ordinaire? S'il en était ainsi les députés ne représenteraient pas encore leurs commettants :
ils feraient du moins le bien du peuple. Mais tout
autrement vont les choses ; nous le savons par les faits.
L'aiguillon de la cupidité, de l'ambition, pique trop
vivement le cœur de la plupart des députés pour leur
laisser une si généreuse liberté de conscience. Et l'eus-
sent-ils conservée, quel langage pourraient-ils tenir
dans l'assemblée, sinon le langage même qu'ils ont tenu
dans le club où ils ont été choisis pour candidats, précisément parce qu'on a reconnu chez eux les idées du
parti.

810. — L'organisme législatif sera donc formé à
l'exercice de ses fonctions, non par le mécanisme des
règlements parlementaires, mais bien par la vitalité
des intérêts qui groupent les députés en différentes
fonctions chacun s'attachant au parti dont la faveur l'a
fait monter au banc des honorables. Ainsi le veut la
nature. Et l'image sensible de ce phénomène, c'est la
répartition des députés en diverses fractions sur les bancs
de l'hémicycle de la Chambre... Cette répartition trouble
le publiciste piémontais dont nous avons parlé, si bien
que, pour supprimer plus sûrement la multiplicité des
partis, il voudrait que les représentants siégeassent en
face les uns des autres, comme au Parlement anglais,
sur deux lignes parallèles. En vérité, l'illustre Balbo
me paraît, au sujet d'un corps moral comme l'est une
assemblée, avoir donné un peu dans le matérialisme

d'Helvétius! Enlevez la parole à l'homme, disait ce philosophe, et vous lui enlèverez du même coup l'intelligence. » Pardon, c'est le principe vital qui forme la parole, ce n'est pas la parole qui forme le principe vital... Eh bien! de même ici. Ce sont les intérêts qui forment les différents groupes de sièges; ce ne sont pas les sièges qui groupent et diversifient les intérêts. Faites un hémicycle, avec deux lignes de bancs parallèles ; n'en ayez qu'une seule si vous voulez... tant que les esprits seront divisés, ils trouveront toujours le moyen de se réunir en partis sur leurs sièges.

811. — Voilà donc la Chambre pourvue de son organisme de fonctions. Est-il difficile maintenant de comprendre ce que sera son œuvre? Non. La majorité du peuple ou des électeurs est-elle corrompue? Elle envoie à la Chambre une majorité qui lui ressemble; et les quelques élus qui représentent le principe de la moralité ne serviront qu'à rendre plus scandaleuse la perversité des lois. Faites, je vous prie, une sérieuse attention à ce résultat : car ce point est capital pour bien comprendre l'irrésistible nécessité, l'inexorable destin qui pousse tous les gouvernements modernes vers l'abîme. L'on nous dit quelquefois : « Mais, vous catholiques, vous avez aux Chambres vos représentants; et si vous êtes battus aujourd'hui, demain peut-être vous triompherez! » Ce serait vrai, si chaque parti faisait, à tour de rôle, sa loi. Mais il n'en est pas ainsi. La loi, d'ordinaire, est faite par une majorité anticatholique. Et le catholicisme ne peut espérer autre chose pour les intérêts que la commisération de ses ennemis. Ils lui laisseront peut-

être un morceau de pain à manger, un peu d'air à respirer, enfin le temps de rendre son dernier soupir.

812.— Cela nous explique la tyrannie exercée contre les catholiques par tous les gouvernements constitutionnels des peuples corrompus ou hétérodoxes : car si vous vous rappelez, comme nous l'avons dit, que la nation n'est pas représentée par des élections sorties du principe protestant, vous verrez que non seulement chez les nations corrompues, mais aussi chez les nations plus honnêtes, l'activité, l'entente avec lesquelles les sectes secrètes et les coalitions publiques travaillent à leur guise les élections, engendreront toujours une majorité plus ou moins anticatholique. Nous l'avons vu dernièrement pour la Belgique, où la foi est plus vive et plus profonde.

Voilà les suites nécessaires du nouvel organisme substitué par la réforme à cette représentation naturelle que les nations catholiques avaient produite un jour sous l'inspiration de l'Eglise : un corps législatif divisé en beaucoup de partis, et les députés, au lieu de penser à procurer par leurs lois le bien public, occupés chacun, dans son parti, à faire triompher ses propres intérêts en sacrifiant ceux d'autrui. Aussi, le célèbre Pescatore fait-il cette juste réflexion : « Une chambre législative dans les cas de conflit judiciaire est le pire de tous les tribunaux (1). » Assemblée d'affaires politiques, troublée par des passions toujours en ébullition, procé-

(1) Revista Italia : nouvelle série, vol. 1, etc.

dant sans ces garanties qui assurent l'équité des jugements, contrainte le plus souvent de transiger dans les assauts de mille prétentions diverses, une Chambre législative n'a rien pour vous faire espérer ces décisions pondérées, calmes, impartiales, exactes que seules de bonnes institutions nous garantissent autant qu'il est humainement possible. Dans le cas où, comme chez nous, le pouvoir législatif est exercé collectivement par deux Chambres et par le Roi, les vices de cette représentation sont encore plus saillants, car un conflit pourrait surgir non plus entre deux tribunaux, mais entre l'une et l'autre Chambre ou bien entre l'une et l'autre Chambre et le roi. Et alors qu'est-ce qui prononcerait définitivement sur les droits en litige, débattus peut-être depuis longtemps devant les tribunaux et dans les Chambres ? »

Voilà ce que l'auteur pense d'une Chambre législative dans le cas où des intérêts privés lui seraient soumis. Et lorsqu'on ne voudrait pas, ajoute-t-il, d'un tel tribunal pour juger sur un héritage particulier, sur un litige entre deux familles, on lui confie de gaieté de cœur le repos, la fortune, l'honneur, la moralité, la religion de tout un peuple ?

813. — Telles sont les dispositions naturelles des esprits dans les Parlements modernes. Elles expliquent l'histoire non seulement agitée, mais tempêtueuse, de toutes les assemblées de notre temps. Je vais en mettre sous vos yeux la vivante peinture empruntée au grand polémiste contemporain, Louis Veuillot. Il parle de l'assemblée française :

« Physionomie et pratique du gouvernement parlementaire (1).

I. — « Le journaliste n'a qu'un moment pour résumer,
caractériser, juger les discussions les plus compliquées
et les plus importantes. Après une séance de cinq heures, où l'adresse, la ruse, la passion, le sophisme et
parfois aussi la sottise ont joué un véritable imbroglio,
le journaliste jette en hâte sur le papier une appréciation nécessairement sommaire, presque inévitablement
fautive. Il ne peut se rappeler tout ce qu'il a entendu ;
il ne peut dire tout ce qu'il se rappelle ; ce qu'il dit, il
ne le dit pas toujours comme il l'avait voulu dire. Il
n'a pas le temps de marquer les nuances. Si le mot juste
se dérobe à son esprit fatigué, il ne s'arrête pas à le
chercher ; le temps presse, la plume vole, on prend avec
la vérité la même liberté qu'avec la langue. Voilà ce
qui arrive, même lorsque le journaliste est doué de
mémoire, de bon sens, de probité ; même lorsqu'il n'a
pas, lui aussi, sa thèse à soutenir, et son dessein formé
d'abuser l'opinion. Cependant, cette appréciation, au
moins incomplète, voilà tout ce que ses lecteurs con-
naîtront des diverses opinions développées à la tribune.
Où sont les héros qui lisent le Moniteur (2), qui lisent
même la rédaction que leur journal donne tous les jours
de la séance ? Les députés parlent, les sténographes
écrivent, les journalistes seuls sont écoutés. Il y a dans
la tribune des rédacteurs en chef vingt ou trente incon-
nus, pleins d'audace et de passion, et en fait parfaite-

(1) *Mélanges*, t. V, pp. 95 et suiv.
(2) Aujourd'hui le *Journal officiel*.

ment irresponsables, qui font pour toute la France ce qu'on appelle « le grand jour de la tribune ». Pour procurer ce grand jour, les principaux instruments dont ils se servent, sans exception, sont des éteignoirs et des verres de couleurs. S'ils veulent être vrais, le temps leur manque; s'ils veulent arranger la vérité, ils ont le loisir, le silence et l'habitude.

II. — « C'est un premier grief contre le régime parlementaire; il rend presque impossible la manifestation de la vérité. « Le grand jour de la tribune, indépendamment du travail des journalistes, est par lui-même essentiellement faux. Tout le monde y parle; personne n'y parle franchement. Est-ce manque de gens de bien, suffisamment intelligents pour comprendre la vérité, suffisamment forts et hardis pour la dire? Pas tout à fait. Ces gens de bien existent. Ce qui les condamne au silence et à l'abstention, c'est, d'une part la discipline de partis cruelle et implacable surtout envers les hommes de talent, c'est, d'une autre part, la conviction profonde que cette vérité serait dite en vain, mal reçue et point écoutée. On est d'un parti, il en faut être. Telle est la loi des enceintes parlementaires. Il n'est pas permis, peut-être n'est-il pas possible de s'y soustraire. L'on remarque en effet que les individualités excentriques sont généralement des individualités sans valeur réelle et sans valeur relative. Elles font peu de bruit et point d'actes.

III. — « On entre donc dans un parti, et dès lors on lui appartient. Ce parti a ses plans, que l'on doit suivre. Or, dans presque toutes les occasions, surtout dans les occasions importantes, la simple vérité nuirait au but que cherchent les partis. Une pareille infraction à la loi commune serait punie sévèrement. L'honnête homme qui l'aurait commise, blâmé dans les relations privées, condamné officiellement, déchiré par les journaux, perdrait tout crédit, toute importance et finirait par passer pour un sot ou pour un apostat. Voilà ce que lui coûterait le plaisir de dire la vérité, plaisir stérile et qui ne ferait pas changer une voix.

« Pour que la vérité fût dite une fois, il faudrait un homme arrivé de la veille, inconnu, sans engagements d'aucune sorte. Mais celui-là parlerait une langue étrangère. Il ne connaîtrait pas l'art de se faire écouter, dans lequel les plus expérimentés sont encore novices. Interrompu à tout moment par les susceptibilités féroces qu'il blesserait sans le vouloir, bafoué s'il venait à se troubler, détesté pour son aplomb, s'il ne se troublait pas, n'ayant la bienveillance de personne, il tomberait d'un croc en jambes, au milieu des huées, avant la moitié de son discours.

IV.—« Il y a toujours dans les assemblées deux fractions très puissantes, l'une de ceux qui ne comprennent point l'autre de ceux qui ne veulent point comprendre. Pour se faire écouter, il faut avoir une réputation et des amis c'est-à-dire des gens au nom et dans l'intérêt de qui l'on parle. Voyez l'effet que peut produire, sur les lèvres d'un orateur à qui personne ne s'intéresse, la pauvre vérité dont personne ne veut parce qu'elle ne saurait prononcer vingt paroles, sans gêner à peu près tout le monde.

V. — « La théorie du gouvernement parlementaire est séduisante. Des représentants librement nommés pour discuter les affaires d'un pays qui connaît ses affaires; une tribune pour tout dire, des journaux pour tout répéter ; la lumière partout, la liberté et la surveillance partout. Cela semble si beau, si parfait, si juste que l'opinion met en doute la raison de quiconque veut élever une objection contre le régime parlementaire... Dans la réalité... le régime parlementaire (au moins celui qui est né de la Réforme) ouvre la lice à tous les intérêts particuliers. Aucune cour n'est plus féconde en brigues ; nulle part le favoritisme n'est plus puissant, l'omnipotence plus insolente. On y voit les faquins en fortune, le mérite dans la disgrâce, les services méconnus, le trésor saccagé, la vérité haïe. Le profit des mœurs publics et de la dignité nationale, nous la connaissons tous ! Le régime parlementaire est admirable par la fécondité et la variété de ses péripéties. Depuis les questions de cabinet jusqu'aux questions de vie et de mort pour la société, il fait parcourir au public une échelle de vive émotion, ou personne n'a le temps de s'ennuyer. Voilà le mérite particulier et capital du système. On dit que les Français y sont attachés : ce goût se conçoit dans un pays où deux individus ne s'abordent guère sans se dire : « Qu'y a-t-il de nouveau ! » Mais cela ne prouve pas autrement l'excellence du système. Les joueurs sont très attachés au jeu. »

VI. — « Les délibérations parlementaires représentent plutôt des combats que des discussions. Les orateurs ne sont pas seulement des conseillers qui donnent leur avis, s'occupant de trouver ce qu'il y a de plus sage à faire et de plus favorable à la chose publique. Ce sont des avocats qui plaident leur cause, je dirais presque des chefs de bande qui cherchent à vaincre ou à surprendre l'ennemi pour faire leurs propres affaires et celles de leurs gens. Avant le débat, ils savent ce qu'ils penseront après le débat : ils ont leur but arrêté, ils font leur plan de campagne. Tel dira ceci, tel dira cela : Paul attaquera de ce côté, Jean de cet autre ; on fera tel avantage aux alliés, à ceux-ci plus, à ceux-là moins. On sait qu'on aura tant de voix de la droite, tant de la gauche, tant du centre : le reste à la fortune! Tout est prévu. L'entreprise durera quatre jours. Il y a une batterie qu'on démasquera ou qui restera muette, suivant l'occurrence. Si c'est le premier ministre qui parle, Guillaume répondra ; si c'est un autre, il suffira de Jacques. Si l'heure est trop avancée pour que Guillaume puisse faire son discours, Pancrace obstruera la tribune et n'en descendra qu'ayant mis l'auditoire en humeur de dîner. Si l'occasion favorable ne se présente pas de dire une   taine chose qui peut produire de l'effet, on se fera attaquer par un indifférent ou par un faux frère, qui donnera sujet de répondre. Mille autres ruses sont en jeu. Il se trouve des rencontres où tout tient à deux voix. On fait l'impossible pour débaucher, retenir, empêcher deux hommes du camp ennemi. Enfin, c'est si bien un combat que les gens même qui s'y livrent disent : les combats, les luttes de la tribune, et qu'à la fin il y a des vainqueurs et des vaincus...

VII. — « Quel moyen, dans un tel système, de se mettro jamais d'accord, d'arriver jamais à la conciliation des partis (1)?

VIII. — « Le régime parlementaire ne peut pas ne pas produire de fréquentes révolutions ; non seulement, celles qui changent les ministères ; il en vit ; mais celles qui changent les gouvernements et qui atteignent et corrompent les fondements mêmes de l'organisation sociale. En admettant qu'il y ait toujours assez de bon sens, de talent, de prudence et de vertu dans le gouvernement et dans la majorité de l'assemblée pour ne faire que des lois sages et pour résister à l'envahissement des partis révolutionnaires, ceux-ci ont deux moyens infaillibles de triompher. Le premier consiste dans les inévitables divisions de la majorité ; le second dans l'action des sociétés secrètes, toujours entretenues, toujours soutenues par la presse et qui conspirent à ciel ouvert et presque légalement (2). »

— Certains républicains allèguent trois chutes de la monarchie depuis la grande catastrophe de 1789. On a vu, disent-ils, tomber, en 1814, la monarchie de la gloire, en 1830 la monarchie élue ou des intérêts.

— Je ne comprends pas que ces mésaventures inévitables de la monarchie qualifiée prouvent contre la simple monarchie. Ni l'établissement impérial, ni la monarchie selon la charte, si improprement nommée Restauration, ni la royauté de Juillet n'étaient la monarchie :

---

(1) La raison philosophique en a été donnée souvent par Taparelli : c'est que ce système des gouvernements modernes est essentiellement le régime de l'utilitarisme, des intérêts matériels et par conséquent de partis luttant les uns contre les autres.

(2) Des numéros suivants (IX à la fin) du même article nous n'avons pris que des extraits.

Il n'y a eu là que trois formes du régime parlementaire ; et de ces trois chutes il ne résulte que l'impossibilité bien constatée d'édifier un pouvoir durable sur des bases révolutionnaires.

L'Empire, ce gouvernement sans traditions (1), uniquement appuyé sur la force, ne vivant que de la guerre et de la police, était-ce une monarchie? Napoléon lui-même... voyant le néant de son œuvre aux lueurs de son génie, s'écriait : « Ah! si j'étais mon petit-fils! » Ce qui revient à dire : Ah! si j'avais eu un grand'père :

— Que restaura la Restauration? — On connaît le grand mot de M. de Maistre : Louis XVIII n'est pas remonté sur son trône : il est assis sur celui de Bonaparte, et c'est pourquoi la révolution n'est pas finie.» Louis XVIII ne sut pas qu'en élevant une tribune il créait dans l'état un pouvoir rival du sien et supérieur au sien. Lorsqu'il eut tâté ce rival, il craignit de l'irriter et tout de suite il désavoua et désarma ses propres amis. Sous cette prétendue monarchie, les vrais monarchistes, flétris du nom d'ultra, n'étaient qu'une faible opposition ridiculisée par les pamphlétaires du gouvernement. Les libéraux exerçaient le pouvoir par leurs complaisants, menaient l'opinion par leurs brochures, par leurs journaux, par leurs discours, par mille conspirations légales; ils élevaient la jeunesse, remplissaient les académies, persécutaient l'Eglise, et le pouvoir royal cédait et ne pouvait que céder. Etait-ce là une monarchie?

(1) C'est-à-dire sans appui sur des droits antérieurs...

« On a appelé l'établissement de Juillet la meilleure des républiques ! » Ce qui ne prouve rien contre la monarchie, remarque Taparelli, mais prouve beaucoup contre la durée du régime constitutionnel moderne. Aussi beaucoup de publicistes convaincus par cette raison voudraient trouver le remède au vice intrinsèque de ce régime... « M. Emile Girardin et deux ou trois autres journalistes viennent de faire une précieuse découverte. Ils ont trouvé une brochure où l'on démontre la cause des révolutions et des sous-révolutions qui remplissent l'histoire du régime parlementaire. Tout provient des conflits qui éclatent nécessairement entre les pouvoirs. Donc il faut établir l'unité de pouvoir dans le régime parlementaire et faire en sorte que le législatif et l'exécutif ne soient qu'une même chose.

Ce n'est pas une trouvaille ; c'est la théorie de la Convention.

— Ah ! si l'on trouvait un procédé pour faire qu'une seule et même assemblée ne fût qu'une seule et même chose ! Voilà le secret qu'il importe de découvrir.

— Nous n'y sommes pas (1). Ce sont les partis qui forment les assemblées, et les assemblées à leur tour forment, fécondent, multiplient les partis. Autant de partis, autant de pouvoirs, autant de questions abordées à la tribune, autant de conflits. Puis bientôt surgit un parti plus adroit et plus fort, un parti populaire. Celui-là gouverne, mais il tue et les autres conspirent. « Voilà l'unité du gouvernement parlementaire. »

(1) N. B. — Nous résumons ces explications qui dans l'auteur prennent cinq pages.

— « D'où vient donc la fortune de ce régime? Pourquoi le voyons-nous en telle popularité que tous ceux qu'il a trahis, bafoués, abimés, ne le nomment qu'avec des protestations de respect et se disent prêts à mourir (je n'en crois rien) pour sa défense?

Ah! c'est qu'il a des patrons puissants sur la terre. Le mensonge, la présomption, l'envie, l'orgueil l'ont fait pour eux. Il aura longue vie. Dans les temps ordinaires, c'est le triomphe de la médiocrité; en tout temps, c'est l'espérance de la révolte.

« Vous me demandez comment le régime parlementaire est si fort? — Mais lisez donc les Almanachs. Voyez la liste des rois que vous avez eus depuis vingt ans. Songez que chacun de ceux qui figurent sur cette liste en représente deux ou trois autres qui ont eu l'espoir d'y figurer. Songez que tous ces souverains ont obtenu des faveurs, distribué des places, fait réussir l'intrigue et que par leurs soins quelques millions d'injustices montent la garde autour d'une institution si précieuse à tous les mauvais instincts du cœur de l'homme.

« Contre une telle puissance, il n'y a point de recours. Mais de telles puissances engendrent des événements qui les écrasent. Si l'iniquité pouvait être prudente, elle serait éternelle. Pour limiter l'empire qu'il lui a laissé, Dieu a voulu qu'elle se mentit à elle-même et elle succombe aux coups que seule elle peut se porter. »

822. — Voilà, cher lecteur, ce que pense des gouvernements constitutionnels modernes un publiciste qui, depuis longues années, écoute, médite et comprend les leçons de l'expérience. Si je l'ai cité, c'est moins pour

invoquer l'autorité de son nom que pour montrer la justesse d'observations qui confirment notre théorie. Et si maintenant vous êtes bien persuadé que les besoins d'un peuple sont connus par ce peuple, que le remède à ces besoins, c'est-à-dire des lois sages, est connu par les hommes de science et d'expérience politique et l'honnêteté des lois par les maîtres des consciences, vous ne serez point surpris que si vous supprimez la conscience et laissez à des ignorants le pouvoir de faire des lois, il sort de cet organisme d'un nouveau genre un chaos propre à mettre sens dessus dessous la société.

SOMMAIRE : — 823-828. Explication à un anonyme. Cinq objections. Réponses.

823-828 — (1). Un auteur anonyme fait plusieurs objections contre la théorie de Taparelli.

1. — Puisque ceux qui éprouvent des besoins sont les plus nombreux, leurs représentants dans les assemblées devraient avoir le rôle principal.

Non, dit Taparelli, car s'ils sont les plus nombreux à éprouver des besoins, il ne s'en suit pas qu'ils doivent être représentés dans les assemblées par des députés soit plus nombreux, soit supérieurs aux autres en autorité. Cette objection est un fruit de ce préjugé : que le nombre doit décider de tout.

Mais nous l'avons dit plus haut. La loi proprement dite devrait être proposée et discutée par des hommes de science et d'expérience politique, comme elle doit

(1) Taparelli traduit « Ma il problema é insolubile » en supposant le principe protestant.

être sanctionnée par les défenseurs de la morale. Et à dire vrai la représentation des besoins ne devrait être qu'un préliminaire au travail strictement législatif.

2° objection. — Vous voudriez donc alors, reprend l'anonyme, que les représentants des besoins du peuple fussent simplement des suppliants et non des législateurs?

R. — Je ne vais pas si loin, dit Taparelli. Et, pour me ,conformer autant que possible à notre temps, je veux bien appeler ces représentants des besoins du peuple de vrais législateurs. De même que nous disons que la connaissance de l'esprit fait partie de l'acte humain bien que cet acte appartienne proprement à la volonté.

D'ailleurs il ne serait point nécessaire de créer de nouvelles institutions pour avoir ces représentants des besoins. A Naples, jadis, c'étaient les conseils de province qui faisaient connaître ces besoins.

3° objection.— Dans le gouvernement monarchique, tous ceux qui ont des besoins ne pourraient faire partie de l'organisme législatif.

R.— Pourquoi pas? si le rôle de leurs représentants, avons-nous dit, est simplement d'exposer ces besoins, ils peuvent aussi bien le remplir auprès d'un monarque que devant une assemblée de législateurs. D'ailleurs, et c'est la réponse à une 4° objection, un monarque, pour bien gouverner, ne doit-il pas s'informer exactement non seulement des droits, mais des faits? Ne doit-il pas gouverner au moyen des lois ; et gouverner en père?

5e objection. — Celui-là doit gouverner qui connaît mieux le bien social et qui a plus de force pour le procurer. Or, ces deux avantages se trouvent dans celui qui ressent mieux le besoin. Donc, c'est celui-ci qui doit gouverner.

R. — L'histoire est malheureusement en pleine contradiction avec un pareil programme. S'il était réalisé, l'histoire nous montrerait partout des gouvernements de besogneux. Il est si loin d'en être ainsi que, montés au pouvoir, les pauvres deviennent vite très riches.

Puis l'argument pèche par la base : il suppose, en effet, que connaître le bien social ainsi que les moyens de le procurer et connaître les biens matériels, c'est tout un.

Non. — Le vrai bien social n'est rien autre chose que l'ordre protecteur des intérêts légitimes, et le moyen pour réaliser cet ordre, c'est la loi. De ces trois éléments : intérêt, ordre et moyens, la multitude ne sent d'ordinaire que le plus matériel, c'est-à-dire l'intérêt. Et c'est précisément parce qu'elle ne sent que ce besoin qu'elle est plus incapable de pourvoir aux remèdes pour le satisfaire et d'en assurer la moralité. Nous devrions dire au contraire : « Pour faire une bonne loi, mieux vaut ne pas sentir que de sentir; Malesuada fames! » Le législateur éternel est infiniment parfait, précisément parce qu'il connaît tous les besoins, mais n'en éprouve aucun. — A l'opposé, le peuple, qui est toujours mauvais gouvernant, devient pire encore à mesure qu'il a plus de besoins! Aussi que le ciel nous préserve d'être gouverné par un peuple affamé!

— L'anonyme, nous l'espérons, reconnaîtra que nos principes conviennent à toutes les formes de gouvernement pourvu qu'elles soient légitimes. Et nous croyons sincèrement que c'est sur ce terrain de la religion, de la justice, de la vérité, de l'impartialité qu'un publiciste doit aujourd'hui se placer pour rendre quelque service à une société troublée par l'erreur et par les passions!

CHAPITRE IV

Pouvoir exécutif.

§ I

PRÉLIMINAIRES

Sommaire : — 828. Remarque. — 829. Principe hétérodoxe intellectuel et moral. — 830. Son application théorique. — 831. Puis dans l'œuvre de la destruction. — 832. et de la reconstruction organique. — 833. Les représentants représentent l'intérêt de leur parti. — 834. Division.

828. — Avant d'entrer en matière, je rappellerai le chemin que nous avons déjà fait et le but où nous tendons. Notre dessein est de faire ressortir les vices des gouvernements représentatifs à la moderne, et de bien montrer que la cause en est dans l'indépendance absolue des individus. Pour cela nous avons d'abord mis en lumière le principe hétérodoxe, puis nous l'avons appliqué à la représentation sociale et à l'organisme de cette représentation.

829. — Le principe hétérodoxe, germe de tous les désordres dans les sociétés, gît essentiellement dans cette contradiction par laquelle la raison créée se divinise en disant : « Je suis indépendante ! » De cette indépendance elle en vient à regarder comme indubi-

table ce qui lui paraît naturel; à appeler nature ce qui est infirmité et faiblesse; à vouloir que l'infirmité et la faiblesse soient écoutées et suivies au lieu d'être corrigées et guéries; à supposer qu'on suivant les inclinations de son infirmité l'homme se trouve plus sain et devient heureux; à conclure finalement qu'on doit trouver dans la nature humaine une telle force et de tels moyens qu'en les employant l'homme et la société pourront conquérir un bonheur parfait ici-bas sans dépendre ni de la foi, ni de la grâce, ni de l'autorité et de la société surnaturelles. Quoi encore? A croire que le grand moyen de parvenir à ce bonheur terrestre, c'est le progrès et la perfection des gouvernements : perfection qui ne peut pas être impossible à la nature, répète-t-on souvent, puisque la nature elle-même nous a donné l'instinct de ce bonheur (1).

830. — La nature le veut; la chose est possible. Donc point d'atermoiement! Et voici que, pour l'œuvre de la réforme, on se lance à bride abattue à la suite de la nature! Celle-ci, dans l'orgueil de sa corruption, se croit douée d'infaillibilité et conséquemment du droit d'exprimer en toute liberté ce qu'elle connaît. D'où la liberté de la presse et la liberté de la discussion réclamées en vertu d'un droit inaliénable!

831. — Mais comment voudriez-vous qu'une doctrine infaillible et librement professée n'en vînt pas à l'ac-

(1) Ici se trouve une citation de Manzoni (Dialogue sur les inventions) qui dit que Robespierre, ce monstre à figure humaine, en partant du principe hérétique de J.-J. Rousseau : « tout homme naît bon » était arrivé pratiquement à la même conséquence : et que, pour procurer le bonheur individuel et social, il suffirait de changer les institutions.

tion? Voilà donc les hommes indépendants de toute
autorité, de toute loi qu'ils n'auront pas sanctionnées
eux-mêmes; voilà, frappées à mort du même coup, avec
leurs droits respectifs, les formes organiques de l'ancienne société, famille, commune, province, État...

832. — Par ailleurs, une société humaine sans organisme n'est pas viable. Donc, après avoir aboli celui que
la nature même donne à tous les peuples, il faut en
fabriquer un autre, mais libre et artificiel. Et voilà la
société qui se divise en autant de factions qu'il y a
d'opinions personnelles; les unes puissantes, audacieuses, combattant au grand jour, les autres mal vues,
timides, mais se croyant toujours le droit de conspirer
dans l'ombre.

833. — Cette société divisée en factions est celle-là
même qui élit les députés, celle qui est représentée
dans les assemblées, à tel point que les partis qui triom·
phent dans les élections donnent à leurs élus le mandat impératif de défendre leurs intérêts sous peine de
destitution.

834. — Les intérêts sont donc, par la nature des choses, la règle suprême des lois dans les gouvernements
représentatifs. Oui, — les intérêts. — Mais lesquels? Ceux
du public? Pas le moins du monde, mais bien ceux des
partis respectifs. Aussi ne croyez pas que de telles lois
soient inspirées par l'amour de la justice universelle.
Elles sont le résultat d'une combinaison fortuite d'intérêts plus ou moins nombreux, grâce souvent à une cir-
constance d'ordre extérieur qu'on a soumis à la délibération des députés.

835. — Voilà le fil du discours que nous avons suivi jusqu'ici. J'ai voulu vous le présenter comme roulé sur lui-même et en raccourci ; moins pour le rattacher à ce qui va suivre que pour montrer au lecteur que, si long que soit ce fil, il est sorti tout entier des entrailles de cette araignée vénimeuse appelée le Rationalisme indépendant, et que ce fil si fragile a pourtant enlacé et même enchaîné presque toutes les sociétés européennes. — Considérons, maintenant, toujours sous les influences hétérodoxes, l'exécution réelle et concrète des lois établies, comme nous l'avons dit ; en d'autres termes, considérons le pouvoir exécutif dans toute son étendue.

Afin de restreindre et d'ordonner, autant que possible, notre matière, nous examinerons le pouvoir exécutif : 1º par rapport à ce qu'on nomme proprement le gouvernement, c'est-à-dire le droit d'ordonner les personnes ; 2º par rapport à l'administration, c'est-à-dire au droit d'ordonner les choses ; 3º par rapport à l'armée qui doit soutenir le droit contre la violence ; 4º par rapport à la puissance judiciaire chargée de faire triompher les droits les mieux établis.

Ces quatre considérations capitales termineront l'examen des gouvernements représentatifs dont la structure est naturellement divisée en pouvoir législatif et pouvoir exécutif.

Commençons par le gouvernement proprement dit et notons bien que, dans les États modernes, il est presque exclusivement entre les mains de ministres responsables.

Il faut ici considérer et la puissance dont ces ministres sont revêtus pour gouverner et la docilité des sujets à se laisser gouverner : d'où deux parties distinctes.

MINISTÈRE RESPONSABLE

§ II

PUISSANCE DES GOUVERNANTS

SOMMAIRE : — 836. La loi est faite. — 837. Il faut l'exécuter. — 838. Analyse de l'exécution d'une loi catholique. — 839. Il faut un point d'appui immobile. — 840. Il manque aux réformateurs modernes. — 841. Puisque le Roi n'est pas un moteur. — 842 et que les ministres sont loin d'être immobiles. — 843. Effets d'un pareil organisme. — 844. Celui-là gouverne bien qui a la conscience de sa force. — 845. Le gouvernant moderne se sent très précaire. — 846 et sans force morale. — 847. La faiblesse morale engendre le despotisme. — 848 qui s'irrite de la résistance. — 849. Il est partial parce qu'il est factieux. — 850. Il tyrannise l'intelligence du peuple. — 851. Monopolise l'enseignement. — 852. Résumé.— 853. Invitation aux adversaires de combattre ces propositions soit avec l'histoire. — 854. soit avec la raison. — 855. On prévient une objection. — 856. Pas de gouvernement parfait parmi les hommes.

836. — Lorsqu'une société a été ruinée jusque dans ses fondements par mille partis, un de ces partis triomphe (comment, Dieu le sait!) et c'est lui qui passe pour avoir éclairé le peuple... c'est-à-dire qu'il lui a fait croire à n'importe quels mensonges : à la victoire quand il y a défaite ; à des ordres royaux quand roi et reine pensent et veulent tout le contraire; à l'obscurantisme des prétendus opposants, à des réactions, à des conspirations qui n'existent que dans le cerveau des meneurs, à cent autres affirmations semblables. Ainsi illuminé le peuple a choisi, sous l'influence de la bourgeoisie, une majorité de députés appartenant au parti vainqueur,

il a contracté avec elle l'obligation sacrosainte de regarder comme siens tous les actes de cette fraction de la société ou plutôt de cette faction. Déjà celle-ci, dans son activité débordante et dans l'espace de deux ou trois mois, a fait sortir des presses un énorme in-folio de lois nouvelles. Pour les enfanter il a fallu des soulève-ments de cœur et des douleurs intolérables.

Il faut maintenant les faire vivre, c'est-à-dire les faire exécuter. Hoc opus, hic labor? Que va-t-il se passer?

837. — L'exécution de la loi est un acte par lequel le gouvernement communique aux sujets, en vertu de la force du droit, c'est-à-dire en vertu de l'autorité, la ferme détermination de sa volonté. D'où il suit que pour connaître comment réussira cette exécution, il est indis-pensable de comprendre quelle est la force morale exercée par le gouvernant sur le sujet, en tenant compte des dispositions et de celui qui donne et de celui qui reçoit cette impulsion.

838. — Dans la société catholique, tous connaissent cette force et le mouvement qu'elle imprime. Sanctifiée par la religion, l'autorité est devenue inébranlable aux yeux du sujet, irrésistible grâce à la coupération de tous les bons chrétiens, immuable de l'immutabilité que la voix du Souverain Pontife, parlant solennellement aux rois et aux peuples, communique aux textes mêmes de lois qu'il ne cesse de promulguer depuis plus de dix-huit siècles. Aussi c'est avec la plus grande facilité que l'immuable autorité de l'Eglise fait passer le mou-vement de sa volonté dans des sujets toujours nouveaux, Quant aux sociétés édifiées à la moderne, n'y cherchez

point cette immutabilité du pouvoir : l'élément du droit. La dépendance naturelle y est abolie ; on a construit l'édifice à l'aventure et sans ciment (1).

839. — Et pourtant l'axiome d'Archimède est une loi indéclinable de la nature. Sans point d'appui, impossibilité de soulever quoi que ce soit. Des ubi consistam.

Et comment nous mettre d'accord avec ce principe évident, sans porter atteinte à l'indépendance des multitudes ?

Laissez faire nos ingénieux régénérateurs. Ils ont découvert un expédient admirable pour réunir dans un même sujet deux attributs contradictoires, le mobile et l'immobile ; le changeant et l'immuable. Vous voulez une autorité qui ne meurt point ? Vous avez raison. Eh bien ! la voici, c'est le roi inviolable.

840. — Comment, dit le peuple, le roi inviolable ? Vous voulez donc nous ramener à l'absolutisme ?

— Les Constitutionnels : A Dieu ne plaise ! L'inviolable dans notre régime ne pourra rien commander.

— Le Peuple : Et vous l'appelez une autorité ? Mais jusqu'ici droit de commander et autorité étaient identiques

— Les Constitutionnels : Nous en convenons. Et de fait le roi possède ce droit de commander, mais il n'en fera usage que dans la personne de ses ministres.

— Le Peuple : Comment ? Mais si les ministres ne veulent pas agir comme il l'ordonne.

— Le Constitutionnels : Alors le roi peut les renvoyer et en prendre d'autres.

(1) V. P. I. C. X. §. II. numéros 626 et suiv.

— Le Peuple : Oui. Mais si d'aventure la Chambre n'accepte pas les nouveaux et réclame à toute force les anciens ministres?

— Les Constitutionnels : Alors le roi avisera.

— Le Peuple : Mais cela veut dire que le roi n'a pas le droit de commander.

— Les Constitutionnels : Voilà pourquoi précisément nous disons que « le roi règne et ne gouverne pas ». En effet s'il gouvernait, il s'ensuivrait l'un de ces deux inconvénients : ou vous le dites vraiment inviolable et le tenez comme tel, alors il devient roi absolu et il peut ruiner l'Etat ; ou vous voulez vous assurer qu'il ne pourra nuire en rien à l'Etat et vous devez pour cela le rendre responsable devant le peuple. La sagesse moderne évite ce double inconvénient en déclarant que le roi règne, mais ne gouverne pas.

841. — Ainsi vous avez donné au roi un droit qui n'est pas un droit et vous voudriez nous faire prendre comme réelle et immuable une autorité qui n'est point une autorité. Assez de mensonges. Maintenant, grâce à vos leçons, le peuple a les yeux ouverts, il veut des réalités et non des paroles creuses. Où donc est cette autorité immuable qui doit communiquer le mouvement à la nation et sans laquelle l'unité sociale dans l'action est radicalement impossible ?

842. — Il est clair cette fois que le peuple n'a pas tort. Le commandement est réellement dans les ministres, mais impossible de dire qu'une telle autorité soit inviolable, immuable, puisque les ministres sont responsables au tribunal de ce même peuple qu'ils doivent

gouverner, ce qui veut dire que le point d'appui du mouvement social est tout à fait pareil à celui d'un aérostat dont il est impossible de déterminer la direction puisqu'il s'appuie tout entier sur les ailes d'un vent auquel il devrait résister. Oui, tel est le gouvernement à la moderne. Comme tout autre gouvernement il entreprend de guider la société dans les cas où elle menace de quitter la voie droite, mais il ne peut l'entreprendre qu'à la condition de ne pas résister aux volontés de la société. Quoi d'étonnant, après cela, que de tels gouvernements ressemblent aux aéronautes ; tantôt volant avec majesté, mais tantôt aussi emportés par le vent ; tantôt cédant à sa force, ou même faisant d'irréparables chutes quand ils veulent le contrarier. Vous le voyez donc, le roi qui règne et ne gouverne pas ; l'autorité inviolable mais impuissante ; des ministres qui gouvernent et sont gouvernés par leurs sujets, bref cent contradictions accouplées ensemble ne sont pas autre chose que la lutte implacable de la réforme hétérodoxe contre la nature, lutte que nous avons représentée, il vous en souvient, sous la figure de ce sculpteur qui s'ingénie et sue pour faire une table à la fois ronde et carrée.

843. — Mais puisque nous parlons de l'exécution réelle des lois, examinons sérieusement les dispositions que cette contradiction vivante ne manque point d'engendrer d'abord dans l'esprit des gouvernants. Nous verrons plus loin ce qui en est des gouvernés et entendons au sens moral l'axiome d'Archimède. Il est l'expression d'une vérité pratique très connue.

844. — Qu'est-ce que nous voulons dire au juste lorsque nous réclamons pour les gouvernants un point d'appui immobile? Nous voulons dire qu'un gouvernant doit sentir sa propre force, sa propre vie, dans un sens sa propre immortalité, et que c'est là qu'il doit s'appuyer pour mettre en mouvement et diriger les sujets. Il est nécessaire qu'il se dise à lui-même dans le secret de sa conscience : « Je vais proclamer une loi ; toutes les paroles de cette loi vont retentir dans le sanctuaire le plus intime de toutes les consciences. A cette voix tous mes sujets vont se dire à eux-mêmes : je dois obéir. Et ceux qui oseront résister ne le feront point sans la connaissance et sans le remords de leur faute. » C'est cette force morale profondément sentie et élevée à son suprême degré qui a fait entendre sa voix du fond des prisons de Savone et de Gaëte à plus de deux cent millions de catholiques. Elle n'avait pas une seule baïonnette pour astreindre à l'exécution de ses ordres, et cependant elle faisait trembler ses oppresseurs. Eh bien ! tout gouvernant catholique participe de cette force morale ; il en a une conscience intime ; car il lit, pour ainsi dire, dans tous les cœurs des sujets, et il y voit écrit et respecté le précepte de la doctrine catholique. « Qui résiste à l'autorité résiste à Dieu : Qui auctoritati resistit Deo resistit. » Aussi, avec la conscience de cette force et de sa propre immortalité, ne craint-il pas que le plus grand nombre des sujets soient infidèles à leur devoir, du moins si l'on excepte ces circonstances très rares où la tyrannie pousserait le pouvoir à des abus excessifs ou bien quand sa faiblesse et sa lâcheté

laisseraient les portes ouvertes à toutes les conspirations.

845. — Voilà les dispositions d'un gouvernant catholique. Combien différentes sont celles des gouvernants dans les régimes modernes ! Et d'abord le roi inviolable n'a qu'à se laisser bercer par ses songes, à s'endormir sur cet oreiller du pouvoir ou déjà se sont endormis Louis XVI, Charles X; Louis-Philippe ! Oui, mais il dormira l'épée de Damoclès sur la tête; car il est écrit « qu'il règne et ne gouverne pas ». Pour les ministres ils gouvernent mais ne règnent pas. Quel sentiment auront-ils de leur propre vie ministérielle et de leur propre force ? Leur vie ministérielle ? Ouvrez votre calendrier et mesurez-la. Généralement une seule année compte plusieurs ministères; voilà donc ce que leur promet l'infaillible histoire. Et comme ils sentent bien dans l'intime de leur âme la valeur de cette promesse ! N'ont-ils pas toujours à la pensée les intrigues dont ils sont sortis, le parti qu'ils ont trahi, les promesses qu'ils ont violées, les espérances qu'ils ont frustrées, leurs serments et peut-être leurs parjures de sectaires? Comment ne sentiraient-ils pas chanceler le siège où ils sont assis ? Comment ne comprendraient-ils pas le profit qu'ils doivent tirer des quelques heures que la fortune leur accorde pour commander? Aussi comme l'on ne voit jamais aucun homme se fatiguer à bâtir des châteaux de cartes ou à enfler des bulles de savon, ne croyez pas qu'avec la conscience de leur rapide passage au pouvoir de tels ministres s'emploient sérieusement à procurer le bien public. Non, dit un publiciste italien :

Jamais un homme, avec la prévision d'habiter, un jour seulement, la tente du pouvoir, ne sera assez fou pour mettre le feu au toit de ses pères et rester ensuite sans gîte ni refuge (1), c'est-à-dire qu'un ministre, à moins de folie, ne donnera jamais pour le bien public des ordres qui compromettraient ses propres intérêts et le feraient retomber dans sa condition privée. Persuadons-nous bien de cela. « L'œil du maître engraisse la vigne, dit le proverbe. Plus de droit de propriété, plus de zèle pour cultiver un terrain. C'est là une loi immuable de la nature et pas de sage économiste qui ne la reconnaisse. Or, que vous le vouliez ou non, le droit de commander est semblable à tous les autres droits de propriété. Par conséquent, il doit produire les mêmes effets; si le propriétaire n'est pas certain de récolter, il n'aura nullement le souci de semer.

Joignez à cela les brigues sans nombre contre lesquelles un ministre responsable doit défendre, au Parlement, sa précaire existence; brigues qui lui prennent le meilleur temps de ses journées, qui le forcent à consacrer sa vigueur intellectuelle à une lutte sans trêve contre l'opposition, qui peuvent enfin d'un moment à l'autre transformer le banc ministériel en un escabeau d'accusé... et vous comprendrez sans peine s'il lui est possible de conduire à bien la chose publique.

846. — Je veux qu'il en ait l'idée et le désir. Quel sentiment aura-t-il de sa propre force pour les réaliser? Peut-être comptera-t-il sur la force des baïonnettes et sur la puissance de l'argent ? Avec elles il comprimera

(1) *Risorgimento,* 8 décembre 1850.

des adversaires, achètera des partisans, oui. Mais où prendra-t-il cette véritable force morale qui enchaîne au trône immuable de l'Eternel les consciences les plus revêches? Cette force, la Réforme lui déclare nettement qu'il ne peut y compter. « Tous vos sujets, lui dit-elle, sont aussi indépendants que vous; la loi que vous leur imposez n'est due qu'à une victoire fortuite d'une majorité brutale; l'interprétation que vous lui donnez n'est que votre opinion individuelle; mille autres sont au moins aussi probables; la puissance dont vous usez pour la défendre n'est qu'une tyrannie appuyée sur la complaisance précaire de vos partisans et sur la patience de ceux qui vous tolèrent. » Voilà le superbe éloge que la conscience même d'un ministre lui fait de sa force morale, lorsque, dans son gouvernement, il prend pour règle l'indépendance absolue de la raison individuelle !

Aux accents de cette réponse de mort, l'on comprend quelles seront les dispositions de ce ministre pour stimuler les sujets à coopérer activement au bien social. « Je suis sûr, se dira-t-il à lui-même, que si je suis obéi, « ce ne sera que par la crainte ou par l'espérance : car « personne n'est lié par la conscience de la majorité; « puisque toutes les consciences individuelles sont libres. » Or, avec quel courage celui qui se sent si faible pourra-t-il donner des ordres? Et s'il s'agit d'un gouvernement catholique, comme il se dégrade, en se réduisant à une pareille faiblesse, et en renonçant à cette conscience sublime de la force morale que sa foi lui avait mise au fond du cœur! Il est vrai; cette conscience de sa propre force renferme en elle-même une formidable conséquence : la conscience du devoir ; mais le devoir, qui fait craindre un juge éternel aux puissants, leur donne du cœur et de l'énergie pour réprimer les scélérats.

Ainsi la faiblesse des ministres à la moderne subsiste nécessairement, nous l'avons prouvé, tant qu'ils ne se mettent pas en peine de rétablir l'autorité du principe catholique : Voilà la situation d'un ministre vis-à-vis des sujets. Combien plus mauvaise n'est-elle pas vis-à-vis de l'armée des fonctionnaires qui ne devraient former avec lui qu'un seul corps animé d'un même esprit.

Car le pouvoir exécutif ne comprend pas que les ministres. Il comprend, jusqu'au dernier, les fonctionnaires qui ont reçu d'eux l'autorité et font parvenir à la multitude les volontés du gouvernement. Or, chacun de ces fonctionnaires a son opinion et son intérêt propres : d'où il suit évidemment que si la marche du gouvernement est bonne, ce sera pur accident et l'effet exceptionnel d'une heureuse fortune qui aura réuni dans les bureaux de l'administration des hommes de même opinion que le ministre. Que s'il en va d'autre manière et que les fonctionnaires soient divisés d'opinions, quelles entraves le pauvre ministre ne rencontrera-t-il pas sur son chemin ?

— Mais je vois votre objection : « Vous nous parlez là, dites-vous, d'un ministre qui n'entend rien à son affaire ; car, croyez-moi, pour peu qu'il connaisse son monde, il saura bien avoir des fonctionnaires obéissants, sinon par amour et par persuasion, au moins par crainte et par intérêt.

— Hélas ! la chose est trop vraie. Et ce n'est pas la moindre des plaies morales que les gouvernements à la moderne engendrent et développent dans la société.

Sans doute, sous tous les régimes il y a eu, et il y aura toujours, des avis opposés entre les gouvernants. Toutefois, les catholiques aspirant tous à un but commun, le ciel, reconnaissant tous une Providence suprême, un tribunal sans appel et qui lie les consciences, quand un ministre s'appuie sur ces bases pour gouverner, il obtient l'obéissance des esprits sans les forcer à nier leurs propres convictions. Mais laissez aux consciences leurs opinions si diverses et obtenez cependant qu'elles obéissent par crainte ou par intérêt, à quoi aboutissez-vous ? Vous introduisez dans le monde des fonctionnaires un esprit de servilité et de dissimulation, l'habitude de sacrifier lâchement les convictions de la conscience. Et cet esprit se développe, s'infiltre partout comme un cancer dans le corps social où l'organisme bureaucratique se ramifie à la manière du système nerveux dans le corps humain.

Il en irait tout autrement si les agents publics, pénétrés de l'importance de leurs fonctions, les accomplissaient comme un devoir au lieu de les exploiter comme une source de rentes lucratives. Mais qu'est devenue cette manière de considérer les grandeurs de ce monde, de les envisager comme une charge dont il faudra rendre un compte sévère au Dieu des justices? Qu'est devenue cette idée que seul le catholicisme est capable de faire pénétrer dans les habitudes de la vie? Vous le savez bien : nos prétendus réformateurs l'ont détruite jusqu'à la racine lorsqu'ils ont soumis la marche de la société à l'utilitarisme.

Il est vrai, ces aristarques, après avoir détruit dans la société l'influence des idées catholiques, voudraient qu'elles fussent encore la règle des chefs suprêmes. C'est imiter le chroniqueur dont je vous ai parlé. Ils commencent par décapiter ces chefs, puis ils veulent qu'ils embrassent leur tête. D'ailleurs, quand il s'agit d'emplois secondaires, ils ne s'arrêtent plus aux premiers effets naturels du principe utilitaire, ils en déroulent toutes les conséquences en formules très explicites et très intelligibles. Ne les entendez-vous pas proclamer hautement le droit de tous à tous les emplois? Ce droit, ne le font-ils pas découler du droit de chacun à la félicité? Bien autres seraient leurs pensées, si, avec les yeux de la foi catholique, ils voyaient dans les emplois des charges redoutables. Aussi, parmi les vrais catholiques la fuite des grandeurs est loin d'être une exception, et il y a parmi eux des classes nombreuses de personnes qui y renoncent ou par profession ou par vœu. Ce renoncement, je le sais, n'est, pour les partisans des idées modernes, qu'un acte de lâcheté. Mais quoi qu'ils en disent, la lâcheté n'est pour rien dans la détermination des religieux. Le principe répandu dans la société chrétienne « qu'il ne faut point, par ambition, se pous-« ser à une condition supérieure à la sienne » naît en grande partie de cette idée sublime et redoutable à la fois « que chacun de ceux qui occupent les dignités « sociales sera jugé d'autant plus sévèrement qu'il aura « été plus élevé ».

— Mais déblatérer sur tous les tons contre le catholicisme, le présenter comme le patron des castes et de l'esclavage; aller prendre à leur charrue des fils de cultivateurs, pour en faire des étudiants d'université en leur faisant mépriser la paix des champs et aspirer à tous les prétendus bonheurs de la science; mettre à l'encan sur les carrefours et dans les tavernes les hautes fonctions de législateurs, pousser les candidats à les mendier auprès du peuple ou du moins à les recevoir de lui comme un bénéfice, en un mot faire vibrer dans l'âme humaine tous les mobiles de l'intérêt; puis, cela fait, se dérober comme un Caton ou plutôt comme un Sénèque et du fond de sa solitude prêcher solennellement aux consciences qui n'y croient plus la gravité de devoirs qu'on regardait jusqu'alors comme des droits et des moyens de s'enrichir... tout cela, vous le voyez, n'est qu'un fatras de contradictions flagrantes. Et à l'ordinaire les contradictions n'atteignent pas le but. Aussi le peuple chez qui prévaut la vie des sens laisse-t-il facilement les théories renouvelées des stoïciens, pour accepter les conclusions utilitaires. Il se lance altéré sur les emplois, comme sur la fontaine jaillissante de la félicité : les uns y boivent goutte à goutte ; les autres à flots abondants, mais tous sont beaucoup plus préoccupés de toucher leur salaire que d'accomplir leur devoir. Quant aux intentions du chef suprême, ils s'en font les dociles instruments, la flattant bassement tant qu'il est au pinacle. Et cet avilissement moral est encore la situation la moins triste de ce pauvre peuple soumis à un pareil gouvernement.

D'ailleurs la soumission n'est pas le fait universel. Il peut arriver que, par espoir de mieux ou par séduction, des fonctionnaires s'affranchissent de la crainte du ministre; ils sont alors un grave embarras dans les rouages de la machine administrative et l'on en voit la briser tout entière.

Jugez maintenant de la faiblesse d'un gouvernant dans de telles conditions. Dépendre de mille accidents de fortune, de ceux qui l'ont nommé ministre, de ceux qui le soutiennent comme un moindre mal, de ceux qui le combattent ouvertement ou en secret; ne pouvoir se fier à ses propres agents, incertain s'ils seront fidèles ou traîtres; ne pouvoir compter sur rien de fixe dans les idées de ses surbordonnés; sur rien, dis-je, si ce n'est sur ce ruineux principe de l'indépendance qui rend les esprits impatients de toute loi, voilà la situation plus que précaire d'un ministre dans les sociétés modernes.

847. — Mais la faiblesse morale engendre le despotisme matériel, c'est un axiome de la philosophie et de l'histoire. L'Église, qui possède une force divine, exerce sa puissance avec une douceur et une patience admirables; elle sait que le jour où il lui faudra faire entendre les oracles du ciel, tous les cœurs catholiques s'inclineront sous sa décision, sans hésiter un moment. Au contraire, la proscription sacrilège de tous les droits en France, pendant la Terreur, eut pour résultat l'ère des bannissements sans fin et de la guillotine en permanence. — Voilà un premier caractère de ce génie despotique signalé comme essentiel chez les ministres qui gouvernent à la moderne, par le grand publiciste espagnol

dans son discours aux Cortès : « les ministres, disait-il, doivent tout dominer. »

Les ministres, ajouterons-nous, doivent être despotes, parce que, tout-puissants dans l'ordre matériel, ils sont absolument dépourvus de force morale — et que l'une de ces deux forces est indispensable pour gouverner. Ils n'ont point la force morale ; ils se jettent à tort et à travers dans l'usage de la force matérielle. Et c'est là le plus grossier des despotismes.

Les catholiques honnêtes, chez qui la conscience parle si haut, s'indignent d'une semblable conduite. Pour vous ne vous en étonnez pas trop, et surtout n'en cherchez pas bien loin la raison. Lorsqu'en France ou en Piémont un ministre, pour s'attirer la bienveillance de ses partisans ou pour mettre à exécution des plans politiques, viole brusquement le concordat, incarcère des Évêques sans procès, demande des mesures extra-légales, etc., croyez-le, il obéit avant tout à cet instinct de faiblesse qui pousse au despotisme même des ministres de rois, quand ils sont en collision avec l'Église. Et comment voulez-vous qu'il en soit autrement, lorsque ce ministre se dit à lui-même : « Une seule parole tombée des lèvres de cette Église, mon ennemie, retentit au fond du cœur de 200 millions d'hommes. Ils me condamnent inexorablement ; et moi, pour leur imposer silence, je n'ai que les chaînes, la confiscation, les supplices... avec la seule perspective de rendre plus notoires et ma violence et ma honte? »

848. — Autre cause plus féconde de despotisme dans un ministre constitutionnel — c'est la colère qui le

saisit quand il rencontre un obstacle à son action, surtout s'il le croit injuste et propre à empêcher un bien
vivement désiré. « La fureur est un des caractères de
l'impuissance, dit Lenormant; plus le serpent s'acharne
à la lime plus est sanglant le déchirement de sa bouche.— Nous avons esquissé sommairement la lutte continuelle dans laquelle le ministre montre de plus en
plus sa faiblesse et risque chaque jour d'être renversé.
Cette lutte le tient en même temps dans une irritation
pleine de mépris et qui dérive du principe rationaliste
lui-même. Sans doute, ce principe lui imposerait de
respecter toutes les opinions : mais par ailleurs il lui
accorde le droit d'une arrogance sans limites en l'assu-
rant de l'infaillibilité de sa raison personnelle. — Contradictoires, direz-vous, sont ces deux aphorismes.« Tu
es infaillible et tes adversaires le sont aussi. » — Je le
sais; mais qu'y faire, il n'y a pas à changer les doctrines des réformateurs. Or, devant cette opposition, le
ministre qui juge (et il peut le faire avec vérité) que ses
propres idées sont plus favorables au bien public doit
nécessairement s'irriter contre ceux qui résistent à l'é-
vidence même. Cette résistance il doit l'attribuer à l'intérêt, à la malveillance, à la rancune, etc... Et tous ces
sentiments le poussent à malmener par la force ceux
qu'il ne peut soumettre par la raison.

849. — Et maintenant espérez-vous trouver dans de
tels gouvernants une conduite impartiale à l'égard de
tous les partis favorables ou adversaires? Cette impartialité est une des premières qualités requises dans celui
qui fait exécuter les lois. Mais ne vous attendez pas à

la rencontrer dans des ministres constitutionnels. Nous l'avons dit plus haut : leur devise forcée, c'est la suivante : « A choses nouvelles hommes nouveaux (1). »

850. — Cette devise tyrannique est d'une brutalité révoltante... Pour la réaliser on prend des moyens moins sauvages, au moins en apparence. Et parce que toute la difficulté vient des opinions opposées, on travaille à les changer. L'on n'en défend pas absolument la publication matérielle. Non; mais on l'entrave autant que possible, soit en créant des embarras aux journaux populaires, soit en s'emparant de l'éducation de la jeunesse, soit en empêchant la foi catholique d'éclairer les consciences et les générations. D'abord l'on exerce, contre les journaux d'opposition, l'art bien connu des grosses amendes et des peines ; par des ordres secrets donnés à la poste on trouble ou l'on gêne leur service : on achète la plume des écrivains les plus caustiques et les plus en vogue; on recourt enfin à cent autres procédés qui sans dire aux gens : je vous défends de publier vos opinions, empêchent la Presse de se répandre dans les multitudes et de les éclairer.

851. — Pour intercepter la diffusion des doctrines contraires aux systèmes des gouvernants dans l'esprit des jeunes générations, on tyrannise à la fois leur esprit et leur cœur, et cela par le moyen du monopole universitaire. Un esprit naïf et peu pratique, qui n'a jamais pénétré à fond l'idée vraie de la liberté hétérodoxe, se soulève à cette affirmation. Il ne peut deviner comment, au nom de la liberté de penser, une servitude

(1) V. tome III. C. II, §. V.

si répugnante à la nature et au catholicisme ait pu s'introduire chez un peuple, dès qu'il est tombé dans les mains d'un gouvernement moderne. Et pourtant, qu'il y réfléchisse quelque temps: il comprendra que le monopole de l'instruction est un fruit non pas légitime, mais fatal de l'idée réformatrice accouplée à un gouvernement catholique. Les protestants n'ont point besoin de cet auxiliaire, puisqu'ils enseignent hautement que tout gouvernement a droit sur toutes les intelligences en matière de religion et de foi; en vertu de quel principe et d'après quelle logique, le lecteur en jugera. C'est pourtant la doctrine de Grotius, Burlamaqui et consorts (1).

Dans les pays catholiques ces énormités paraîtraient par trop hostiles. Alors le despotisme des ministres constitutionnels n'a d'autre ressource que d'élever contre l'enseignement de l'Église un autre enseignement qu'on ose bien (chose vraiment stupéfiante) appeler aujourd'hui, en France et en Italie, l'enseignement du sacerdoce laïque. « A l'Église, dit le courageux évêque de Marseille, Mgr Mazenod, on substitue l'Université; c'est le seul corps enseignant. Et ce titre qu'elle s'arroge avec je ne sais quel air de complaisance affectée, on l'emprunte à la langue de l'Église, puisque c'est là le titre même que l'Église donne à ses évêques unis au

____

(1) « L'Église prussienne, disait Raumer, ministre des cultes, possède sa constitution dans les lois et les usages qui l'ont faite ce qu'elle est et qui ont créé la Prusse. Ces lois et ces coutumes ont été observées depuis trois siècles. D'après elles, le souverain est membre de l'Eglise, il lui appartient comme son dignitaire le plus élevé; il la sert par sa puissance; il a le droit de la régir. » *Echo du Mont-Blanc*, 19 avril 1851.

vicaire de Jésus-Christ. Je crois opportun de signaler cette arrogance dans une pareille institution. Elle prétend dominer avec un empire orgueilleux sur les intelligences ; elle se glorifie d'avoir ravi à l'autel le feu sacré de la science sécularisée pour toujours, mais en même temps elle a bien soin d'en écarter tout souffle qui descendrait du ciel ; et elle ose s'appeler l'Église laïque prête à substituer son enseignement à la révélation et la philosophie à la religion de la France. » Telles sont les graves paroles de l'évêque de Marseille.

Cette entreprise insensée, qui, à travers des luttes incessantes, a conduit la France jusqu'au bord du précipice semble donner à penser aux réformateurs modernes des peuples encore entièrement catholiques. Ils craignent en effet de réveiller le guêpier. Mais ce serait bien peu connaître la force intrinsèque des institutions que de vouloir associer la prudence avec la logique. La logique ne connaît pas la prudence ; et pratiquement les conséquences des institutions sont inexorables comme le destin. En Belgique et en Piémont, ça été pour le gouvernement une sorte de nécessité de tyranniser l'enseignement comme au siècle dernier pour le prince propagateur des idées modernes, Joseph II. La tyrannie de celui-ci toutefois était moins vile, parce qu'elle ne se montrait pas aussi pleine de contradictions. Joseph II disait franchement à l'Église, qu'il traitait en sujette : « Je suis votre maître pour l'âme et pour le corps ; croyez et obéissez-moi. » Mais les soi-disant libéraux catholiques ne se contentent pas de cette tyrannie et de ce despotisme écœurant ; ils y ajoutent

le ridicule des contradictions et le sarcasme diabolique
de l'impiété : « Nous vous déclarons libres dans vos
jugements, disent-ils à leurs sujets, et « l'Église en est
la seule règle infaillible. Mais nous saurons bien enchaîner et sa langue et vos intelligences. »

Ce que nous avons dit du journalisme, du monopole de l'enseignement, il faut le dire à plus forte raison d'une autre découverte de la Réforme, l'Église nationale ». Que peut bien être cette chose n ouvelle : « une
Église nationale ? » demande Mgr Rendu, évêque d An-
necy (1), non moins courageux que l'évêque de Marseille. « Une Église nationale, répond-il, c'est le raffi-
nement du despotisme. Des ambitieux, dit-il, usurpent
le pouvoir, ils désirent le posséder tranquillement ;
pour cela, ils font de Dieu lui-même le complice de leur
usurpation ; ils manient à la fois et le sceptre et le bâton
pastoral ; ils se déclarent les oracles du ciel et les
seigneurs des hommes ; mais ils n'en réduisent pas
moins ceux-ci à l'esclavage du corps et de l'âme.
Etrange est leur manière de gouverner. Ils font le
matin une loi sur les finances ; le soir, une autre sur
la liturgie ; aujourd'hui ils décrètent un chemin de fer ;
demain ils supprimeront un sacrement ; à un décret
administratif succède un décret sur le dogme, et à la
loi des impôts la suppression d'une fête de précepte ;
ils ouvrent ou ferment les temples à leur guise ; et ils
commandent à l'Église nationale d'avoir toujours des
chaînes toutes prêtes pour ligoter les mains des popu-
lations. »

(1) Lettre pastorale pour le Carême de 1851.

Voilà la juste idée d'une institution qu'on a tenté d'établir de nos jours et qu'on a vantée sous les noms de catholicisme germanique, de catholicisme français; d'Église catholique de la jeune Italie, etc., etc. Mettez cette Église aux mains des ministres à la moderne et donnez-lui un Pape. Ils auront alors le moyen le plus efficace de remédier à cette liberté de penser, à leurs entraves dans leurs desseins.

852. — Pauvres ministres! Il faut les plaindre. Victimes de leurs principes, plutôt que bourreaux de leurs sujets, ils cherchent à tyranniser doucement les esprits, afin de n'avoir point à sévir cruellement contre les corps. Car en ces temps où l'on place le bonheur surtout dans les jouissances sensibles, on a beaucoup plus d'horreur pour les souffrances physiques que pour les souffrances morales. Et c'est une des raisons qui les poussent à rendre esclaves de leur doctrine les jeunes générations, afin de n'avoir point à bannir ou à incarcérer des évêques.

Mais assez sur ce monopole. Nous en avons parlé longuement ailleurs (tome II, c. 7). Si nous sommes revenus sur ce sujet, c'était afin de montrer à nos lecteurs ces étranges phénomènes de sentiments antilibéraux engendrés chez les réformateurs modernes par le principe même d'un soi-disant libéralisme. Voici en résumé cette génération spontanée : avec le principe susdit, pas de ministre qui ne se sente dépourvu de force morale; cette faiblesse, jointe à sa responsabilité, le porte à déployer la force matérielle; elle est inefficace, le résultat c'est d'irriter, de rendre partial et despote cet homme qui se croit tout-puissant. Mais à son tour le despotisme ne sert à rien; et de là pour ce gouvernement la nécessité d'acheter la presse et de mettre sous le joug les intelligences.

853. — Telles sont, ce nous semble, les dispositions naturelles des ministres de ce pouvoir exécutif destiné, dans un pays, à provoquer et à diriger l'action sociale des sujets. Que les constitutionnels exclusifs et passionnés, au lieu de nous calomnier, nous réfutent : qu'ils prennent à part chacun de nos arguments et qu'ils en montrent la fausseté soit par l'histoire soit par la raison.

L'histoire est-elle pour eux ? Qu'ils nous disent franchement que des gouvernants imbus d'autres principes ne peuvent pas être mis en parallèle avec les ministres modernes ; que les Sully, les Colbert, les Pitt, les Fox n'ont pas plus duré que les Ratazzi ou du moins que les Balbo, ou bien encore pas plus que ces ministres de Louis-Philippe, les Guizot, les Tiers et tant d'autres.

854. — S'ils trouvent ces questions indiscrètes, qu'ils laissent l'histoire et consultent la raison. Qu'ils nous démontrent alors que des ministres attaqués, blâmés, tournés en ridicule, caricaturés chaque jour par la presse, ne perdent, dans l'esprit du peuple, rien du respect et de l'attachement dont ils ont besoin pour le gouverner, ou qu'un peuple qui traite si familièrement avec ses chefs et se moque tout à son aise de leur autorité sont vivement, malgré cela, l'obligation de leur obéir sans la crainte des gendarmes ou des baïonnettes; qu'ils nous prouvent que, pour accomplir ce devoir, ce peuple est encouragé par tous ces meneurs qui le conduisent à leur guise; par zèle, disent-ils, pour le bien public et en sacri-

fiant, comme l'on sait, leurs intérêts personnels ; ou bien enfin qu'ils nous montrent que le ministère responsable ne recourra point à la force matérielle, n'achètera ni journaux, ni députés, qu'il laissera religieux et évêques tranquilles, qu'il ne destituera ni employés ni magistrats, qu'il ne fera point marcher l'armée contre la sédition, ne proclamera point l'État de siège, bref que ce peuple sera bien gouverné sans l'usage d'aucune force soit morale soit matérielle.

855. — Voilà, nous le répétons, un beau champ de bataille pour nos adversaires. Seulement qu'ils nous permettent de les prémunir contre les pièges de quelque rétrograde qui voudrait leur dire : « Mais vous avez un moyen bien simple de répondre ; c'est de retorquer le raisonnement. Est-ce que tous les peuples n'ont pas toujours eu pour gouvernants des hommes qu'ils ont plus ou moins estimés ? N'ont-ils pas tous obéi par crainte ? Et cependant quelles merveilles opérées, disent leurs admirateurs, par ces gouvernements d'autrefois ? »

856. — Les statutistes et constitutionnels seraient mal avisés d'accueillir cette suggestion. Nous leur opposerions la négation du fait et du droit. Non seulement nous n'avons jamais soutenu les prétendues merveilles dont on parle, mais nous avons constamment enseigné que tout gouvernement sur la terre serait toujours imparfait. Et voilà pourquoi précisément l'Eglise ne cesse de nous encourager à supporter patiemment les défauts des gouvernants légitimes, nous rappelant et notre dépendance essentielle et la corruption native de notre commune nature. Nous nierions de plus que l'obéissance

d'un catholique s'appuie surtout sur l'estime qu'il fait
de ses chefs.

La rétorsion ne serait donc autre qu'un travestisse-
ment de la question et rien de plus. — Ainsi nos
adversaires, s'ils acceptent les conditions, peuvent
entrer en lutte pour l'indépendance native, essentielle,
inaliénable de la raison. Mais qu'ils mesurent bien leurs
coups, et se gardent, comme cela est arrivé à plusieurs,
de nous fournir des armes pour les vaincre.

§ III

CONFIRMATION PAR LES FAITS

Sommaire : — 857-858. — Le sénateur Boncompagni — et le juriscon-
sulte Mélegari nous fournissent de précieux aveux.

857-858 (1). — Pour prouver par les faits que les
libéraux fournissent toujours des armes à la vérité, je
citerai le discours du sénateur Boncompagni à l'Académie de philosophie italienne et une leçon d'ouverture
de cours du professeur Mélegari à Turin.

Le premier est partisan de la liberté absolue de penser. Mais il voudrait qu'avec elle la société fût en paix.
Pour cela, dit-il, l'Église, qui a été la mère de la civilisation, devrait s'attempérer aux temps modernes et
reconnaitre le droit de la liberté absolue de penser au
moins aux savants et aux esprits plus cultivés. Car si
l'Église et la société civile ne s'entendent pas, c'est
qu'il y a eu des torts des deux côtés, comme il arrive

(1) Nous résumons ici plusieurs pages de Taparelli.

en toute querelle.(Et là l'auteur parle de l'Église comme un Sarpi et un Melanchton...) L'Église devrait être plus conciliante pour l'erreur. Quel catholicisme!

Quant au pouvoir civil, il peut, dit-il, poursuivre et punir ceux qui ne sont pas de son opinion, ou qui attaquent des idées reçues par la société, « sans tenir compte de leurs arguments ». — « On croyait jusqu'ici que la fin se réglait sur la vérité et non la vérité sur la fin!! » De plus l'auteur reconnaît au pouvoir civil un droit sur l'enseignement pour former des fonctionnaires, pour surveiller les professeurs... Et si les doctrines varient, le gouvernement pourra aussi varier, et condamner ceux qu'il avait d'abord approuvés.« En somme, dit Taparelli, voilà une philosophie contradictoire, un libéralisme tyrannique, un catholicisme fébronien; par conséquent de précieux aveux pour notre examen critique des gouvernements modernes.

Le professeur Melegari est plus précis encore : il affirme que les gouvernements ne vivent que de la lutte des partis : « Le gouvernement représentatif,dit-il, est par essence le gouvernement de l'opinion publique.Or, celle-ci se divise d'après les intérêts matériels et les influences morales. Donc le gouvernement représentatif est par essence un gouvernement de partis, ayant chacun une direction propre et tranchée!... C'est la lutte forcée... oui, mais le roi donne le pouvoir au plus fort; celui-ci, parce qu'il est le plus fort, est aussi porté à la modération!... Quel mensonge à l'histoire!»

IV

DOCILITÉ DES SUJETS

Sommaire : — 859. Efficacité des institutions. — 860. Les institutions catholiques assouplissaient le peuple. — 861. Les institutions modernes lui infusent l'amour d'une égalité et d'une indépendance d'enfants. — 862. L'égalité catholique.— 863. Corrigée par la subordination. — 864. Combien elle diffère de l'ambition suggérée par les principes modernes. — 865. Autres éléments qui s'opposent à l'obéissance dans les temps modernes. — 866. L'aversion. — 867. L'esprit de parti. — 868. L'intérêt désabusé.— 869. L'expérience. — 870. Les révolutions, dans les gouvernements modernes, naissent de la force des choses. — 871. Ce vice est plus fort que l'amour de la patrie, quoique son action soit quelquefois atténuée grâce à la faiblesse humaine.

859.— Le grand mérite des institutions sociales consiste en ce que, par la sagesse et par la force de leurs combinaisons, elles amènent doucement les sujets à poursuivre la fin que le fondateur s'est proposé d'atteindre. Ainsi Jésus-Christ, en formant intimement l'esprit et la volonté de l'homme et en rattachant l'instruction et l'éducation à une vie éternelle, a produit et continue de produire cette unité sociale du christianisme qui réjouit le cœur de tout bon catholique. Les institutions modernes des gouvernements tempérés, ayant pour but de composer la société d'êtres indépendants dans leur raison et dans leur conscience, ont dû nécessairement, afin de les unir d'une manière efficace, leur donner un organisme matériel. — Mais lequel? Le lecteur le sait. Cet organisme est tel qu'en raison même de sa combinaison il n'y a point de ministre qui ne doive douter constamment et de sa propre force et même de sa vie, combattu qu'il est par un grand nombre et méprisé de tous, de ses ennemis qui le tournent en ridicule pour le discréditer et le renverser, de ses amis qui le regardent comme leur créature.

Ce sont là, il faut l'avouer, de favorables dispositions pour faire d'un ministre le centre de l'unité sociale!

860. — Mais quelles dispositions faudrait-il donc pour bien manier la matière sociable, je veux dire les esprits des citoyens? Le catholicisme, dit-on, avait fait un rêve digne de l'âge gothique lorsqu'il avait présenté les princes comme les pères des peuples, et leur autorité comme un rayon de la puissance divine. Avec ces idées les hommes du moyen âge se pliaient à tout et on les conduisait comme un troupeau de moutons — Oui; mais il ne faut pas oublier que si ces Princes se laissaient emporter par l'orgueil, ils avaient à craindre non seulement les remontrances d'un confesseur et la résistance d'un ministre, mais encore l'excommunication du Souverain Pontife. Sans doute ces excommunications, résistances, remontrances coupaient les ailes à l'orgueil du prince; mais le plus souvent avec discrétion et en secret de manière à sauvegarder toujours dans le cœur des sujets le respect d'un gouvernement paternel et la sublime idée de l'autorité suprême plutôt divine qu'humaine, celle de l'Église.

861. — Les inventeurs des institutions modernes ont trouvé un expédient plus énergique. Afin d'assurer dans le peuple l'obéissance, ils lui ont répété sur tous les tons que le souverain, c'était lui — et que celui qui lui commande est son sujet. Non incarnées dans des

coutumes, ces théories se seraient dissipées. Mais on a pris tous les moyens afin d'entretenir sûrement dans le peuple l'idée et le sentiment de son indépendance. A cette fin l'on a déchaîné la presse, réduit l'enseignement en servitude, et l'on n'a plus parlé que des forces de la raison et de ses droits inaliénables. Sur les bancs de l'école, les enfants ont vu leur professeur attendre que leurs suffrages vinssent apposer le sceau de l'opinion au timide enseignement qu'il avait abaissé au niveau de leurs idées; les candidats à la députation ont protesté périodiquement devant tout ce peuple dont ils mendiaient les voix, « qu'ils avaient le plus profond respect pour sa souveraineté ». Quant aux assemblées, quel spectacle lui offrent-elles? Le spectacle instructif des luttes entre les partis. Et il n'a nulle peine à comprendre que, pour combattre contre les ministres à grands renforts d'impertinences et d'injures, il suffit d'avoir une langue que rien n'enchaîne et un front sans pudeur. Fêtes publiques, théâtres, bals, réunions où tous les citoyens sont invités pêle-mêle au banquet fraternel de l'égalité n'ont cessé de redire au peuple et dans le langage le plus intelligible que tous les citoyens sont égaux. L'axiome est équivoque : oui; mais, répété dans de pareilles circonstances, il prend un sens erroné dans l'esprit des multitudes, et par là favorise toutes les passions, prépare tous les bouleversements politiques, en faisant croire au dernier des mendiants qu'il est aussi capable de gouverner la chose publique qu'un Sully ou qu'un Ximénès. Après cela, dit un écrivain, nous nous étonnerions que l'impatience de toute autorité, bien plus, que la guerre contre l'autorité fût le grand vice de notre temps? Tous les partis du reste l'avouent, les communistes exceptés ; et ce vice est la conséquence du principe protestant appliqué aux gouvernements politiques.

862. — L'Église enseigne elle-même au catholique que tous les fidèles sont égaux devant Dieu : il voit cette égalité réalisée dans le temple saint, au moment solennel où il s'asseoit à côté des princes et des rois pour y manger comme eux le pain céleste ; enfin il sait qu'une vie pure, une grande intelligence, des études qui lui auraient ouvert, avec la vocation divine, la carrière sacerdotale, pourraient l'élever à la suprême dignité de l'Église, où il verrait les princes de la terre prosternés à ses pieds, confessant leurs fautes, recevant ses conseils et ses réprimandes. Toutes ces institutions disent clairement au peuple : «Abstraction faite des conditions personnelles, Dieu voit du même œil tous et chacun des hommes et par conséquent ils sont substantiellement égaux devant lui. »

863. — Mais après avoir proclamé cette vérité que le divin Rédempteur a, pour ainsi dire, incarnée dans le peuple chrétien, l'Eglise s'empresse de nous préserver de toute conséquence erronée, en opposant à l'égalité substantielle l'inégalité des individus. Toujours respectueuse des dignitaires d'ordre civil ou politique, elle leur assigne, dans les assemblées solennelles, des places d'honneur. Elle ne cesse de répéter que, comme les astres du ciel diffèrent de grandeur et d'éclat, ainsi les hommes sur la terre diffèrent les uns des autres par les

talents qu'ils ont reçus. Son clergé, elle veut qu'il soit distingué des laïques non seulement par la vertu, mais même par l'habit ; dans les rangs de ce clergé, personne qui puisse s'élever d'un ordre à un autre sans avoir été rigoureusement examiné sur sa science et sur ses vertus. A chacun de ceux que le Ciel choisit pour la tribu sainte, elle assigne sa place, son rang, son titre dans les cérémonies, dans les solennités ; elle redit constamment à chacun des clercs inférieurs : « Ne vous croyez « point égal à celui qui occupe un poste plus élevé que « vous ; il est votre maître, votre guide, votre juge. » Pareille doctrine et pareilles institutions pratiques d'un côté donneront donc aux fidèles l'idée vraie de leur égalité devant Dieu et ils jugeront que le pauvre cuisinier Pascal Baylon égalera peut-être dans le ciel un saint Henri, empereur d'Allemagne, ou un pape comme saint Pie V ; mais d'un autre côté ils s'inclineront humblement dans la poussière, comme une Catherine de Sienne, pour baiser les traces d'un prêtre et, à plus forte raison, la chaussure du Vicaire de Jésus-Christ ! Je le sais ; les têtes matérialistes ne se gênent pas, parfois même en plein Parlement, pour jeter leurs sarcasmes impies sur cette marque de vénération. Pour eux ils embrasseraient bien un anneau façonné plus ou moins artistement ; ils ne croiraient point par là rabaisser leur dignité. Mais la mule du pape, jamais. Ils oublient qu'en donnant ce témoignage de respect au Souverain Pontife les catholiques voient et vénèrent en lui la Majesté Suprême adorée par les Anges et devant laquelle nous ne sommes tous que cendre et poussière.

864. — Tels sont les sentiments inspirés au peuple par la doctrine et les institutions catholiques. Elles lui donnent à la fois et un noble mépris des grandeurs et une affectueuse dépendance vis-à-vis de ses supérieurs. Mais dans les gouvernements modernes, tels que nous les voyons, bien autres sont les leçons données à ce même peuple : « Tu es créé pour être heureux, lui redit-on perpétuellement, le bonheur consiste à posséder de grandes richesses et à commander...; richesses et commandement se trouvent dans l'exercice de ces ministères mis à l'encan et proposés à l'ambition de tous. Tous peuvent y aspirer et qui donc désespérerait jamais de les obtenir, après qu'ils sont tombés aux mains de tel et tel inconnu...? D'ailleurs, pour s'en emparer, tous les moyens sont bons. Voilà le haut enseignement qui doit disposer les esprits à l'obéissance. Personne, à moins qu'il n'y consente, n'est obligé d'obéir ! Et personne d'assez borné pour être incapable de commander, pourvu qu'il veuille arriver au pouvoir. »

865. — Mais cette leçon a besoin d'être appuyée ; car toute obéissance humaine, étant, comme celle des catholiques, fondée sur le droit de l'autorité à obliger la raison des sujets, est grandement aidée par l'affection réciproque du supérieur et du sujet et par la confiance de celui-ci dans ses chefs, lorsqu'il les sait désintéressés et capables de pourvoir au bien public. Telle était la source où l'obéissance catholique puisait son reconfort aux temps où, guidés par une sagesse supérieure, les sujets voyaient dans leurs rois ou leurs gouvernants, sous n'importe quel régime, des pères de la patrie.

C'était là, par excellence, le titre de ceux qui gouvernaient ; il était fondé sur le quatrième précepte du Décalogue. Et il faut bien dire que les payens eux-mêmes ne l'ont pas ignoré tout à fait, surtout dans cette vieille société romaine où la raison et la logique naturelles ont produit nombre de lois sages et équitables.

866. — Il n'en va point ainsi dans nos temps de nouveau paganisme. Depuis plus d'un siècle, il fait entendre sa voix sauvage ; il ne cesse de ridiculiser, de calomnier, de discréditer aux yeux du peuple tous les gouvernants sans exception, se moquant de leur police paternelle, de leur despotisme paternel, de leurs sbires et agents paternels à tous les degrés du pouvoir : il aigrit par là la multitude contre ses chefs, en les lui montrant sans talent, sans conscience, sans cœur, sans dévouement. Et cette guerre de destruction n'est pas seulement menée par des socialistes ou des anarchistes enragés ; elle est faite aussi par un journalisme modéré, au langage moins vil, mais aux insinuations plus hypocrites. Qu'un gouvernement, par exemple, ne soit pas représentatif à la manière moderne ; il est sûr, quelque chose qu'il fasse, d'être attaqué, condamné même au moins dans ses intentions secrètes. Et si tel est le sort de toute majesté ordinaire, à plus forte raison est celui du Pontificat Suprême, malgré son caractère divin. C'est ainsi, je vous l'ai dit ailleurs, que les réformateurs modernes et leurs partisans déversent le fiel dont leur cœur est gonflé, mais surtout répandent dans le peuple les idées dont leur tête est remplie. Ils ont établi

comme un axiome « que l'homme n'agit jamais que pour son intérêt propre », la conséquence est évidente : « donc les gouvernants ne gouvernent aussi que pour leur intérêt propre, sans se guider jamais soit par l'affection, soit par le dévouement au bien public. »

867. — Ce mépris de leurs chefs est un caractère distinctif des peuples gouvernés d'après les principes modernes, mais il acquiert sous le régime représentatif des couleurs plus sombres et une gravité plus profonde. En effet, tout ministère (et, à vrai dire, c'est le ministère qui gouverne) est le triomphe incarné d'un parti. D'où naturellement pour lui la nécessité de prendre les intérêts de son parti et de combattre ceux des partis adverses. Isolé, chacun de ces rivaux ne peut lutter contre le ministère. Mais ils peuvent s'unir, devenir la majorité et, conformément aux idées modernes, se proclamer le parti du peuple. Et que dit en lui-même ce peuple témoin de pareils jeux ? « Les ministres, dit-il, travaillent pour leurs amis ; ils font tout pour rabaisser leurs ennemis. Ils ont raison ! Malheur aux vaincus !... Mais viendra le jour de la revanche. D'ailleurs qu'on ne s'imagine pas que les vainqueurs déposeront leur haine de parti pour devenir les pères de tous les citoyens. Non, cent journaux attiseront leur colère. Et leur vengeance éclatera finalement par la destitution des anciens fonctionnaires et par la nomination aux charges de leurs partisans.

868. — Voilà donc l'ancienne majorité battue, dépouillée, tournée en ridicule, victimes de ruses et

peut-être de trahisons. Eh bien ! cher lecteur, allez, si le cœur vous en dit, exhorter ces hommes à obéir, non par conscience et par devoir (il n'est pas question de cela dans les sociétés modernes), mais par amour et par intérêt ! Vous les trouverez bien disposés grâce à l'organisation du gouvernement représentatif ! Jadis semblable antagonisme pouvait avoir aussi quelque inconvénient. Car l'homme est toujours homme, mais d'ailleurs cet homme des anciens régimes reconnaissait les lois de la divine Providence. Il savait gouverner ses intérêts et ses affections avec les lumières de sa raison et de sa conscience. Il profitait des leçons de son expérience personnelle et supposait que des gouvernements nouveaux en profiteraient aussi, puisqu'ils croyaient comme lui à ce Juge Suprême qui jugera les justices et déposera les puissants. Maintenant toutes ces sentences d'ascètes auraient une trop forte odeur de sacristie ; on ne les écoute plus. Et, je vous le répète, pénétré des nouvelles idées, le peuple ne demande pas mieux que de se confier aujourd'hui avec une affectueuse obéissance à ces pères de la patrie qui le déchiraient hier à belles dents comme des chiens à l'hallali. Or, au milieu de tout cela, comment se soutient le gouvernement ? A deux conditions : la première qu'il flatte le peuple pour se faire pardonner l'exercice de l'autorité ; la seconde que, pour expier le crime d'avoir pris le pouvoir, il se laisse moquer, couvrir d'insultes et traîner dans la boue. Après cela, je vous le demande, comment ne serait pas courageux et fort un gouvernement qui d'un côté confesse sa faiblesse en réclamant la pitié pour chacun de ses actes, et de l'autre se laisse vilipender et malmener par ses adversaires (1)?

869. — Ces raisons nous démontrent donc que les principes et les institutions modernes engendrent dans le peuple un instinct indomptable. Et rien n'est plus facile que d'en faire l'application historique. Tous nous sommes du peuple, tous nous avons une certaine expérience. Et si nous n'avons point obtenu de portefeuille, n'avons-nous pas, parmi nos parents, des amis qui ont été victimes de la chute de quelque parti. Ne les avons-nous pas vus perdre leur emploi, malgré leur ancienneté et rester à sec comme la toison de Gédéon, pendant qu'aux premiers rayons d'une nouvelle aurore la pluie des faveurs ministérielles couvrait et enrichissait leurs rivaux... Mais tout cela n'arrive point sans que ce peuple comprimé et avili ne conçoive et ne garde au fond du cœur de profondes rancunes; j'allais dire, de justes colères. Ils se souvient qu'il a autant de droit de gouverner que ceux qui le commandent; que le bonheur est possible; mais avec un gouvernement parfait; actuellement, le gouvernement auquel il est soumis est loin d'être la perfection. Vous voyez la conséquence. Il ne manque pas de la tirer : Par force, dit-il, et provisoirement nous obéirons à ce gouvernement. Mais nous ferons tout ce que nous pourrons pour le renverser et demain peut-être que nous serons aux affaires. Lisez les histoires contemporaines... et vous verrez qu'il n'y a point de petit avocat au barreau, point de marchand en boutique, point de

(1) Peyron. *De l'instruction secondaire en Piémont.*

vaurien dans les cabarets qui ne puisse se promettre un portefeuille pour demain au plus tard.

870. — Les révolutions, on le sait, n'ont donc pas manqué dans les gouvernements modernes. Mais elles ne sont point, comme d'aucuns le pensent ou feignent de le penser, pareilles à d'autres révolutions dues aux excès de passions accidentellement déchaînées. Non. Elles sont le développement logique et l'application dans les faits des théories et des institutions modernes. Voilà pourquoi précisément ce phénomène social est constant, dure et durera tant que le principe qui animera la société continuera d'être l'indépendance absolue de la raison. Que ceux qui nient cette proposition descendent de nouveau dans la lutte, nous combattent avec franchise et courtoisie ou bien nous donnent une autre explication des événements. Qu'ils nous disent hardiment qu'autrefois les peuples opprimés par l'absolutisme haïssaient leurs gouvernants; qu'il n'a point été nécessaire de les éclairer afin d'arracher de leur cœur leur stupide amour pour les dynasties régnantes; qu'ils ont commencé d'aimer leurs chefs le jour seulement où ils les ont vus s'agiter dans la boue comme les grenouilles dans les marais. Oui; de ce jour-là, ils les aiment vraiment. Et il suffit d'un signe de ces gouvernants, élus par le peuple, pour exciter envers eux les sympathies, l'affection, le dévouement de tous les sujets, enfin pour les disposer à sacrifier leur vie au profit de ces ministres de passage. Qu'on nous raconte donc cette belle histoire renouvelée des Grecs. Mais qu'on ne manque point d'en donner les raisons philosophiques. Qu'on

nous dise franchement,si l'on en a le courage : « Oui,
« une obéissance prompte, un dévouement prêt à tous
« les sacrifices est la conséquence nécessaire de nos
« idées et de nos réformes. N'avons-nous pas dit au
« peuple que chaque homme est indépendant, par suite
« qu'il n'obéit que s'il veut et quand il veut ?

« N'avons-nous pas divisé le peuple en factions éga-
« lement avides du pouvoir ; établi entre ces factions un
« antagonisme inévitable et perpétuel... ? Et l'on voudrait
« après cela que nous n'eussions pas forcé le peuple à
« aimer ceux qui le tourmentent par haine et qui l'op-
« priment par intérêt ? » Telle est la philosophie de nos
parlementaires à la moderne... S'ils y souscrivent, nous
sommes vaincus et nous avouerons que décidément les
principes et les institutions des gouvernements représentatifs sont le grand remède qui guérira tous les
maux de la société, le secret qui fermera pour toujours
l'ère des révolutions.

871. — Mais avant de terminer cet article, il me vient
à la pensée qu'il y a peut-être ici dissimulé dans quelque recoin un héros de la vieille Rome, un Camille, un
Cincinnatus, un Brutus. Et je l'entends frémir à la vue
de ma sottise politique et de mon ignorance. Comment
ne voyez-vous pas, me dit-il avec une pitié dédaigneuse,
que l'on ne rend point obéissance au ministère par
amour du ministre, mais bien à la Patrie par amour de
la patrie? Ainsi obéissait, ainsi devait obéir l'homme
des premiers âges de la Grèce et de Rome ; ainsi doivent
le faire leurs descendants dans les régimes nouveaux
des sociétés.

Merci de la réflexion, bien que je l'eusse déjà faite en moi-même; seulement qu'on me donne un peu de temps pour la méditer. Nous en parlerons une autre fois.

— En attendant rappelez-vous que la patrie n'est pas née d'hier, mais qu'elle a été de tout temps obéie, aimée dans la personne de ceux qui la gouvernaient. Toutefois il y a une différence essentielle entre les temps anciens et l'époque moderne. Jadis la politique catholique ne se contentait pas de faire voir et aimer dans la patrie un être abstrait; elle la faisait aimer d'une manière concrète, dans ses chefs. Aujourd'hui la politique issue du protestantisme a découvert un autre expédient. Elle excite dans les sujets, d'une façon très réelle, la haine des gouvernants et elle quintessencie, ou plutôt elle volatilise en une idée très abstraite l'amour de cette patrie. Que ces citoyens si bien méritants nous disent si cet expédient a réussi, eux qui, pour renverser un parti adverse, ont tantôt incendié les châteaux afin d'irriter les riches, tantôt essayé d'affamer le peuple, tantôt conspiré avec l'étranger afin de convaincre d'incapacité leur propre gouvernement. Sans recourir même à ces exemples déjà surannés (car tout s'efface vite à notre époque), je laisserai résoudre la question par ces libéraux modérés qui s'ingénient à ridiculiser leur propre gouvernement aussi bien que les gouvernements étrangers, à lui susciter des troubles, à divulguer ses fautes, à inventer mille calomnies afin de le contraindre à accepter l'infaillible remède à tous les maux de la société, c'est-à-dire quelque constitution à la moderne. Ces écrivains pourront ainsi nous donner la preuve vivante de l'obéissance inspirée par l'amour de la patrie aux hommes des premiers âges, même à l'égard de chefs qu'ils détestaient.

Pauvre société, si chez elle l'amour de la patrie n'est plus qu'une affaire de théâtre et si ses espérances ne reposent que sur l'idéal vaporeux d'une république platonique !

Par bonheur la société trouve dans la faiblesse même du caractère humain une sorte d'auxiliaire qui, du moins, diminue les excès que ces théories devraient naturellement produire. Nous allons brièvement expliquer notre pensée, en lui donnant la forme d'une objection contre ce que nous avons dit dans nos deux derniers paragraphes.

En effet, quelqu'un pourrait me dire : « Vous nous avez fait une épouvantable peinture des ministres et des sujets sous les régimes modernes. Et si c'était une réalité, point de pays constitutionnel qui ne fût un enfer, point de gouvernement qui pût durer un jour. Or, que voyons-nous cependant sous ces régimes ? Des peuples qui ne vivent pas trop malheureux et des ministres qui restent au timon des affaires, des mois et même quelques-uns des années, Le fait est donc contre la théorie. Il est la condamnation de vos idées. »

L'objection serait sans réplique — si peuples et individus étaient, dans leur conduite, inflexibles comme les principes eux-mêmes. Mais on est lent à comprendre ces principes, lent aussi à les appliquer et l'homme, qu'il soit catholique ou protestant, n'agit pas d'ordinaire dans toute l'étendue de sa force. Autrement les catholiques formeraient ici-bas une société rivale de celle des anges et les esprits indépendants un assemblage d'êtres qui serait vraiment un enfer (1). Mais ces deux principes sont tempérés dans notre nature mortelle, ils n'y développent pas toute leur énergie. D'où il suit que la société, malgré sa lutte incessante contre l'égoïsme, le voit toujours subsister et même reprendre vigueur, dans une certaine mesure, et que, d'un autre côté, les efforts de l'égoïsme hétérodoxe ne vont pas jusqu'à déraciner entièrement tout germe d'amour naturel et de charité catholique.

— De là vient que les ministres ne sont pas tout à fait ressemblants à la théorie, c'est-à-dire hommes de parti pleins de superbe, oppresseurs despotiques, et que les sujets conservent un reste de confiance dans leur droiture, un peu de patience pour supporter leur tyrannie. Impossible en théorie, un gouvernement à la moderne devient donc possible en pratique, au moins pour un temps.

— Mais qu'on n'aille point de ce fait inférer l'innocuité de la théorie elle-même et du principe hétérodoxe. Car, dans la tête du peuple, les syllogismes cheminent avec le temps. Babœuf échoue dans sa tentative, parce qu'il rencontre devant lui des multitudes qui ne sont point encore tout à fait mortes aux traditions chrétiennes de leurs ancêtres. — Mais, après 60 ans de sophismes et d'apostasie, Proudhon reprend l'œuvre et il enrôle sous l'étendard du communisme et de l'anarchie des milliers de fanatiques.

(1) « Ubi nullus ordo, sed sempiternus horror inhabitat.»

Viendra donc infailliblement, pour toute société modernisée, un jour où le peuple en furie brisera la fragile idole d'un ministère. Venez alors, libéraux modérés; rappelez à ce peuple et l'esprit de sacrifice et l'amour de la patrie. Répétez-moi que, s'il obéit au ministre, ce n'est point par amour du ministre, mais bien par amour de la patrie. Nous verrons si, à force de lui rabâcher ces grands mots, vous ranimerez sa vigueur et le rendrez capable d'immoler héroïquement sur l'autel de la nation toutes ses passions et toutes ses intérêts.

§ V

L'ÉTAT ET LA PATRIE

SOMMAIRE : — 872. La question à résoudre. — 873. Idées anciennes. — 874. Autre chose est la patrie, autre chose l'État. — 875. La réforme hétérodoxe substitue celui-ci à celle-là. — 876. Distinction nominale. — 877. Conforme à la philologie. — 878. Patrie vient de père. — 879. La nature la concrète dans la commune. — 880. Sans l'étendre beaucoup au delà. — 881. Preuve par l'histoire. — 882. L'esprit catholique étend la patrie. — 883. Indéfiniment. — 884. Le naturalisme au contraire tend à la resserrer. — 885. Plus même que le paganisme. — 886. Pourquoi ? 1° Parce qu'en reniant la foi. — 887. Il doit renier la nature. — 888. 2° Parce qu'il hait la vérité que les païens ne faisaient qu'ignorer. — 889. Il démolit donc la patrie réelle. — 890. Détestée par des libérâtres. — 871. Qui n'adorent que leur propre parti.

872. — Pour moi je ne suis pas juge en cette matière avec mes idées catholiques. Voilà pourquoi j'ai interrogé l'histoire contemporaine ; puis nos Cincinnatus modernes que vous avez vus, comme moi, faire parade de leur vaillance dans les rues de Rome. Mais, hélas! leur réponse ne m'a point convaincu que l'amour de la

patrie était tout puissant sur les âmes. Pourtant ils m'ont peut-être suggéré le moyen de me retrouver dans ce dédale. En effet, à peine apparaît l'ombre d'une révolution qu'aussitôt je les entends crier : « La patrie est en danger ; la patrie demande des sacrifices, » la patrie appelle ses fils à la défendre et pendant le même temps tout le ministère, après en avoir délibéré, m'intime gravement, pour le bien de l'État, de combattre ces défenseurs de la patrie. Or, que sont, dites-moi, ces deux êtres de raison qui parlent en sens opposé, mais dont les commandements sont également rigoureux ? Il y a là manifestement une différence : car beaucoup prétendent aimer la patrie, mais peu, très peu, se vantent d'aimer l'État. Et pourtant l'État exige souvent de grands sacrifices non moins que la patrie.

Examinons donc ce que l'amour de la patrie et l'attachement à l'État promettent d'aide et de secours, dans l'exercice du pouvoir exécutif à des ministres déconsidérés, méprisés, mais qui, malgré tout, entreprennent avec confiance de gouverner le peuple souverain.

LA PATRIE

873. — Si nous remontons à l'antiquité, nous y trouvons de grands empires où une multitude de nations très différentes obéissaient à un seul gouvernement, tout en gardant chacune sa propre patrie. Ni les Bactriens ou les Isauriens sous Xercès, ni les Bretons ou les Numides sous Trajan ne pensaient se battre « pour la patrie », lorsque, sur l'ordre de leur gouvernant, ils

marchaient contre des hordes conquérantes et cherchaient à les anéantir. Pourtant le gouvernement central « avait bien sa raison d'Etat ». Elle guidait les chefs de ces empires et leurs conseillers secrets.

874. — Point de doute, il y a une différence entre l'Etat et la Patrie. Leur nom même répond à des sentiments différents qu'ils réveillent dans l'âme. Pour la Patrie, c'est l'amour ; pour l'Etat c'est la crainte ; j'allais presque dire l'hostilité. L'Etat, c'est cet être mystérieux qui ne marche que par des sentiers obscurs et pleins de précipices, la main toujours tendue pour dégarnir votre bourse ou enchaîner votre liberté ; la Patrie, c'est une mère remplie de dévouement et d'amour : vous lui demandez les choses nécessaires à la vie, elle vous prend sur son sein et vous nourrit de son lait. Or d'où vient la différence de deux idées par ailleurs si analogues que, sous certains point de vue, on les dirait identiques ? Voilà un problème social qui mérite réflexion et dont la solution nous aidera à repousser les calomnies de nos modernes Cincinnatus. Car, en réalité, que deviendra leur théorie si, d'un côté, ils nous demandent, par amour pour la patrie, l'obéissance jusqu'au sacrifice, à un ministre oppresseur, et que nous, de notre côté, nous trouvions que cette chère patrie, ils l'immolent à cet horrible Moloch qu'ils adorent sous le nom d'Etat ? De quel droit exigeront-ils que, « par amour pour la patrie », nous coopérions à sa ruine ?

875. — Or c'est là précisément le fait. Le paganisme ressuscité par la Réforme a fini par tuer dans les esprits l'idée de patrie si chère au cœur humain. Sous

les influences d'un naturalisme menteur, il leur a donné
pour guide non pas la nature sorti des mains de Dieu,
mais la nature viciée. Et ce qui est pis, le sacrifice de
la Patrie à l'Etat n'a point été simplement un changement de nom, mais la transformation de l'idée naturelle
et chrétienne en idée antinaturelle et païenne. Je vais
vous expliquer toute ma pensée, et vous faire simplement l'analyse exacte de ces deux mots : Patrie, Etat.
Cela suffira pour vous montrer comment l'idée fondamentale d'indépendance, que nous avons appelée le
principe protestant, l'idée régénératrice, modernisa-
trice, etc., a détruit essentiellement dans les esprits et
dans les cœurs le concept même de Patrie, et comment
aussi le concept de l'Etat y est devenu cet être despotique, cette sorte de divinité effrayante dont la vue
étouffe dans le cœur humain tout sentiment d'affection.

N'allez pas croire cependant que je sois à priori l'ennemi de tout Etat. Non ; ce mot peut signifier in abs-
tracto une société publique, en tant qu'elle est personnifiée dans ses chefs. Mais quand cet être abstrait est
descendu dans le monde des réalités et que, se divini-
sant, pour ainsi dire, il se regarde, conformément au
principe hétérodoxe, comme le maître absolu des propriétés et des personnes, des individus et des corporations, oh! alors je dis que l'amour si doux et si fasci-
nant de la Patrie n'a plus rien de commun avec lui, je
dis que les discours de ces héros de théâtre exhortant
le peuple à obéir à ses gouvernants, uniquement par un
amour patriotique de l'Etat, ne sont que des déclamations ridicules.

876. — Mais avant de passer outre, justifions notre assertion philologique au sujet des idées et des affections que réveillent les deux mots en question ; car je ne voudrais point être accusé de calomnie envers l'Etat, lorsque je le dépeins si terrible et presque monstrueux. Remarquons-le bien : il s'agit ici non d'un concept individuel, mais d'un concept social. Je puis donc bien imaginer l'Etat sous les formes monstrueuses de ces divinités de l'Inde, dont les stupides adorateurs se font broyer sous des chars. Si ce n'est point l'idée commune qu'on a de l'Etat, tout mon raisonnement, au point de vue phologique, croulera, puisque je l'appuierai sur une erreur. Du reste, la démonstration philosophique ne sera point entamée.

877. — Mais non. Ici le langage est en rapport avec les idées. L'on peut s'en convaincre par les vocabulaires, faits pour déterminer le concept social de chaque mot. En effet ouvrez l'un de ces vocabulaires et lisez-y l'explication du mot Patrie. Vous voyez qu'il signifie le lieu, la terre où l'on prend naissance, qu'il est dérivé du mot père... et équivaut à ces deux paroles : la terre du père... Rien donc d'étonnant si ce nom réveille chez tous les hommes le sentiment d'une affection qui se greffe naturellement sur l'amour même qu'el'on porte à son père. A l'opposé, que signifie le mot Etat? On l'applique aux idées de souveraineté, de domination, de maîtrise, etc.? On parle « d'un coup d'Etat » comme d'un crime de lèse-majesté; de la raison d'Etat comme des motifs particuliers que suit parfois le pouvoir suprême pour trancher une question.

Mais ce mot ne rappelle ni la terre natale ni la famille d'origine; et vous n'en découvrirez pas davantage l'idée dans son étymologie grammaticale. Car «stare», se tenir debout et ferme contre toute attaque, peut bien désigner une attitude soit juste soit abusive du pouvoir civil, mais elle ne renferme aucune idée d'affection. Ainsi, comme nous l'avons dit, le mot Etat ne réveille guère dans les esprits qu'un respect plein de crainte.

La signification sociale de ces deux expressions : Patrie, Etat, est donc bien telle que nous l'avons présentée. Reste à voir comment l'idée moderne a réellement produit dans les peuples ce changement d'affections, comment elle a détruit dans leur âme le concept si doux, si naturel, si catholique de patrie pour y substituer un monstre qu'on appelle l'Etat.

Dans ce but nous allons revenir un peu sur la genèse catholique du nom de patrie et de l'idée qui y correspond.

878. — Eh bien! comment naissent dans les cœurs l'idée et l'amour de la patrie, selon les lois de la nature et de la foi catholique ? Comme le mot lui-même qui est l'expression des concepts naturels. Le premier amour d'un enfant a toujours été celui de ses parents, sa mère lui représentant plutôt la tendresse, son père la tendresse unie à l'autorité. Du nom de « père », la terre natale s'est appelée « patrie » et le surcroît d'amour qu'un fils porte aux auteurs de sa vie retombe sur cette terre où le père a planté sa tente. Mais en se multipliant la famille forme la tribu. Dès lors l'amour de la patrie ne se renferme plus dans la demeure paternelle; il em-

brasse tout le voisinage; et lorsque cette réunion de demeures stables est devenue une commune, il y jette des racines plus profondes; c'est là qu'il se développe et s'affermit par des habitudes; là qu'il établit le cercle de ses affections...; là enfin, sur ce petit point du globe, qu'il s'enchaîne, pour ainsi dire, sous l'égide de la divinité protectrice de la cité naissante non moins que du foyer.

879. — Ainsi cet amour qui a sa source dans le sang, cet amour instinctif, raisonnable envers les auteurs de nos jours, devient peu à peu l'amour de cette terre et de ces murs qui nous rappellent nos premiers sourires à l'aurore de notre vie. C'est là encore que nous avons été préservés ou délivrés de plusieurs dangers, là que nous avons trouvé aide et secours pour une vie facile et honnête. Notre affection pour ces lieux s'en est accrue d'autant; nos intérêts eux-mêmes nous y ont attachés et s'il est vrai que la commune demande aux individus des sacrifices, nous ne les regardons pas seulement comme une échange, mais comme une cause réelle des bienfaits que la commune déverse sur nous.

880. — L'inspiration de la nature ne va pas plus loin. Affaibli par notre corruption originelle, l'amour de la patrie est impuissant par lui-même à embrasser un plus grand nombre de familles que celles qui sont contenues dans la sphère de nos sympathies, de nos relations habituelles, de la parenté, de nos intérêts ou d'autres mobiles semblables. La raison, il est vrai, peut vivifier ces mobiles et agrandir un peu le cercle de nos

affections, mais sans dépasser de beaucoup les limites de notre pays natal.

881. — Cela vous explique le phénomène historique dont j'ai parlé plus haut, à savoir : que, dans les grands empires du paganisme, l'amour de la patrie était très restreint. Grâce à un gouvernement central, il y avait l'unité de l'État, mais l'unité de la patrie n'allait guère au delà des limites de la parenté et des confins de la région habitée par elle.

882. — Il fallait l'étincelle électrique de la charité chrétienne pour accroître l'élasticité de l'amour social et lui donner la puissance d'embrasser des contrées et des multitudes indéfinies ; il fallait la sublimité d'un concept nouveau de la société, la plénitude de l'autorité, une obéissance affectueuse inspirée par le catholicisme pour rendre possible l'union intime d'individus sans nombre soumis à un même pouvoir non par crainte, mais par conscience (1). Ce respect affectueux amène les sujets aux pieds de leur chef. Ils voient en lui l'image de la majesté et de la bonté divines, mais aussi le représentant du ciel obligé par sa charge d'être juste comme Dieu et tendre comme un père. Avec ces sentiments est-il besoin d'une grande force matérielle pour unir plusieurs peuples ? Non ; la force morale qui les unit emprunte à la religion sa noblesse, et tous les sujets d'un même prince se considèrent comme soumis entre eux à ce précepte de la charité chrétienne : « Aimez votre prochain comme vous-même. C'est ainsi en effet que se sont formées les nations catholiques ; c'est ainsi

____

(1) Non propter vim, sed propter conscientiam.

que, chez elles, l'amour de la patrie est devenu synonyme de l'amour national.

883. — Telle est la genèse de cette grande et noble idée qui a sa racine dans un sentiment naturel, mais trouve son développement dans la foi et dans la grâce. Elle sort des limites étroites de la maison paternelle où elle est née, de la commune où elle s'est fortifiée; et elle prend avec le temps, grâce aux influences surnaturelles du christianisme, un accroissement que jamais la nature seule n'aurait atteint.

884. — Je vous ai fait voir comment se développait graduellement le concept naturel et catholique de « patrie ». Cela vous suffit pour comprendre qu'il est détruit dans les sociétés modernes. Il est détruit dans son étendue catholique; puisque, privé de la foi et de la charité divine, qui embrassent tous les hommes comme les enfants d'un même père, le cœur humain reprend ses dispositions naturelles et revient à ses étroites affections de nationalité, de bourg et de commune : « La division, dit un auteur (1), séparant de croyances et d'intérêts les divers États de l'Europe, a réduit aux étroites proportions de la nationalité les grandes questions de la société européenne. » Et un célèbre orateur catholique faisait entendre la même vérité à Notre-Dame de Paris. « La passion de la nationalité est aussi forte aujourd'hui qu'il y a 18 siècles et ceux-là même qui aspirent à l'unité sociale du genre humain ne peuvent suppporter l'idée d'une république chrétienne. »

____

(1) De Villeneuve-Bargemont. *Histoire de l'Économie politique*, t. I.

Voilà où devait aboutir du premier coup l'abolition de l'idée catholique.

Pouvait-elle s'arrêter à moitié chemin?

885. — Non. Le nouveau paganisme est pire que celui de l'ancienne Rome aux jours de sa corruption. Ce dernier gardait dans une certaine mesure le respect de quelques vérités naturelles dont il avait besoin pour poursuivre la félicité terrestre. Le nouveau s'irrite jusqu'à la fureur contre les sentiments et les préceptes de nature restaurés par le christianisme. C'est là, dites-vous peut-être, une accusation trop audacieuse? Eh bien! Nombre de preuves vous en montreront la vérité. Je vais, pour le moment, me borner à deux, aussi honorables pour la religion chrétienne que faciles à comprendre.

886. — La première est tirée de la nécessité où se trouvent les apostats de combattre les vérités naturelles, afin de détruire cette plénitude d'intelligence et de certitude produite chez les catholiques par le fait indubitable de la révélation divine. En effet, absolument sûr que Dieu a parlé, le catholique affronte sans crainte tous les vents des opinions, appuyé qu'il est sur le roc immobile de l'Eglise... En cela les scholastiques ont été admirables. Sachant, à n'en pouvoir douter, qu'entre les vérités naturelles et la foi toute contradiction est absolument impossible, ils ont semblé défier les subtilités les plus grandes et les plus difficiles à concilier avec les lumières de la révélation. A d'autres époques, à la la nôtre en particulier, on a modifié les méthodes scientifiques. Mais ce n'a pas été pour les savants catholi-

ques une raison de changer en rien un seul article de leur croyance. Et même, comme cet illustre cardinal (1), la gloire de l'Angleterre, qui unit aujourd'hui les palmes d'un lutteur généreux aux lauriers du savant, ils plaignent ces âmes faibles qui redoutent dans les progrès de la science un danger pour les vérités de la foi. Cette plénitude d'intelligence et de certitude a poussé les catholiques à coordonner toutes les vérités de leur foi en une série de raisonnements rigoureux, embrassant tout le monde des idées et tout le monde des faits, en une suite ininterrompue de narrations qui vous met sous les yeux la suite même de tous les siècles. La Somme de saint Thomas d'Aquin, la Cité de Dieu continuée par Bosuet sont comme le compendium de ces deux idées gigantesques dues au génie catholique. Les philosophes payens ont-ils jamais conçu comme possible une exposition analogue de leur polythéisme ? Et quand, jaloux de la philosophie chrétienne, ils ont enfanté leur éclectisme alexandrin, ont-ils produit une œuvre qui puisse être comparée avec les deux travaux gigantesques de la philosophie et de l'histoire chrétienne ?

887. — Le nouveau paganisme le comprend parfaitement. La condition de la victoire pour lui, c'est de présenter un enseignement rigoureux et complet qui permette à l'impiété de se comparer à la science catholique : voilà pourquoi, sans jamais s'arrêter, il pousse toutes ses conséquences à l'extrême. Or, la vérité catho-

<hr>

(1) Mgr Wisemann, Conférences sur les rapports de la science et de la révélation. Introduction.

lique superposée aux vérités naturelles forme avec celles-ci une seule toile qu'on peut bien contempler sous un double jour, celui de la raison ou celui de la foi, mais qu'on ne peut point séparer en deux, sans la déchirer. D'où la nécessité, pour l'idée moderne, qui s'attaque avec rage au catholicisme, de combattre même l'ordre et la vérité naturels, si elle veut détruire la foi.

888. — De là une seconde raison qui pousse le nouveau paganisme à détruire l'ordre naturel; c'est son hostilité furieuse contre la vérité en général. Les anciens philosophes regardaient les restes de la tradition primitive comme des planches de salut après le naufrage : c'était ce qui préservait la raison et la société d'une ruine absolue; c'est aussi ce qui explique les quelques vertus des républiques payennes de la Grèce et de l'Italie. Aujourd'hui, ces mêmes travaux sont une arme puissante aux mains des catholiques. Ils les tournent contre ceux qui attaquent leur croyance ; et ces derniers ne sauraient les laisser intactes sans se condamner à une défaite. Notre Seigneur avait déjà, dans l'Evangile, signalé cette différence entre les deux paganismes dont nous parlons : « Je ne suis pas venu, disait-il, apporter la paix dans le monde, mais le glaive. » Et l'ère de la lutte date des jours de Jean-Baptiste. En effet avant la prédication du Rédempteur, la vérité restait trop flottante et trop limitée pour échauffer les volontés et les pousser à la guerre. Le sens commun, la probité naturelle admettaient certains principes de tradition nécessaires pour vivre honnêtement

dans la société. Mais on ne tirait point de ces principes des conclusions qui eussent été trop incommodes pour les passions. On les ignorait sans honte et on les violait sans grand remords. Après la prédication de l'évangile il faut ou les accepter ou les combattre.

Voilà pourquoi nos réformateurs modernes, après avoir aboli le surnaturel et embrassé le rationalisme, ne peuvent plus s'arrêter. Il leur faut poursuivre leur œuvre de démolition, d'abord par la ruine des vérités morales qui servent de fondement à la société, puis par la destruction de l'organisme naturel de cette même société, comme je vous l'ai montré plus haut. Si donc, et la chose est certaine, l'idée de patrie germe naturellement dans la famille, s'étend et se développe dans la tribu, la commune, la province, une fois que l'indépendance moderne a brisé cet organisme, il a enlevé du même coup au mot et au concept de patrie son objet pour lui donner une toute autre signification. Mais quelle sera cette signification?

889. — Vous la devinez sans doute en vous rappelant que la réforme avait détruit dans la société l'ancien organisme naturel et catholique pour lui en substituer un nouveau conforme à ses doctrines. En effet, en vous les exposant, je vous ai montré que l'indépendance hétérodoxe, nous ayant affranchi de toute obligation que nous n'aurions pas consentie volontairement, avait par là même donné à chaque homme la faculté de créer une société artificielle sous une autorité factice et avec des lois dépendantes de sa volonté; qu'en fait cette société se réduisait à une assemblée composée de

nombreux partis, c'est-à-dire de factions les unes publiques, les autres secrètes et que le souci de chacune était de supplanter toutes les autres et d'arriver au pouvoir. Vous comprenez par là comment la patrie de chacun devient proprement ce parti factieux ou sectaire au triomphe duquel il s'est consacré corps et âme, ce parti dont la victoire, il l'espère du moins, le rendra personnellement heureux et qui mérite par conséquent de sa part l'obéissance la plus aveugle.

890. — Voilà ce que c'est que la « patrie » dans l'évolution logique de l'idée protestante. Sans doute la rigueur et la brutalité de cette conséquence ne sont pas saisies par tous les partisans des principes modernes. Il n'y a à les embrasser pleinement que les Mazziniens, que les socialistes extrêmes, en un mot que ces hommes tout disposés à sacrifier non seulement les liens de nationalité, mais encore les liens si intimes et si doux de la famille, de la parenté, de l'amitié et à ne pas reculer même devant l'usage du poignard quand il s'agira des intérêts de leur secte. Malgré cela, je ne puis croire que les modérés eux-mêmes ne ressentent pas plus ou moins l'influence de l'idée moderne pour abolir dans les âmes l'amour de la patrie. L'Europe est, depuis le commencement de ce siècle, en proie à une série de bouleversements qui s'engendrent les uns les autres. Et il n'est personne qui ne se souvienne des apostasies nationales qu'ils ont provoquées. N'a-t-on pas vu des Français combattre dans les rangs des révoltés espagnols et résister sous les murs de Rome à l'armée de leur pays ? N'a-t-on pas vu des exilés italiens prépa-

rer, sur la terre étrangère, des armes et des soldats pour envahir l'Italie? N'a-t-on pas vu des milliers de citoyens bannis, traités comme des étrangers ou même comme des ennemis de la patrie, parce qu'ils ne pensaient pas comme le parti au pouvoir? Et dernièrement (28 août 1851) est-ce que le correspondant florentin d'un journal ne lui écrivait pas : « Ici nos constitutionnels se félicitent hautement que le grand-duc de Toscane ait été contraint de céder aux réclamations de la superbe Albion. »

Mais où donc iront habiter ces hommes qui poursuivent ainsi de leur haine et la société et leur terre natale? Ne vous inquiétez pas. Ils trouveront un abri partout où leur parti triomphera : là ces frères de secte se réuniront de nations très diverses et même hostiles et ils combattront comme s'ils avaient à lutter « pro aris et focis ».

891. — Le culte de leur parti devient donc pour eux une sorte d'idolâtrie déguisée sous le nom de patrie. La patrie est en danger, quand leur parti est en danger; la patrie appelle aux armes, quand leur parti veut étendre son despotisme, etc... Et comme les intérêts de ce parti est devenu le bien commun auquel vise le gouvernement, les adversaires de leur parti sont proclamés du même coup les ennemis de la Patrie. Quant à ceux qui sont neutres entre ces différentes factions, ce sont des esclaves forcés de payer, de prendre les armes, de coopérer à l'action du gouvernement, si même ils ne sont pas contraints parfois de dénoncer tout ce qu'on appelle « complot contre la Patrie », sous peine d'être

jugés et punis comme complices (1). C'est ainsi qu'on parle de la Patrie dans toutes les histoires des révolutions, mais surtout des révolutions modernes. Au besoin les paroles d'un député Piémontais, Brofferio, le rappelleraient à ceux qui l'auraient oublié. Il parlait à la Chambre Piémontaise, le 16 février 1851 ; il la poussait à opérer ce qu'on nomme l'épuration des employés. « Oui, disait-il, faites en sorte que ces institutions, ces progrès, ce drapeau soient défendus par des hommes qui veuillent sincèrement les soutenir, et non par des citoyens pour qui l'amour de la Patrie est au moins un problème.» Vous comprenez sans doute ce langage? Il veut dire que si vous, si moi, si un Piémontais quelconque juge encore spéculativement que les institutions actuelles du royaume ne sont pas ce qu'il y a de plus parfait, non seulement il doit être puni d'ostracisme (car en exil il garderait son nom de Piémontais), mais il doit être privé de ce nom lui-même. Appliquez ce langage à la France. Il signifie qu'en France les seuls vrais citoyens sont ceux qui veulent garder et soutenir les institutions présentes. Tous les autres sont des étrangers ou même des ennemis (2).

L'ÉTAT

Sommaire : — 892. Dernière chute de la Patrie. — 893. On lui substitue l'Etat? — 894. Très différent de la Patrie. — 895. Qu'est-ce que l'Etat. — 896. Un mécanisme incompréhensible. — 897. Sans cœur.

(1) Dans cet état de choses que devient la Patrie véritable? C'est ce qui faisait dire à un courageux journaliste. « En France, nous avons au moins une douzaine de Frances. »
(2) On connaît le mot de Gambetta : « le cléricalisme, voilà l'ennemi. »

892. — Ces grandes phrases sont bonnes dans le temps de la lutte, avant qu'un parti triomphant de tous les autres n'ait organisé un gouvernement. Car tant que dure le combat, tous les frères et amis sentent également le besoin de s'unir et de défendre leur intérêt, il s'agit pour eux de vaincre ou de mourir. Alors, en vue de ce qu'ils appellent le bien commun, ils laissent provisoirement de côté les questions irritantes ; ils répètent que, pour le moment, il ne faut pas vouloir résoudre certains problèmes ; qu'on les résoudra, lorsqu'on aura défait l'ennemi commun. En attendant, il n'y a point d'acte de sectaires qu'ils n'accomplissent au nom de l'égalité et de la fraternité, profanant le nom sacré de la Patrie en le revendiquant pour eux. Car, pour se dire frères, il leur faut bien une mère commune. Mais, la bataille finie, il en va tout autrement. Le parti vainqueur distribue à ses prétoriens de carrefour quelque mince récompense ; proclame, ses chefs de bande les pères de la Patrie et s'empresse de constituer légalement un gouvernement régulier. Forcément ceux qui le composent sont le petit nombre. Les autres sont des vaincus ou redeviennent des sujets. Mais la fraternité, dites-vous, qu'en font-ils ? La fraternité disparaît le lendemain de leur victoire. Et leurs partisans, un os décharné à la bouche, en sont réduits à grogner

contre des maîtres qui leur devaient un meilleur salaire
pour avoir versé le sang du peuple. Bref, je l'ai dit
plus haut, les frères et amis d'autrefois ne sont plus que
des sujets ou même des vaincus; ils n'ont d'autre con-
solation que de regarder de loin les hommes arrivés au
pouvoir et de les maudire.

893. — Ces naïfs comprennent donc maintenant que
l'ère de l'égalité et de la fraternité est passée et que
les choses changent de face du jour où dans une nation
on remplace l'idée et le nom de la Patrie par l'idée et
le nom de l'Etat.

Dès lors, en effet, tout commence à se faire au nom
de l'idole nouvelle. Les nouveaux détenteurs de l'autorité, redevenus instinctivement conservateurs, demandent tout au nom de l'Etat. « L'Etat veut des armes ;
l'Etat veut des impôts; l'Etat veut les personnes ou des
hommes; l'Etat veut des sacrifices. Bref, tout ce que
la Patrie pouvait solliciter au nom de la nature et de la
religion, l'Etat l'exige, et beaucoup plus. Mais quelle
différence entre les demandeurs et les réquisitionnés!

894.—La Patrie qui s'adressait aux sentiments naturels
des sujets était une puissance qu'ils connaissaient parfaitement, grâce aux tendres affections que son nom réveillait dans leur cœur et aux bienfaits que chacun en rece-
vait. Pour chacun en effet la Patrie c'était cette demeure,
cette terre natale qui lui rappelait les plus délicieux
souvenirs de son enfance et de ses plus chers attache-
ments. La Patrie pour le père de famille déjà mêlé aux
affaires et directement ou indirectement à l'administration de la commune, c'était la puissance très effective

qui lui promettait sécurité, secours, facilité de l'existence sous l'autorité tutélaire de la province et par la province, sous le gouvernement paternel du prince lui-même. Car dans le prince les sujets voyaient un père; sans doute ils le savaient comme eux composé de chair et d'os; sans doute ils pouvaient même voir en lui des défauts; mais ils y voyaient en même temps des qualités plus qu'ordinaires, une éducation soignée, une affabilité paternelle, le désir sincère de travailler au bien de sujets non pas divisés en factions, mais tous attachés à leur prince (1). Je n'entends pas dire par là que, sous le gouvernement paternel, tout marchait avec une régularité parfaite. Je dis seulement que les institutions de ce régime n'engendraient, par leur nature, ni haine dans les gouvernants ni défiance ou aversion dans les sujets. Elles conservaient au contraire et les liens d'attachement naturel et l'organisme naturel de toute société humaine; elles faisaient ainsi de la patrie un être bienfaisant, visible, réel, dans lequel tous les sentiments du cœur humain trouvaient un objet en rapport avec leur tendance essentielle.

895. — Mais une fois passés sous le régime de l'État moderne, une fois privés de ces correctifs que renferme et qu'apporte partout une tradition essentiellement

____

(1) En note le P. Taparelli montre le roi de Naples parcourant la Basilicate ravagée par de grands fléaux et visitant lui-même chacune des familles qui avaient été frappées. C'était bien le père au milieu de ses enfants. Au lieu de ce régime paternel, supposez, dit l'auteur, le gouvernement de l'État avec sa centralisation et ses rouages administratifs. Les sinistrés lui demanderont des secours. L'État viendra-t-il les leur présenter de sa main. Et combien devront-ils attendre pour en recevoir?

catholique, où trouverons-nous un objet de respect et d'amour, un principe bienfaisant d'ordre et de justice? Qu'est-ce que cet Etat au nom duquel l'on met ma bourse à sec, l'on me prend mes fils, l'on encombre ma maison de soldats, l'on trompe mes justes espérances, l'on me ravit mes emplois, l'on abaisse mon salaire et mes rentes, enfin qu'est-ce que cet Etat qui me contraint à vivre continuellement dans l'anxiété, redoutant chaque jour quelque loi, quelque décret qui sacrifiera mes intérêts ou mettra ma conscience à la torture? Si j'avais à vous donner du Dieu-Etat une définition conforme non pas aux paroles, mais à l'esprit des réformateurs modernes, je vous dirais : « L'Etat est une machine composée de centaines de roues semblables et raisonnables. Elles tournent sur le pivot de la constitution, activées par un seul moteur, l'intérêt. Dans ses rouages les sujets viennent jeter leur intelligence, leur volonté, leurs forces, leur avoir, à la condition qu'elle se charge de penser, de vouloir, de se fatiguer pour eux et leur laisse pour partage la jouissance, le plaisir, c'est-à-dire la félicité publique. «Pénétrez, cher lecteur, dans l'âme de nos réformateurs. Etudiez leur théorie, leurs désirs, leurs exigences. Enfin, consultez votre propre cœur et peut-être que vous découvrirez, inconsciente et cachée dans quelque repli, mais réelle cependant, cette idée de l'Etat : « Une machine sans conscience qui fabrique la félicité publique sans le vouloir et sans le savoir. » Je vous ai montré précédemment (t. II, c. IV) que le naturalisme et le concept épicurien de la félicité étaient un fruit spontané de l'indépendance de la raison. Eh bien! cette machine, où sont engrenés les peuples modernes avec le désir et le droit de se procurer le bonheur, est elle-même un produit du naturalisme. Voilà donc en substance ce que c'est que l'Etat selon les doctrines modernes. Et c'est par amour pour lui que les vaincus des luttes civiles ou politiques devraient supporter les défauts, l'hostilité, les injustices, les illégalités d'un ministère dont l'élévation a pour cause leur défaite et son orgueilleux triomphe? Que dites-vous de cette prétention? N'est-ce pas vouloir qu'on aime et que l'on conserve une machine soi-disant faite pour procurer au peuple le bonheur, mais en réalité tout à fait impropre à le produire? N'est-ce pas vouloir qu'on l'aime parce que c'est une machine? Que penseriez-vous de moi, si, vous voyant occupé à démolir une de vos maisons menaçant ruine pour en rebâtir une autre plus solide, je vous disais : « Allons; résignez-vous à être écrasé par amour pour ces voûtes et ces murs qui menacent votre vie? »

Mais nous allons développer un peu davantage la description et la définition que nous avons données de l'Etat. On en comprendra mieux les conséquences, et l'on abandonnera plus vite l'espoir de jamais trouver dans l'amour de l'Etat une source d'héroïsme.

896. — Qu'est-ce que l'Etat? Un être de raison, une combinaison de ressorts secrets et de roues engrenées les unes dans les autres et dont chacune peut broyer tous vos intérêts sans même laisser trace de son passage. Avez-vous, par exemple, à traiter une importante affaire d'intérêts domestiques ou municipaux?

Informez-vous bien de toute la filière de bureaux où vous devez passer, en attendant que le nouveau ministre, comme un prince après son avènement, ait communiqué ses ordres particuliers à son personnel; et sachez que si vous manquez de vous conformer à ces prescriptions toutes fraîches et souvent inconnues du public, votre affaire risquera de s'embourber. Vous avez expédié vos pièces à un premier fonctionnaire, à un chef de bureau? Celui-ci en fera la répartition à ses subordonnés; chacun d'eux pourra les modifier ou même les arrêter. Aussi devrez-vous vous tenir pour très heureux si, après des mois, des années peut-être, elles ne sont pas égarées et passent des mains du premier fonctionnaire à celles du ministre, surtout si celui-ci, informé, Dieu sait comment, n'appose point au bas de votre supplique cette sinistre réponse: « Il n'y a pas lieu à la demande. » Mais pourquoi? Vous allez interroger le ministre? Il vous renvoie à ses employés? Vous questionnez les employés? Chacun s'en lave les mains. Recourez-vous au roi, au chef de l'Etat? Celui-ci règne et ne gouverne pas. Et l'Etat où est-il? Où siège cet oracle au nom duquel tout se fait, sans qu'il paraisse, sans qu'il réponde et puisse jamais être abordé. Ecoutez la réponse de Melegari, l'illustre professeur que nous avons cité plusieurs fois : « Dans ce gouvernement, dit-il, le Sou-
« verain n'a ni nom ni personnalité propre. Il s'appelle
« majorité nationale, puissance invisible : mais il est
« présent partout; frappe, sans pouvoir être atteint
« lui-même, demande à tous les citoyens compte de
« leurs actes et de leurs opinions, sans qu'aucun puisse

« jamais lui demander, à lui, raison de son gouverne-
« ment. Ce Protée se transforme, se modifie à tout ins-
« tant, mais il reste toujours inflexible, toujours absolu,
« toujours irresponsable.

« Avec un pareil Souverain, continue Melegari, le
« gouvernement représentatif pourrait devenir le pire
« des régimes dans une nation où l'on distingue si bien
« les différents partis, les modes d'existence, les diver-
« ses sphères d'action, les individus, les familles, les
« associations libres, les sociétés communales, les cor-
« porations, etc., mais qui ne jouirait pas du droit de se
« gouverner elle-même (1). »

897. — La figure du Dieu-Etat ne doit plus vous
paraître si attrayante. Car, remarquez-le, cette peinture
n'est pas seulement d'une main de maître, elle est d'une
main amie; impossible de la suspecter. L'illustre
auteur a parlé en homme sincère, et son auditoire
devait l'écouter au moins avec cette résignation que
l'évidence de la vérité commande à toute intelligence.
Regardez-le donc maintenant en face cet Etat, et voyez
un peu quel amour doit vous inspirer ce mécanisme
froid, rigide, toujours inflexible, toujours absolu, toujours irresponsable. Aurez-vous jamais la tentation
d'imiter, par amour de ce mécanisme, l'héroïsme des
Macchabées, des chevaliers chrétiens du moyen-âge,
ou même l'attachement des soldats d'Alexandre ou de
César pour leur capitaine? Les statutistes italiens et

(1) Si vous réfléchissez que, selon le même auteur, aucun des Etats
Européens du continent n'a une juste idée de la liberté, vous verrez
facilement quel est en Europe le pire de tous les régimes.

tous les partisans du régime constitutionnel à la moderne ne veulent pas se persuader « que les gouvernements sont faits pour les hommes » et que les hommes ne s'affectionneront jamais à un mécanisme. Je suis privé de la vue et pour écrire je suis obligé de recourir à la plume d'un autre. Je sens pour cet auxiliaire charitable, homme raisonnable comme moi, une vive reconnaissance. Mais si à sa place j'avais pour écrire une machine semblable à celle qu'on a inventée pour calculer, croyez-vous que, mes pages remplies grâce à cette machine, j'aurais pour elle un grand amour? Je l'aimerais par intérêt, prêt à la briser quand elle ne me servirait plus. Mais l'aimer, lui vouer de la reconnaissance, faire pour elle des sacrifices... allons donc!

898. — Ne croyez pas cette comparaison purement fantaisiste. Car, personne ne l'ignore, dans l'homme, c'est le cœur qui est la cause immédiate et principale des actions, surtout si elles sont difficiles et ardues. D'où il suit que demander à un homme de brûler d'amour pour la patrie au nom de ce mécanisme, c'est vouloir le changer en machine. La chose est impossible; donc impossible aussi le régime gouvernemental conçu par les réformateurs modernes.

899. — Eh bien! voyez la puissance du préjugé. Absurdité, disons-nous, de vouloir transformer l'homme en machine! Or, les partisans des constitutions modernes trouveront là des raisons pour faire le panégyrique de leur idole. Peut-être même que déjà vous avez entendu ceux surtout qui posent en philosophes s'extasier sur ce gouvernement impossible, qui rend la justice à tous,

après avoir détruit pour toujours l'arbitraire et le bon plaisir. Et ces éloges, conformes à leurs préjugés, amènent même des esprits droits et cultivés à confondre la justice avec l'insensibilité, l'équité avec l'arbitraire. Point de doute, les magistrats comme les peuples doivent se conformer aux lois. Mais l'application des lois est chose essentiellement morale et les décisions de cette nature dépendent d'éléments si délicats, si élevés au-dessus de la matière qu'elles sont inabordables au mécanisme le mieux combiné. Aussi l'histoire ne vous signale-t-elle nulle part en aucun temps l'institution d'un simple critérium légal à l'usage des tribunaux. Un gouvernement qui n'est qu'une sorte de combinaison mécanique est donc la chose la plus absurde qui se puisse imaginer en fait de justice. Imposer aux jugements des formes matérielles, en bannir l'appréciation du libre arbitre, c'est en bannir l'équité. Quand il s'agit d'ordonner les actions humaines, notre esprit trop borné ne saurait prévoir toutes les complications qui pourront intervenir. Pour juger ces actions avec leurs circonstances, l'épikeia sera nécessaire. Autrement vous rendrez inévitables beaucoup d'injustices légales, afin d'empêcher quelques injustices volontaires, d'ailleurs souvent faciles à prévenir avec un peu de conscience et de bonnes institutions. Oseriez-vous jamais proposer pareil genre d'application en médecine ou en chirurgie, sous prétexte de prévenir le mal que pourrait amener l'ignorance d'un docteur? Oseriez-vous, par exemple, établir un code médico-chirurgical prescrivant qu'étant donné tel cas, et dans ce cas tels phénomènes, l'on devra toujours couper une jambe, ordonner telle recette, et cela sans rien laisser à l'appréciation et à la volonté du médecin? Par là vous auriez certainement empêché quelque erreur involontaire; mais quels préjudices et quels malheurs résulteraient de cette inévitable nécessité (1).

900. — Autre grave inconvénient résultant du premier, c'est celui d'étouffer dans les sujets, tout sentiment de gratitude à l'égard de leurs gouvernants. Ils ne voient plus en eux que les rouages d'une machine sans âme, dans ce régime, qu'un régime contre nature. En effet, la nature humaine vit d'amour, et l'amour vit d'ordre (2). Par conséquent quoi de plus contraire à la nature humaine que de lui représenter l'ordonnateur et bienfaiteur suprême de la société comme le premier moteur d'une grande machine privée d'intelligence et de liberté, comme un être sans mérite dont on reçoit les bienfaits sans être obligé à la reconnaissance, les fléaux comme on supporte la grêle ou la foudre, dont on regarde la grandeur comme on regarde la tour de Pise ou la coupole de Saint-Pierre?

901. — Ces observations vous font comprendre un phénomène moral du monde moderne, l'indifférence envers les hommes du gouvernement. Leur avènement, leur chute vous laissent impassible, parfois même plein de mépris; de sorte que l'on vous prendrait presque pour un homme des bois, si d'ailleurs l'on ne savait que

(1) Je pourrais, dit en note Taparelli, trouver de nombreux exemples dans les vexations dont on poursuit l'Église par l'application des lois antichrétiennes. Je préfère en prendre un dans la législation anglaise. Elle conduirait parfois à de telles énormités que, pour les éviter, dit Bentham, les juges préfèrent violer la loi et même leur serment.

(2) V. tome II, chapitre Ier, n° 244.

votre conduite est éminemment raisonnable. Car quoi de plus raisonnable que de n'imputer à autrui ni en bien ni en mal ce qu'il a fait par une irrésistible nécessité ? Or quelle affection pouvez-vous avoir envers les personnes quand vous attribuez à une aveugle nécessité tout ce qui vous arrive par elles ? Une commune a, je suppose, obtenu quelque faveur de l'Etat. Il lui a octroyé un chemin de fer, un établissement de bienfaisance, etc. Que disent en eux-mêmes et souvent entre eux les habitants de cette commune ? « Si le ministre n'avait pas adopté cette opinion, il eût perdu son portefeuille ; si la Chambre n'avait pas suivi le parti prédominant, la dissolution se serait faite ou bien les députés auraient perdu les voix de leurs électeurs ; si, pour cette place, on n'avait pas écouté la requête d'un député, il aurait mis la Chambre en conflagration. » Tout est donc nécessité ; chacun demande et obtient le plus qu'il peut soit par lui-même, soit par son parti. Donc personne n'a d'obligation aux gouvernants.

902. — Ajoutez à cela ce caractère des nations modernes chez qui l'utilitarisme, l'intérêt règne en maître soit dans la conduite privée, soit dans celle des autorités ; puis cette partialité notoire, résultat nécessaire du mécanisme gouvernemental, puisque l'on sait très bien que si les Whig sont au pouvoir aujourd'hui, demain ce seront les Tory ; puisque pour rester fidèle à son parti l'on doit faire de l'opposition au parti adverse ; ajoutez le système de destitutions qui donne aux adversaires l'apparence de héros et le prestige de victimes ; puis, dites-moi, avec tout votre génie, si le sujet le mieux

disposé peut découvrir un motif d'affection, de respect, d'admiration, de généreux dévouement à l'égard de ce système brutal de rouages administratifs ; système sans cœur, sourd à la voix de l'équité, compliqué, secret dans ses voies, bienfaisant sans amour, vengeur des lois sans justice, intéressé par calcul, partial en raison de son origine, combattu, discrédité par tous ceux qui veulent être fidèles à leur serment ! Et c'est là ce qui s'appelle un gouvernement d'êtres humains ! Et l'on confond ce gouvernement avec la Patrie, et l'on demande aux sujets, grâce à cette confusion mensongère, de s'oublier eux-mêmes et de se sacrifier pour l'Etat ! Et c'est là l'idéal des gouvernements, le seul gouvernement possible !

903. — Pauvre humanité ! que tu es tombée bas avec ce mécanisme gouvernemental qui devait remplacer la conscience et te rouvrir le Paradis terrestre ! Le catholicisme avait placé dans le cœur des sujets le Prince à côté du père. Il avait uni l'amour du premier à l'amour du second, fortifiant et adoucissant ainsi l'obéissance politique.

Mais Satan est venu substituer au prétendu despotisme paternel le despotisme réel et brutal du Dieu-Etat ; il est venu lui élever une pagode ridicule avec cette inscription menaçante : « Ou m'obéir ou me briser. » Est-il étonnant que le peuple ait choisi si souvent d'accomplir la seconde partie de cet ordre en méprisant la première ? Est-il étonnant que, surtout chez les nations les plus avancées dans les idées modernes, tout l'amour envers l'Etat se réduise à calculer ce qui rapportera le plus d'obéir ou de se révolter? Est-il étonnant, par exemple, que le gouvernement des d'Orléans, après dix-huit années d'existence, ait laissé, chez ses amis des jours heureux, une si grande indifférence que, deux années après sa chute, le parti est presque dissous, tandis que le parti légitimiste subsiste et grandit depuis 20 ans (1)?

904. — Sans doute ce spectre mystérieux de l'Etat se rencontre ailleurs que dans les gouvernements représentatifs. Car lorsque les gouvernements absolus se laissent envahir par le venin des doctrines modernes, peu à peu l'idole dont nous parlons se forme et grandit. Les idées naturelles sont entamées, ruinées... Le régime de la bureaucratie et de la force s'établit et s'enveloppe aussi dans le mystère de son sanctuaire... Je le sais, et mon intention n'est pas de défendre l'esprit hétérodoxe, quelle que soit sa forme et où qu'il habite.

Toujours détestable dans son origine, il devient pire encore quand, avec l'organisme des gouvernements représentatifs, il se fait invisible, impalpable, inaccessible; quand de son antre ténébreux il étend ses serres glacées sur qui bon lui semble et cela sans que l'on sache à qui recourir ou quel bouclier lui opposer. Tant qu'il reste un prince qui gouverne, il répond de ses ministres; et ceux-ci le craignent sinon par conscience, au moins par intérêt. Mais lorsque tout marche à l'impulsion d'un mécanisme magique, et qu'il est impossible de saisir dans

(1) Nous avons été les témoins de cette vérité historique en 1852 et les années suivantes. Et en 1873, la France repentante et toujours filiale aurait, sans les intrigues des libéraux, acclamé le retour d'Henri V, comme le retour d'un père. Note du traducteur.

ce labyrinthe administratif. le point où le vouloir se détermine, où l'injustice commence, où la vexation se consomme, alors plus d'expédient, plus de fuite, plus de défense possible. S'il plaît à Son Excellence de vous perdre, il est le maître. Il lui suffit pour cela de faire croire que votre tête est nécessaire au bien de l'Etat.

905. — Concluons. Chez le catholique, la patrie naît au foyer domestique et de là, par une évolution naturelle, s'élève jusqu'au Souverain. Tout dans cette patrie est naturel ; la famille d'où elle sort, la commune où elle se développe, les intérêts et les affections qui relient ensemble beaucoup de communes ; la personne visible qui les gouverne toutes ; les divers sentiments d'amour envers le prince, de sollicitude pour une patrie gardienne de mes intérêts, de confiance dans un gouvernement où je sais à qui recourir, de dévouement pour des concitoyens qui sont mes frères par la charité chrétienne.

Mais une telle patrie, où la rencontrer dans une société modernisée ? J'y vois bien un pouvoir central suprême, abstraction rigide, invisible, compliquée, implacable, qui ne réveille en moi aucun attachement naturel, qui répand partout la terreur de ses menaces, et tyrannise jusqu'au dernier des sujets, au moyen d'un organisme factice que chaque despote peut briser ou refaire à sa guise, jetant au rebut ce qui ne peut plus lui servir. Voilà l'Etat.

Oui, nouveaux Cincinnatus, voilà celui au nom duquel vous demandez l'obéissance à des sujets irrités contre un pouvoir oppresseur. Oui, croyez-le, vous obtiendrez d'eux, par amour de cet Etat, de cette patrie postiche, le sacrifice de tout ce qu'ils ont de plus cher. La demande est si juste, leur amour si tendre, le Dieu si bienfaisant !

Si du moins vous aviez laissé dans le cœur de ce peuple la foi au Crucifix et le baume de douce et forte patience qui toujours découle de ses plaies, vous pourriez peut-être vous promettre de sa part, non point l'amour pour cette abstraction d'origine diabolique qu'est le Dieu Etat, mais le support de maîtres impitoyables qui l'oppriment. Si vous lui enlevez cette source de force, espérer de lui l'amour et par l'amour l'obéissance, cela, je vous le dis tranquillement, c'est mépriser ce peuple en vous trompant vous-même.

906. — Vous le savez, c'est surtout du clergé que l'on exige avec plus d'indiscrétion et de rigueur l'amour, l'obéissance, le dévouement à l'égard de l'Etat. Eh bien ! voyons un peu les droits acquis sur le clergé par cette Patrie nouvelle et fabriquée à la moderne. En vérité, dans cette... (comment dirai-je?) comédie ou tragédie, le clergé mérite bien de jouer le premier rôle. Et de plus en plus je suis stupéfait de la béate naïveté de certains constitutionnels qui ne cessent, soit par paroles soit par écrits, de recommander au clergé l'amour de la Patrie ; qui lui reprochent son peu de zèle pour les institutions nouvelles et l'invitent à prêcher, non point la croisade sainte, mais l'obligation de payer le fisc et de s'enrôler sous les drapeaux. Si, pour sanctionner leurs exhortations, ils en appelaient à l'Evangile et prêchaient au clergé l'obligation de prier pour ses calomniateurs, ses persécuteurs et de rendre le bien

pour le mal, je comprendrais. Mais qu'ils fassent les étonnés parce que le clergé spolié, moqué, proscrit, traqué de toutes manières, ne se pàme point de tendresse pour un ministre, pour un député qui invoque contre lui des mesures extra-légales afin de le tyranniser plus commodément... oh ! cela, je l'avoue, dépasse la capacité de mon esprit, et me remet en mémoire la sage et juste parole de Manabréa : « Si vous voulez que le clergé s'affectionne à la liberté, il faut qu'il en goûte aussi les fruits ; » il faut lui accorder cette même liberté qu'on réclame pour d'autres.

Heureusement pour vous, moqueurs impies et cruels, que ce clergé connaît mieux que vous son devoir, qu'il n'a pas besoin de vos leçons et sait se contenir lorsque, avec un respect ironique, vous lui demandez d'aimer la Patrie. Car s'il n'avait un sentiment profond de l'ordre et des lois sociales ; si la parole de l'Apôtre : Obéissez à vos maîtres, même fâcheux, n'était toujours présente à son esprit, s'il ne savait céder sa tunique à qui veut lui ravir son manteau, s'il voulait appeler l'orage sur la tête de ses expulseurs, il aurait dans ses bras une telle énergie, dans son unité une telle force, dans la sainteté et le savoir de plusieurs des siens un tel crédit qu'il en ferait pâlir plus d'un parmi ceux qui l'insultent impunément. Mais Dieu soit loué ! Malgré la tiédeur ou les imperfections de quelques-uns de ses membres, le Saint-Esprit vit et agit en lui ; il y vivra jusqu'à la fin des siècles. Voilà le secret de ce calme, de cette indulgence, de cette patience avec lesquels il se laisse spolier, sans attaquer, dans ce qu'elles peuvent avoir de légitime, des institutions souvent filles de l'intrigue, mais marquées pourtant au coin de l'autorité dont il a toujours le respect. Que si (les droits de l'Église étant saufs) il respecte cette autorité, malgré qu'il en sente la verge despotique, ce n'est pas une raison pour qu'il se taise, quand il s'agit de démasquer l'esprit antichrétien, corrupteur des plus belles œuvres. Que nos réformateurs modernes le comprennent donc enfin, ceux du moins qui gardent encore dans leur âme un rayon de foi, une étincelle de charité catholique et qu'ils s'efforcent de sortir d'un labyrinthe rempli d'inextricables contradictions. En s'entêtant dans leurs idées, ils détruiront toujours par l'action ce qu'ils édifieront par la langue. Et la preuve en est sous vos yeux. A-t-on jamais à aucune époque autant exalté l'amour de la Patrie que l'ont fait de nos jours nos prétendus libérateurs ? Ce sont eux pourtant qui ont anéanti la Patrie. Vous ne la trouvez plus ni dans la famille, ni dans la commune, ni dans les associations de communes ou de provinces. Non seulement ils ont fait litière de ses gloires et des affections sociales, ils l'ont transformée en un mécanisme obscur qui tient enchaînés tous les partis désabusés ou vaincus ; et ceux-ci paient au poids de l'or l'épée de ces Brennus qui menacent de porter un dernier coup à leur véritable Patrie, à moins que ne se lève à temps un autre Camille pour renverser de son char le funeste triomphateur.

CHAPITRE V

L'Administration dans ses théories.

§ I

PRÉLIMINAIRES

Sommaire : — 907. Différence entre administrer et gouverner, — 908. Invention des gouvernements modernes pour porter le peuple à vouloir obéir. — 909. Conséquence d'une pareille invention. — 910. L'administration a pour guide la science. — 911. Quoi qu'en disent les utilitaires modérés.

907. — On gouverne les personnes, on administre les choses. Voilà une vérité de sens commun, bien que plus d'un se soit rencontré (et, selon le système utilitaire, il n'avait pas tort) qui ait voulu confondre dans l'objet de l'administration les personnes et les choses. Pourtant la différence est grande; l'administration a pour objet les êtres sans raison, les êtres incapables par leur nature de résister à l'impulsion reçue; le gouvernement s'adresse aux êtres raisonnables et libres. L'art de celui qui administre consiste donc à faire mouvoir, l'art de celui qui gouverne vise principalement à faire vouloir. Nous avons parlé du gouvernement; parlons maintenant de l'administration.

908. — J'ai démontré ailleurs l'habileté de nos politiques modernes pour amener les sujets à vouloir obéir.

A cette fin, ils ont trouvé un expédient aussi neuf et ingénieux que logique et libéral. Ils ont dit : Mettons celui gouverne dans une condition telle que le peuple le regarde comme un ennemi à effrayer, comme un bouffon à tourner en ridicule; devant la multitude qui voudra le renverser, faisons en sorte qu'il ait perdu tout droit efficace et toute espérance de parvenir au lendemain; alors, n'en doutez pas, il sera dans la plus heureuse des conditions pour porter le peuple à vouloir obéir par amour de la Patrie; de cette Patrie, cela s'entend, qu'on ne sait plus où trouver.

909. — Je n'en doute pas, lecteur équitable, vous approuvez ces grands génies et vous sentez l'injustice de nos rétrogrades armés de leur argument habituel : Post hoc ergo propter hoc (1). Ces esprits chagrins font retomber sur les auteurs des constitutions modernes ces funestes dispositions, ces interminables discordes, cette opposition systématique, ces perpétuels changements de ministres et de ministères qui lancent les peuples contemporains dans l'arène pour les divertir et les accoutumer au jeu des barricades et du canon, comme on avait accoutumé les Romains aux gladiateurs et aux amphithéâtres. « Le peuple sèche d'ennui, avons-nous

______

(1) Le *Costitutional pontificio* concevra que l'argument de la *Civilta Cattolica* ne manque pas tout à fait de valeur scientifique, quand, avec son « Post hoc », c'est-à-dire par les faits, elle confirme une théorie déjà démontrée. Ainsi fait tout bon philosophe. Ainsi l'Europe étonnée croyait les calculs de Le Verrier confirmés par la découverte de Newton. Et l'Europe ne manque pas toujours de logique bien qu'elle combatte parfois les partisans des nouvelles constitutions, c'est-à-dire le monde éclairé, comme ils ont coutume de s'appeler eux-mêmes de temps en temps par distraction sans doute. V. la *Miscellanea* de Firenze, pp. 193-221.

entendu dire plusieurs fois; il lui faut une guerre européenne pour le recréer. Autrement comment imprimer des journaux et de quoi en remplir les colonnes? »

Cette sauvagerie d'un peuple toujours en ébullition, cette formule plus sanguinaire que le « panem et circenses », vous vous serez bien gardé de l'attribuer à l'admirable mécanisme qui renferme l'unique moyen de bien gouverner les hommes. Sans doute, au jugement de plusieurs, Baldo, Melegari, etc., les constitutions modernes ont exactement produit les fruits que produira toujours, selon des esprits malades, un peuple persuadé que le pouvoir est son ennemi, et gouverné par des ministres convaincus qu'ils ne peuvent ni commander ni résister à ce peuple. Pour vous, vous aurez parfaitement compris que ce fait constant est un effet du hasard et vous ne l'aurez pas attribué aux constitutions, comme le font méchamment les rétrogrades, en appelant causalité ce qui est une simple antériorité dans les événements. Quoi ! en rendre responsables les constitutions? Vraiment j'en suis stupéfait. Cette combinaison du hasard dure en France depuis soixante ans (1), non parce que ce pays a foulé aux pieds l'idée catholique, mais parce que son peuple est léger; elle se manifeste dans toutes les constitutions germaniques, mais parce que là le peuple est trop grave et trop spéculatif; elle tourmente l'Espagne depuis quarante ans, mais parce que le peuple y a été abruti par l'Inquisition; elle a mis à feu et à sang l'Italie, mais parce qu'elle y a duré trop peu de temps. Oh! si le roi de Naples, le pape, le grand-duc,

(1) Aujourd'hui depuis 100 ans.

si les autres princes, plus fidèles à des serments qu'ils
n'avaient point prêtés et à ceux que les révolutionnaires
furent les premiers à violer, eussent franchement félicité leurs peuples de cette souveraineté dont les multitudes usent si modérément, s'ils eussent offert les porte-
feuilles des ministères aux plus fourbes pour séduire,
aux plus riches pour acheter, aux plus factieux et aux
plus audacieux pour arracher les suffrages, alors, oui,
l'âge d'or eût commencé pour l'Italie avec l'ère des
sacrifices; le peuple aurait voulu obéir quoique souverain; et les ministres auraient su commander malgré
leur impuissance !

Comprenez-vous cette profonde politique, cher lecteur? Oui? Eh bien ! faites-en votre trésor. Pour moi
je passe à la considération de l'administration publique soumise elle aussi à l'influence de ce principe d'indépendance hétérodoxe que nous avons appelé l'Idée
moderne.

910.— Vous savez que, de nos jours, l'administration
publique prend pour règle des principes scientifiques
et se fait par un mécanisme de fonctionnaires pénétrés
de ces principes. Nous ne sommes plus au temps où le
roi Charles vivant à la campagne écrivait à ses inten-
dants sur le prix des œufs et sur l'art de faire couver
les poules. L'économie politique est devenue la règle
des gens de l'administration et pour comprendre à
fond l'administration moderne, il convient d'abord de
bien mettre en lumière ce que devient, d'après l'idée
moderne, la science économique. Rappelez-vous donc
les principes des nouvelles sociétés : « Tout individu

jouit sans aucune dépendance de la liberté de penser ; la liberté de penser fait que la masse du vulgaire regarde comme naturelles même les inclinations corrompues ; la nature veut jouir à sa façon et le gouvernement doit satisfaire les instincts de la nature. Appliquons ces principes à la science de la richesse sociale : nous en déduirons ensuite l'action de l'administration et du peuple, guidé par cette même science. Commençons par comparer les idées et les inspirations de l'individualisme protestant, transformé en égoïsme moral, avec les idées et les sentiments que font naître, en cette vaste et importante matière, les leçons d'une saine philosophie et du catholicisme.

911.—Nous le savons, certains économistes regardent aujourd'hui comme abandonnée et comme morte irrévocablement la morale de l'intérêt : mais nous attribuons ce jugement plutôt à la bonté d'âmes honnêtes qu'à une exacte appréciation des doctrines. Car nous savons combien peu se forment une idée juste du principe utilitaire et l'ont examiné jusque dans ses dernières racines. On déclame contre la morale de l'intérêt ; on nie que la justice ait pour source l'idée de l'utile, mais on ne remarque pas que la justice, au moins dans la société, ne peut avoir d'autre source immédiate que la conscience publique, et qu'une conscience vraiment publique est due nécessairement à l'action d'une autorité catholique. Voilà pourquoi les partisans de la liberté absolue de la conscience, de la parole, de la presse, de l'enseignement pourront bien, par une honnête velléité, détester la morale de l'intérêt ; mais si vous leur demandez pour toute la société une base certaine et inébranlable du droit, ou bien ils ne sauront que vous répondre, ou bien ils recourront à cette fausse notion du bien public que nous avons réfutée, et dans laquelle ils confondent le bien commun avec l'intérêt du plus grand nombre.

Les doctrines utilitaires que suivent aujourd'hui pour leur malheur les sociétés constituées à la moderne appellent donc d'abord notre étude.

§ II

LA RICHESSE D'APRÈS LE PRINCIPE UTILITAIRE

Sommaire. — 912. L'Economie à la moderne. — 913. est fondée sur cette erreur... que la félicité est la somme des plaisirs. — 914. De là logiquement le désir insatiable des plaisirs. — 915 et par conséquent l'obligation de croître toujours en richesse. — 916. Le fait confirme les théories. — 917. De l'idée de la richesse. — 918. passons à la science économique. — 919. Exactitude logique des utilitaires. — 920. déjà prévue par Aristote. — 921. et mal comprise par Sismondi.

912. — En toute science, l'on doit d'abord déterminer son objet propre... Par conséquent voyons avant tout ici l'idée que le principe protestant nous donne de la richesse; puis ce qu'est la science qui traite de la richesse, et comment elle doit procéder dans la recherche de son objet, dans la détermination de ses principes et de ses lois. A cet effet considérons quel est le mobile du principe utilitaire; puis, voyons d'après ce mobile ce que c'est que la richesse, c'est-à-dire l'accumulation du capital comme on la définit d'ordinaire..... Etudions-la premièrement dans sa notion générale. Nous en ferons ensuite l'application particulière à la société.

913. — Tendre à la félicité, selon le principe utilitaire, n'est autre chose que tendre à sentir agréablement. Or, remarquez-le, la sensation dans l'homme est essentiellement limitée en intensité et en durée; d'où il suit qu'elle ne peut revêtir d'autre forme de l'infini que celle d'une continuité et multiplicité indéfinies. L'homme, esclave des sens, rêve une continuité de sensations agréables sans limites déterminée; et c'est là la félicité infinie qu'il croit pouvoir obtenir... Mais, vous le voyez, une pareille infinité est une pure illusion, attendu que la sensation agréable a eu un commencement et qu'à chacun des moments de votre existence elle a proprement un terme, terme progressif, si vous le voulez, comme pourra l'être votre vie, mais déterminant et mesurant toujours à chaque instant la somme de félicité goûtée jusqu'alors.

914. — Le principe utilitaire engendre donc essentiellement cette idée de la félicité exprimée par la définition bien connue : la plus grande somme de plaisirs. Bentham, Gioia et leurs écoles ont été conséquents en donnant cette définitiun de la félicité humaine. Car si cette félicité consiste à sentir agréablement, elle ne peut être qu'une somme, puisqu'il répugne que la sensation soit infinie en intensité.

Mais cette somme pourra-t-elle jamais être infinie? Non; somme et infinité sont deux termes qui répugnent. — Et cependant l'homme sent irrésistible en son cœur la soif de l'infini. Comment pourra-t-il donc la contenter dans le système utilitaire? Il ne le pourra qu'en renouvelant et en multipliant toujours la jouissance. Tellement que dire à un utilitaire : « Votre devoir est de tendre à la félicité, » c'est lui dire dans un langage qui lui est propre : « Votre devoir est de multiplier et de prolonger le plus possible vos plaisirs ! » Et c'est là précisément, comme vous le savez, le devoir fondamental de l'homme dans ce système. Il est vrai; l'on peut sentir agréablement en pratiquant la vertu, comme en donnant satisfaction à ses sens; mais parce que ces deux sensations sont finies, celui qui les aura toutes les deux sera plus heureux que celui qui n'en aura qu'une; et parce que l'homme doit tendre à la plus grande félicité possible, il accomplira plus parfaitement son devoir en recherchant ces deux jouissances qu'en se contentant d'une seule.

915. — Qui connaît les idées que le monde se fait aujourd'hui de la vertu verra clairement que nos déductions n'ont pas besoin de preuve —; et il acceptera sans répugnance cette première conclusion : « Le principe utilitaire oblige l'homme à se procurer la plus grande somme possible de plaisir soit dans l'ordre moral soit dans l'ordre physique. Or, de cette sentence sort naturellement l'idée qu'on se fera de la richesse. La voici : Puisqu'avec telle quantité de richesse on peut se procurer une quantité correspondante de bien-être et de plaisir, l'obligation de tendre à la plus grande somme possible de jouissances se transforme rigoureusement dans l'obligation de se procurer la plus grande richesse possible, au moins jusqu'au point où l'augmentation de la richesse ferait obstacle aux jouissances de l'ordre moral. Mais d'ailleurs ces dernières ne peuvent

être empêchées que par un délit, d'où il suit que le devoir d'un homme honnête sera de rechercher et d'acquérir la plus grande richesse possible, pourvu qu'il ne se la procure pas par des infractions à la morale.

916. — Et tels sont précisément les préceptes des économistes qui regardent comme inutile et même nuisible tout homme qui ne cherche pas à produire indéfiniment; telle la marche de la société, où une soif inextinguible de richesse aiguillonne sans cesse toutes les classes et les pousse à se précipiter sur l'or, comme vers une divinité; puisqu'il est l'emblème ou plutôt, selon le système épicurien, la cause du bien infini. Les adorateurs plus francs ou moins timides de cette divinité exécrable professent sans vergogne leur servitude et brûlent publiquement de l'encens sur ses autels : les âmes plus honnêtes, ou qui du moins conservent encore quelque pudeur, poursuivent la richesse afin d'avoir un superflu à verser dans les mains des pauvres; elles veulent d'abord rassasier leur désir personnel, puis ajouter à la plénitude des jouissances sensibles le plaisir moral. Mais parce que ce plaisir lui-même croîtra en raison des bienfaits, de la reconnaissance et de la gloire qui en reviennent, il est facile de le voir, le désir de faire du bien sera un nouveau stimulant pour augmenter sa fortune et un nouveau titre pour justifier la faim et la soif de l'or. Quelle merveille que, sous l'influence d'un pareil principe, la société soit devenue une arène, la concurrence une joute, la conscience une marchandise? Je suis bien plutôt étonné qu'un reste de pudeur s'efforce encore de voiler les concussions, les péculats,

l'usure, la vénalité des jugements, les fraudes dans les contrats et mille autres iniquités légitimées par la morale de l'intérêt généralement acceptée. Oui, j'en serais beaucoup plus surpris, si je ne voyais en ce reste de décence l'influence secrète de l'esprit catholique; car il vit encore, au mépris de la logique, dans les nations européennes.

917. — Devoir de jouir indéfiniment, devoir de s'enrichir indéfiniment, telles sont les conséquences logiques et rigoureuses du principe utilitaire. Les richesses ne sont, dans un pareil système, qu'un moyen de jouissance et de félicité. Voyons maintenant quelle direction devra prendre, guidée par le même principe, la science économique. Et d'abord considérons-la en général, en faisant abstraction de ses diverses branches, c'est-à-dire de l'économie individuelle, domestique, sociale.

918. — Science économique! Qu'est-ce à dire? Selon l'étymologie du mot et en se rappelant que l'οἶκος des Grecs signifie en général tout l'avoir, l'économie (νομος του οἴκου) sera la « science qui règle la richesse... ». Or en quoi pourra bien consister cette règle donnée par une science qui s'inspirera du principe utilitaire? Il n'est pas besoin de réfléchir longtemps pour trouver la réponse : l'adage formel des utilitaires, c'est que l'homme doit s'enrichir indéfiniment pour jouir indéfiniment. Donc si l'économie doit diriger les actions de l'homme par rapport à la richesse, elle ne peut, en suivant ce principe, lui enseigner autre chose, sinon la manière d'augmenter indéfiniment sa richesse pour la faire servir à ses jouissances. Et telle, en effet, comme tous le

savent, naquit cette science dans les cerveaux des utilitaires anglais; telle à peu près elle s'est introduite et développée chez tous les peuples savants de l'Europe, tant que les excès de ce système si vanté par les économistes n'ont pas forcé, au moins quelques-uns, à en renier les conséquences. Mais ces aveux n'ont pas suffi pour aller jusqu'à la racine du mal et pour en extirper le principe. L'économie a toujours été pour eux la science de produire et d'augmenter la richesse (1).

Il est très vrai que « produire a pour corrélatifs » répartir et consommer. Mais dans quelle intention se feront la distribution et la consommation de la richesse? Toujours avec l'intention d'arriver à la production la plus grande possible, but constant de toutes les investigations économiques.

Et puisque tout doit tendre à la fin, c'est-à-dire à la félicité, et que la félicité est en raison directe de la richesse, la science qui règle l'acquisition des richesses est logique lorsqu'elle enseigne qu'il faut en produire le plus possible.

919. — L'école anglaise ne mérite donc pas d'être blâmée, en tant qu'école, lorsqu'elle donne ces règles et inspire ces tendances à l'économie sociale. Ce sont des conséquences rigoureuses du principe utilitaire... Ce qu'on doit blâmer ce sont les hommes dénaturés qui n'ont pas horreur d'un tel principe... Mais la science est à

---

(1) « Les choses destinées à la vie de l'homme et qui sont ou peuvent devenir des moyens de jouissance pour lui constituent l'objet de la science économique. » Scialoia. Economie sociale, sect. 1, C. I., § I.

l'abr. de tout reproche, lorsqu'elle fait accorder parfaitement les conséqueces avec leurs principes.

920. — Chose admirable ! Le plus ancien et le plus grand des philosophes païens, Aristote, avait déjà prévu et développé ces conséquences du principe utilitaire, dans le 1er de ses livres politiques, c. 9. « Aucun art, dit-il, n'est limité par rappport à sa propre fin : la médecine veut procurer la santé et elle la procure aussi parfaite que possible. Mais dans l'usage des moyens, tous les arts doivent respecter les limites qui sont imposées par la fin elle-même. Le médecin ne donne pas indéfiniment des potions et des sirops, mais autant et pas plus qu'il en faut pour obtenir la santé. Or cette règle beaucoup d'hommes la transgressent dans la poursuite des riches ses. Ceux qui veulent vivre dans les délices, sans tenir compte de l'honnêteté, désirent augmenter indéfiniment leur richesse, comme un moyen infaillible d'augmenter sans cesse leur plaisir.

Voilà pourquoi, continue le stagyrite, pour ces hommes, bien administrer sa fortune n'est rien autre chose que de l'augmenter, afin d'accroître en proportion la jouissance. Au contraire, ceux dont la fin est de vivre honnêtement ne considèrent les richesses que comme un moyen, et ils n'en usent que dans la proportion où elles sont nécessaires pour atteindre cette fin.

921. — Qui croirait qu'un païen, à la faible lumière de sa raison et d'une tradition à moitié morte, ait pu voir si clairement l'erreur de l'utilitarisme ? Mais voici qui est plus surprenant et pour ainsi dire incompréhensible, c'est qu'en plein christianisme un auteur moderne rem-

pli d'indignation contre l'économie utilitaire, on cherche la cause et le remède, et qu'après les avoir trouvés il ne s'arrête pas, mais passe outre sans faire ressortir ces vérités si importantes et si manifestes; tant il est vrai que le principe épicurien, quand on ne s'en est pas complètement dégagé, conserve au fond de l'âme je ne sais quelle force pour faire dévier l'esprit le plus clairvoyant et le plus droit (1).

Toujours plus de richesse. Tel est le juste aphorisme, la conséquence logique de l'individualisme par lesquels on prétend moderniser la société. Mais ce mot d'ordre jetterait l'individu dans un embarras inextricable, puisqu'il ne pourrait obéir aux économistes sans violer le 1er principe de la morale épicurienne. En effet, un homme isolé ne peut s'enrichir de plus en plus qu'à la condition de se fatiguer de plus en plus, ni se fatiguer sans cesse sans renoncer à beaucoup de jouissances. Le voilà donc obligé de fouler aux pieds les deux adages : « Jouis sans limites; et enrichis-toi indéfiniment. »

Heureusement l'homme est sociable. Et, comme tel, il a des relations avec ses pareils. En traitant avec eux, il s'aperçoit bien vite qu'il peut retirer de leur société un tout autre avantage que celui d'un agréable entretien. Il peut se servir de leurs bras pour augmenter sans cesse ses richesses ; et cela sans s'imposer des fatigues et par suite sans diminuer en rien son plaisir. Voilà donc interprétés et mis en parfait accord, grâce à la société, les deux aphorismes d'Epicure. On peut les réduire à la formule suivante : « Vivez dans la société

(1) Sismondi, Nouveaux principes d'économie politique, l. I, c. 3.

de façon qu'en cédant à autrui le moins possible de vos richesses vous obteniez de son concours le plus que vous pourrez pour jouir sans limite et vous enrichir indéfiniment. »

Le lecteur saisira du premier coup les conséquences de cette alliance du plaisir et de la richesse consacrée par la dialectique. Il verra que si je dois naturellement m'enrichir pour jouir, je devrai m'efforcer d'y réussir sans fatigue; que pour m'enrichir sans fatigue je devrai travailler, le plus que je pourrai, avec les bras d'autrui, et que, pour m'enrichir avec les bras d'autrui, il faut en faire sortir le « maximum de travail, moyennant le minimum de salaire; » enfin que le minimum possible de salaire, ce sera ou la subsistance quotidienne de l'esclave ou le faible gain accordé à un homme de peine. Ainsi du principe d'Epicure, comme d'une racine empoisonnée, doit sortir ou l'esclavage païen ou le prolétariat des ouvriers anglais et de tous les autres.

Mais ne précipitons pas les conclusions. Nous devons ici traiter de l'économie en général, afin d'aborder ensuite l'économie sociale. Nous nous contenterons donc pour le moment de cet aperçu : nous en donnerons l'explication dans le paragraphe suivant.

Passons maintenant du principe des Utilitaires au principe opposé, et voyons quelles sont les idées de félicité, de richesse et de science économique qui en découlent.

§ III

LA RICHESSE SELON LE PRINCIPE PHILOSOPHIQUE

Sommaire : — 922. Notion de la richesse d'après la philosophie de l'ordre. — 923. L'ordre est le bien et la félicité de l'homme sur la terre. — 924. Preuves par les faits. — 925. Comme il n'y a pas de rapport (proportion) entre l'ordre et la richesse. — 926. Celle-ci n'est qu'un moyen d'entretenir la vie. — 927. Sans qu'il y ait, en soi, obligation de l'augmenter. — 928. Idée générale de la science économique. Elle règle l'usage et non la production de la richesse. — 929. Objection · l'amour de l'ordre n'est pas un aiguillon suffisant du travail. — 930. Réponse. Celui qui aime l'ordre n'est point insensible au besoin. — 931. Mais il le prend comme indice du devoir.

922. — L'homme tend à la félicité. Qu'est-ce que cela veut dire? Cela veut dire, selon notre philosophie, que l'homme tend à se rendre possesseur d'un bonheur sans fin. Mais cette tendance toute objective est réglée par la volonté du Créateur. Et la volonté du Créateur m'est manifestée par la raison et non par ces inclinations ou ces instincts qui naissent en moi du sentiment du besoin. Donc, indépendamment de mes affections subjectives, ma raison voit, pour mes actions, un certain ordre conforme au plan du Créateur. Et ces actions ainsi ordonnées, étant capables de me conduire au terme que Dieu m'a fixé, deviennent pour moi le moyen d'obtenir ce bien éternel vers lequel me pousse ma nature. Cet ordre des actions dirigées à une telle fin est ce que j'appelle « l'ordre moral » et la philosophie morale, qui le prend pour critérium de ses jugements, est ce que je nomme « la philosophie de l'ordre ».

923. — Cet ordre étant, comme nous l'avons dit, un moyen pour atteindre le bien objectif qui nous rendra

heureux, est lui-même, pour cette raison, un véritable bien. Car on peut appeler bien « un moyen utile pour atteindre un bien final ». Bien plus, on peut dire que, pour l'homme pèlerin sur cette terre, l'ordre est le bien suprême ou plutôt unique de son existence passagère, comme on dit que le bien du voyageur, en tant que voyageur, c'est tout ce qui peut l'aider à atteindre le but de son voyage. Je prie le lecteur de bien méditer cette vérité capitale que j'ai démontrée et développée dans la 1re partie (tom. II, ch. 1er) parce que, s'il ne la comprenait pas jusqu'à l'évidence et n'en était pas profondément persuadé, tout ce que je lui dirai dans la suite sur la philosophie des sciences économiques ne serait pour lui qu'une série de vaines paroles. Ces sciences, à mon avis, ne rentreront jamais dans la droite voie, tant que les économistes n'auront pas adopté comme irréfragable cet axiome : « Que le bien de l'homme sur la terre, son bien souverain, son bien unique, c'est l'ordre, l'ordre dans l'usage de ses facultés individuelles, l'ordre dans ses relations sociales. » Et quand je dis le bien unique, je dis la félicité unique ; puisque, comme je l'ai remarqué plus haut, pour l'homme la félicité consiste dans la possession du bien. Cela est si vrai que, quand on dit : « l'homme voyageur tend à la félicité », cet axiome peut se traduire par le suivant : « Par nature et par un désir insatiable, l'homme tend ici bas à l'ordre comme à sa fin sur la terre. » Tout bien matériel pourra lui servir comme moyen pour atteindre cette fin. Mais sa fin dernière ici-bas, le rassasiement de ses désirs, en tant qu'il est raisonnable, c'est l'ordre, le juste, l'honnête; expressions à peu près synonymes dans notre question.

924. — Qu'il en soit ainsi réellement et dans le fait, vous pouvez vous en convaincre avec évidence, en vous rappelant quelle horreur invincible éprouve toute âme droite à la vue d'une injustice ou d'un désordre. Sauf le cas où la raison désarçonnée est emportée par la fureur de la passion ou de l'intérêt (mais alors l'homme n'agit point comme un être raisonnable), toujours et partout l'injustice et le désordre produisent dans notre cœur un sentiment de répulsion, de même qu'une proposition évidemment fausse et absurde soulève dans notre esprit la contradiction et la répugnance. « Un homme est entraîné par la passion ou par l'intérêt à une mauvaise action; voyez comme il rougit! avec quelle précaution il cherche à se cacher! de quelle dissimulation il use pour déjouer la perspicacité de ceux qui le rencontrent! que d'excuses il allègue pour faire croire à la droiture de son intention, pendant qu'il est, au fond du cœur, déchiré par le remords! Chez un homme qui n'est pas tout à fait corrompu, un mauvais plaisir n'est-il pas immédiatement empoisonné par cette honte, ces remords, ces dissimulations? Mais aussi ne sont-ce pas là autant d'hommages involontaires qu'une âme égarée est forcée de rendre au sentiment et à l'autorité indéclinable de l'ordre? Quand donc je dis que l'ordre est l'unique félicité de l'homme sur la terre, je vous rappelle un fait aussi bien établi par l'expérience que prouvé par la théorie. Pas n'est besoin de m'arrêter ici davantage pour obtenir des lecteurs sin-

cères, à qui je m'adresse, l'assentiment dont j'ai parlé plus haut, et sans lequel ils poursuivraient en vain l'étude de l'économie sociale.

925. — Si j'ai fait admettre au lecteur la notion exacte de la félicité, il verra de suite, d'après ce concept, l'idée qu'on doit se faire de la richesse. En effet, l'ordre peut-il s'acheter et vendre? Question absurde, n'est-ce pas? L'ordre peut-il se diviser en parties, et, ainsi partagé, être distribué aux individus? Nouvelle et plus grosse absurdité; puisque l'ordre n'est pas autre chose que cette immense unité qui embrasse toutes les relations de l'univers. Vous le voyez donc; point de rapport, au point de vue de la nature ou de la quantité, point de ressemblance, au point de vue de la division, entre le bien moral de l'ordre et le bien matériel de la fortune. Par conséquent, au devoir de tendre à la félicité impossible de substituer ici ce qu'on voudrait donner pour son équivalent : « le devoir de s'enrichir de plus en plus ! »

926. — Qu'est-ce donc que la richesse d'après la philosophie de l'ordre? En d'autres termes quel est le dessin du Créateur, en nous donnant des biens matériels et que nous dit sur ce point l'harmonie qui existe entre les hommes et les choses? Je vois que, sans biens matériels, l'homme ne pourrait se soutenir. Il serait incapable de travailler et de coopérer à l'accomplissement de l'œuvre que Dieu a confiée à sa liberté. D'après notre philosophie les biens matériels sont donc pour nous un moyen de nous soutenir et de travailler, et non un moyen de nous procurer le plaisir : ils sont une condi-

tion requise pour notre action, non une cause de félicité; un remède pour notre infirmité, non une source de délices pour nos appétits.

Il est vrai que, pareil à la brute, l'homme animal mange et agit, poussé par un appétit qui cherche le bonheur dans la jouissance. Mais pour l'homme raisonnable, appétit et plaisir ne sont que les auxiliaires de la volonté; ils lui adoucissent la peine qu'il prend pour se conserver et pour agir. Chez les brutes, l'appétit est un auxiliaire de la raison divine elle-même. Elle les pousse par là à se conserver et à se propager. Mais par une admirable providence, l'appétit chez l'homme est guidé par sa raison. Et celle-ci, commandant aux sens, accomplit dans ce petit monde ce que Dieu fait sur les animaux dans l'univers tout entier. Ainsi Dieu fait-il participer l'homme à sa grandeur divine et au pouvoir qu'il exerce sur la matière.

927. — Si la richesse est un moyen, la philosophie de l'ordre nous prescrira, au sujet des biens matériels, de nous les procurer dans la mesure où ils nous seront nécessaires pour soutenir raisonnablement notre vie et nous aider dans notre travail. Je dis raisonnablement; car les relations entre les hommes et les choses nous montrent que tous les moyens ne sont pas également propres à conserver nos forces corporelles et intellectuelles. Par conséquent, le devoir de vivre et de travailler implique naturellement le choix des moyens les plus opportuns et les mieux adaptés aux circonstances d'âge, d'état, de tempérament, de relations sociales, etc., etc. Voici un homme de tempérament

délicat qui s'adonne aux spéculations de l'esprit : il a besoin d'une nourriture moins grossière et d'une habitation plus confortable. Au contraire, l'homme d'un tempérament robuste et appliqué aux travaux mécaniques pourra se contenter d'un régime moins délicat. Rien donc de plus raisonnable que ces différentes manières de vivre : elles sont fondées sur la diversité des conditions. L'homme grossier et surtout sensuel trouve que le riche se donne du bon temps et du plaisir : car pour lui il ne recherche rien autre chose dans l'acquisition des richesses. Mais si vous considérez les richesses selon la raison, vous verrez qu'elles ne sont pas destinées à flatter l'appétit, mais uniquement à rendre l'homme capable d'accomplir les fonctions que Dieu lui a assignées sur la terre.

Telle est l'idée vraie de la richesse d'après la philosophie de l'ordre.

928. — Elle règle l'usage et non la production. Or, étant admis que la richesse est un moyen de soutenir notre vie et de nous aider dans le travail, il nous est maintenant facile de concevoir ce que doit être la science économique. Elle doit, avons-nous dit, guider l'homme dans l'usage de ses biens. Si donc les biens matériels ne sont rien autre chose qu'un moyen de soutenir la vie et d'aider l'action de l'homme, l'économie sera la science qui apprendra à l'homme à soutenir convenablement sa vie, et à agir selon sa nature. La manière convenable de subsister et de travailler dans la société, tel sera le but recherché absolument par les particuliers et enseigné par la science. Quant aux biens matériels,

ils devront être recherchés et employés autant qu'ils seront nécessaires pour cette fin. L'accroissement indéfini de la richesse, si vanté et si recommandé par les économistes, est donc aussi absurde que le serait la prescription d'un médecin voulant que son malade prît indéfiniment et remèdes et vésicatoires. Enfin cet aphorisme si connu des économistes : « Multipliez les besoins du luxe pour favoriser l'accroissement de la production » équivaut à l'ordonnance que formulerait ainsi un médecin : « Multipliez les maladies pour favoriser et accroître la vente des pharmaciens. » Est-il étonnant qu'une science économique qui aboutit à de telles conclusions pratiques ait fait le malheur des peuples qui les ont suivies dans l'application ?

929. — Mais tous n'ont pas puisé à bonne source la science économique... Et je prévois de la part de ceux-là une redoutable objection. « Quoi ! disent-ils ; enlever à la production le stimulant du besoin, et l'attrait du plaisir ? Ce sont là des rêves d'ascètes qui ne connaissent point l'homme réel mais seulement l'homme du mysticisme ! Limiter la production à la conservation de la vie et au devoir du travail !... Vous voulez donc que la société moderne recule jusqu'aux temps d'Abraham et revienne aux mœurs des patriarches ?

Lorsque nous déroulerons les conséquences de notre doctrine, le lecteur verra que nous ne sommes point ennemis des vrais progrès de la civilisation. Ce que nous réprouvons seulement, c'est ce luxe sans frein qui rompt tout équilibre entre les classes riches et les classes pauvres... Et c'est là le grand mal des sociétés modernes! Mais ce point appartient à l'Economie sociale. Et comme maintenant je parle de l'économie en général, je ne puis pas répondre plus exactement à la deuxième partie de l'objection... Je ferai seulement observer que l'homme étant naturellement social, et par là destiné à procurer dans les autres comme en lui-même la réalisation du plan divin, ce devoir l'oblige non seulement à travailler pour son propre bien, mais encore à se fatiguer pour le bien des autres; je ferai observer que ce travail au profit du prochain est payé par des échanges réciproques, que de la sorte l'homme est amené à exercer son activité sur toute la création matérielle, et enfin que le travail lui-même fournit aux individus ou un stimulant ou une occasion pour développer et perfectionner leurs forces. — Vous voyez par là comment le but du Créateur provoque l'activité de l'homme raisonnable à remplir à l'égard de son prochain des devoirs de justice ou de bienveillance. — Ce double motif le pousse naturellement à soumettre et à cultiver toute la terre qui lui a été donnée en héritage... Il en retire tous les avantages qu'il peut pour soutenir, non seulement sa vie, mais aussi celle des autres, en particulier celle des plus nécessiteux... Mais nous traiterons plus longuement ce sujet une autre fois.

930. — A la 1re partie de l'objection, il est facile de répondre que le philosophe, en rappelant à l'homme les préceptes de la raison, ne prétend point par là le rendre insensible. Bien plus : puisque nous regardons le besoin et le plaisir comme des auxiliaires de la

volonté raisonnable, nous devons aussi tenir compte des impressions et en tirer profit... En disant à l'homme : « Tu dois te procurer les biens matériels pour soutenir ton existence, nous ne t'avons pas exempté de l'intempérie des saisons, ni de la faim. » Nous lui avons laissé ces aiguillons qui lui sont communs avec l'animal... Mais nous lui avons montré, dans la raison, un stimulant incomparablement plus fort, l'élevant ainsi bien au-dessus de la condition des brutes, à laquelle nos adversaires voudraient le condamner ! — Tu sens le besoin, lui avons-nous dit : Et ce besoin te pousse à te satisfaire; c'est vrai. Mais ta volonté est-elle dominée irrésistiblement par ce besoin ? Non. — Tu peux repousser cette excitation, si celle-ci ne se montre pas à toi comme l'expression de la volonté de Dieu. — Mais si tu veux y réfléchir, tu comprendras que par ce besoin Dieu lui-même te pousse à conserver ta vie et à travailler. — Or, peux-tu raisonnablement résister à une telle volonté ?

931. — Notre théorie renferme donc tous les avantages du système utilitaire. Mais de plus elle donne à l'homme une force nouvelle, qui le guide dans les voies de l'ordre et l'élève à une dignité qu'il ne connaissait pas.

Encore (et nous nous empressons de l'ajouter) le principe philosophique n'est-il ici que le substratum de la doctrine catholique. Le catholicisme, en descendant des hauteurs du ciel jusqu'à l'argile dont nous sommes pétris, opère en nous ce que le rayon du ciel opère, sur la vile matière. Il la revêt d'une beauté inconnue, la remplit d'une activité nouvelle. Il lui donne une force qu'il n'aurait jamais soupçonnée, si elle était restée soumise au principe corrupteur de la philosophie épicurienne. Tant qu'un homme se dit : « L'agréable et le plaisir, » voilà ma félicité : il s'abrutit dans son cœur et le ferme aux influences célestes : « Animalis homo non percipit ea quæ sunt Spiritus Dei. » Mais aussitôt qu'il s'arrache à l'empire des sens et s'élève jusqu'à celui de l'esprit ; aussitôt qu'il se dit : l'objet de ma félicité suprême est un bien infini ; et ma félicité présente c'est l'ordre par lequel je tends à ma fin dernière », alors il ouvre son âme au souffle de la grâce : son cœur est maintenant comme une terre propre à recevoir les semences divines. —Toutefois remarquons-le : ce travail de la grâce commence et se poursuit sans qu'il soit besoin de détruire une nature formée aux premiers ours de la créati o n.

Et maintenant que nous devons considérer l'homme enrichi de cette force nouvelle, quelle idée nous feronsnous de la richesse, et, conséquemment, de la science économique? Voilà la question qu'il nous faudra résoudre.

Nous examinerons d'abord les principes dogmatiques d'où sort l'idée juste de la richesse ; puis les impulsions surnaturelles qui communiquent à la volonté la force de suivre en pratique les vues de l'intelligence ; enfin l'influence que ces idées et cette force exercent sur le travail et les conditions requises pour la rendre efficace et réelle.

§ IV

LA RICHESSE SELON LA DOCTRINE CATHOLIQUE

Sommaire : — 932. Principes dogmatiques : expiation et rédemption.— 933. — L'idée d'expiation détache du plaisir. — 934. Preuve historique. — 935. Elle encourage à supporter la fatigue. — 936. Les riches et les pauvres. — 937. La juste base des valeurs sociales.— 938. Erreurs des économistes sur ce point. -- 939. Le salaire et la charité catholique. --940. L'exemple du Rédempteur invoqué par les philanthropes n'est vrai et efficace que chez les catholiques. — 941. Les influences de la charité. — 942. La charité produit dans l'économie un ordre tout spontané. — 943. Avec l'évangile l'harmonie règne entre le riche et le pauvre. -- 944. Unité de la conscience publique. — 945. Autre moyen. Puissance de la grâce. — 946. Merveilles des œuvres catholiques. — 947. Ces merveilles sont dues à l'ensemble des ressources que possède le catholicisme. — 948. Les sociétés non catholiques impuissantes à produire ces œuvres. — 949. Le communiste ne se corrigera point si le riche lui-même ne se corrige. — 950. Le riche ne se corrigera pas sans l'influence catholique — 951. Ces influences chrétiennes ne revivront que si la pauvreté est remise en honneur. — 952. La pauvreté ne sera point remise en honneur tant que l'aumône, l'humilité et la vie religieuse seront méprisées. — 953. Transition.

932. — Entre tous les secours que le principe philosophique emprunte à la doctrine catholique, nous n'en signalerons que deux ; nous ne voulons pas faire trop d'ascétisme. Et pourtant, on le verra, l'ascétisme est moins étranger qu'on pourrait le croire à la science économique. Ces deux secours sont l'idée d'expiation et l'exemple du Rédempteur.

L'homme a pour se diriger la philosophie de l'ordre, nous l'avons dit. Mais tant qu'il n'aura rien autre chose, la richesse, qui lui est un moyen de vivre, gardera toujours une grande force pour le pousser à une cupidité déréglée. Il est vrai, la raison pourra s'opposer au désordre. Mais sera-t-elle toujours assez modérée et assez forte à la fois pour ne point dévier du véritable chemin ?

Connaître un bien qui flatte les sens et ne point en abuser est chose facile à concevoir, mais difficile à pratiquer ; même au stoïcisme de ces Brutus, qui, soit dit à la honte de leur vertu prétendue, ont poussé l'usure jusqu'à prêter à 70 pour 100. Si ces héros de la raison ont succombé aux appâts de la cupidité, qu'en sera-t-il du peuple dont l'immense multitude appartient aux plus basses conditions ?

Lors donc que, dans son conseil de miséricorde, le Rédempteur voulut restaurer le genre humain et réaliser le premier plan de la création, il dut trouver un secours qui donnât à l'homme blessé par le péché un moyen de reprendre et de poursuivre efficacement sa marche vers l'idéal, vers sa fin suprême. Ce secours dut être à la portée des plus simples comme des plus sublimes esprits. Au commencement et avant toute chute, l'attrait trop sensible des biens matériels avait séduit l'intelligence et la volonté de l'homme ; le secours du Rédempteur devait les dépouiller à nos yeux de leur puissance de fascination et nous donner la force de suivre, dans nos jugements et dans nos désirs, l'idée véritable de l'ordre. Bref, le Rédempteur devait faire pour notre nature ce qu'on fait pour la balance. Voit-on un de ses plateaux entraîné par un poids quelconque, afin de rétablir l'équilibre, on place dans l'autre plateau un contre-poids. Eh bien ! ce contre-poids, sans parler de plusieurs autres, c'est pour le chrétien, dans la question de la richesse, le dogme de l'expiation, principe essentiel, intimement lié à l'idée du Rédempteur et par conséquent du christianisme lui-même.

En effet de quoi avons-nous été rachetés? De la faute originelle. Et quel a été le prix de la rédemption? La vie et la mort de Jésus-Christ. La faute réclame l'expiation. La vie et la mort du Rédempteur sont le modèle que doivent reproduire ceux qui ont besoin d'expiation.

933. — L'idée d'expiation détache du plaisir. Or ces deux vérités sont tout à fait propres à corriger l'esprit de l'homme, et à l'empêcher, emporté qu'il serait par les attraits trop vifs et trop agréables des sens, de se faire une idée fausse de la richesse. Le dogme de la faute originelle suivie de cette condamnation : « Tu mangeras ton pain à la sueur de ton front; puis tu mourras », enseigne au chrétien à se défier de sa sensibilité; elle serait si facilement captivée par les biens matériels! Ce dogme lui rappelle en même temps que les privations et la fatigue lui ont été données par Dieu comme un moyen d'expiation. Aussi, loin de désirer les délices des sens, le chrétien se croit en péril quand il en éprouve les atteintes; il se croit heureux, quand il a eu le courage de s'en priver en se domptant lui-même.

Cette doctrine ne plaira certainement pas à ces économistes qui sembleraient n'avoir jamais entendu dire qu'il y a dans le monde un évangile prêché par un Dieu crucifié. Ils continueront, en vrais disciples d'Epicure et de Gioia, de répéter : « Que restreindre ses besoins « par des privations douloureuses, c'est le dogme ou « d'un héroïque désespoir inspiré par la mauvaise orga-

« nisation sociale, ou d'une paresse insouciante qui
« renonce au plaisir uniquement par crainte de la souf-
« france. Modérer et restreindre ses besoins, c'est enle-
« ver au progrès un stimulant et à la faculté une occa-
« sion de se perfectionner. Aussi peut-on admettre cet
« axiome : que les besoins doivent être tels que, satis-
« faits, ils nous procurent une réelle utilité, de vrais et
« d'innocents plaisirs, et qu'ils doivent être aussi grands
« que possible pourvu qu'ils ne dépassent point le pou-
« voir que nous avons de nous les procurer. Je dis
« aussi grands que possible, puisque si l'homme ne
« développait jamais en lui-même d'autres besoins que
« ceux des choses qu'il possède, l'industrie resterait
« sans initiative et sans ressort (1). »

Ainsi continueront de parler les économistes utilitaires. Et remarquons-le : ces paroles : nos besoins doivent
se mesurer sur le pouvoir, etc..., renferment, nous le verrons, les plus graves conséquences.

Mais les catholiques de leur côté continueront à combattre la doctrine du plaisir et de la volupté. C'est là le
caractère essentiel du chrétien pénitent ! Il veut suivre
son cher dans l'expiation (2).

934. — Oui, les catholiques continueront à expier.
Car, personne ne le niera, tels ont été les chrétiens
jusqu'au commencement des temps modernes. Et mes
adversaires eux-mêmes ne reprochent-ils pas au moyen-
âge cet esprit d'austérité, qui poussait non seulement
les moines et les ermites, mais les princes et les rois,

____

(1) Sclaloia. Princip. d'économie sociale, c. I.
(2) Qui Christi sunt carnem suam crucifixerunt. Ad. Gal., v, 24.

mais les princesses elles-mêmes à la pauvreté dans les habits, aux jeûnes, aux pèlerinages? Bien plus, l'Eglise, toujours enjésuitée, dit-on, ne consent point encore à moderniser cet esprit. Toujours la richesse est chose prestigieuse aux yeux d'un catholique. Et c'est pourquoi il lui est plus facile de n'en user que comme d'un moyen, selon les principes de la vraie philosophie.

935. — Les Utilitaires craignent que ce mépris des richesses tourne à mal pour l'industrie, comme le prétendait Scialoia : « Plus de progrès, disait-il ; car, sans le désir de la richesse, l'industrie n'aura plus de stimulant.»

Si ces plaintes portaient seulement sur la perte de quelque essence odoriférante, de quelque secret de gastronomie, ou sur la diminution du luxe dans les bals et dans les festins, je ne tiendrais pas à les contredire... Mais si par là on veut dire que le catholique croupira dans la paresse, comme un Iogui, n'osant remuer ni la main, ni les yeux, je demanderai si on a oublié que le chrétien travaille non seulement pour obéir à la loi naturelle, mais aussi pour payer sa dette d'expiation... D'où il suit que le riche et le patricien aussi bien que le pauvre et l'artisan se croient obligés au travail... De sorte que si le peuple devenant de plus en plus catholique était moins poussé par le désir des plaisirs et s'imposait un peu moins de fatigue pour se les procurer, la société ne perdrait cependant rien de ses richesses : les riches assumeraient gratuitement le service des pauvres, service trop souvent délaissé ou chèrement payé à des mercenaires (1).

(1) La société de St Paul, supprimée à Turin par les libéraux, était

936. — De là un autre avantage inestimable à notre époque... Ce serait de ramener un peu plus d'égalité entre les diverses conditions sociales et de diminuer cette différence si tranchée entre les hommes de peine d'un côté et les gens oisifs de l'autre. Car ceux-ci sont une pierre de scandale pour les ouvriers communistes, qui ne peuvent comprendre que la Providence ait voulu une si grande séparation entre les membres de l'humanité, les uns jouissant de tout dans l'oisiveté et les autres étant courbés sous le travail et dans la pénurie. Cette séparation funeste cesse entre les catholiques dès que, dans leur croyance, le travail n'est plus seulement une nécessité naturelle pour le pauvre, mais un devoir et un moyen d'expiation pour tous. C'est le résultat de la sentence divine portée contre notre premier père ! « Tu mangeras ton pain à la sueur de ton front. »

937. — Mais ce ne sont pas là tous les bienfaits de cette terrible et miséricordieuse sentence. Le catholique, en se l'appliquant à lui-même, la considère comme un châtiment de sa faute ; mais s'il l'applique au prochain il y trouve une loi commerciale de la plus haute importance. Dans le 1er sens, l'oracle divin est un précepte négatif, et dans le second il est un précepte positif. Et ces deux préceptes peuvent s'exprimer sous forme pro-

une preuve vivante de notre assertion. Des chrétiens, pris parmi les plus distingués de la capitale, se dévouaient gratuitement à une administration très fatigante et très compliquée. Ils y remplissaient, pour le bien des pauvres, les offices d'agents, de secrétaire, d'avocats... non pour gagner un salaire ; ils n'en avaient pas besoin, mais pour accomplir un devoir d'humanité et de charité. L'œuvre est désormais entre les mains d'hommes plus libéraux : ils tireront de leur travail un bon salaire jadis accordé aux pauvres à titre de secours : — Et cela s'appellera une administration de bienfaisance ?

verbiale par ces quatre mots : « Si le pain est de la sueur la sueur est du pain », ou moins laconiquement : « Qui ne sue pas ne doit pas manger, mais qui sue doit manger. »

Accoutumés à ne voir dans cette parole qu'une sentence pénale, beaucoup ne réfléchissent pas à son importance lorsqu'on la prend pour une loi commerciale. Cependant pour peu qu'on y réfléchisse et qu'on ne veuille pas dire avec des économistes sans cœur que certains individus viennent au monde pour mourir de faim, on comprendra que tous ceux qui sont sur la terre doivent vivre ou de leur travail ou aux dépens d'autrui.. On reconnaît par exemple que les invalides doivent être soutenus de cette dernière manière... Quant à celui qui est robuste, et qui n'a d'autre fortune que ses bras, il est clair qu'il doit vivre du travail de ses bras. Et de là une loi fondamentale qui servira à déterminer les valeurs dans les transactions sociales.

938. — Les économistes nous disent que les valeurs, les prix, sont déterminés dans le commerce par l'offre et la demande. Or ce principe (d'où il suit qu'un capitaliste peut prêter à usure, lorsque les fonds sont très recherchés!), ce principe, disons-nous, appliqué dans les transactions avec les pauvres, doit réduire le prolétaire à une tyrannique oppression. Car son salaire diminuera en raison directe de sa misère, puisque plus grande est la misère de l'artisan, et plus il est contraint de diminuer le taux de son salaire. Est-ce là une juste base pour déterminer la valeur du travail? Un catholique s'appuiera sur d'autres principes.

On le voit donc déjà; l'offre et la demande ne peuvent pas déterminer absolument la hausse ou la baisse des salaires; et le plus bas de ceux-ci devra toujours être au moins suffisant pour que l'ouvrier vive convenablement de son travail? Je dis convenablement : car un vrai catholique ne mesurera jamais le pain du travailleur avec cette lésinerie des Utilitaires anglais; lesquels, on s'en souvient, ont calculé au Parlement, non pas quel est le salaire nécessaire pour vivre, mais bien quel est le salaire suffisant pour ne pas mourir.

939.— Lorsque les droits de l'ouvrier ont pour règle les principes de la charité catholique, celui qui loue les bras de l'artisan lui donne le salaire qu'il réclamerait raisonnablement pour lui-même, c'est-à-dire un salaire tel qu'il puisse faire subsister un de ses frères, et cela entendu au vrai sens chrétien. Ce n'est donc pas parce que, pressé par la misère, ce frère demandera un prix inférieur pour son travail que celui qui l'emploie consentira jamais à bénéficier de ses sueurs. Je le sais, dans les transactions ordinaires, ces vues économiques n'ont pas toujours leur application : car très peu sont capables de calculer au juste les besoins de l'ouvrier et le prix de ses sueurs, surtout s'il est porté lui-même à l'exagérer. Mais ce n'est pas le moment de descendre à la pratique. Maintenant nous établissons des principes universels. Et pour un catholique la loi de la Genèse, c'est que « la sueur doit produire le pain. In sudore vultus tui vesceris pane! »

Et cela, qu'on veuille bien le remarquer, non seulement pour l'homme même qui travaille, mais pour les membres de la famille, pour la femme et pour l'enfant qui est la continuation de la famille. Sur ce point, Scia loia est d'accord avec nous. « Les économistes, dit-il, « appellent taux naturel du salaire la somme suffisante « pour que l'ouvrier subsiste lui-même et se perpétue « dans les siens. Parce que, ajoute-t-il, la destination « primordiale du revenu de son travail, comme de tous « les autres revenus, c'est de conserver le fonds même « qui produit le travail. »

Cette vérité est évidente selon les principes de la charité catholique et même de la véritable économie ; mais combien d'autres écrivains n'en tiennent pas compte ! Combien qui, comme Malthus, condamnent l'ouvrier ou au célibat forcé ou à la mort ! Ou bien, avec Sismondi, en recommandent la famille à l'avare exploitation des chefs d'entreprise ? Cependant il est clair que si la mère de famille et quelquefois les enfants ne s'adonnent pas de leur côté aux soins du ménage, l'ouvrier ne pourra pas travailler tranquillement au service de ceux qui l'ont engagé. Ces vérités sont évidentes. La charité catholique les tient pour des axiomes ; et elle en fait l'application avec autant de facilité qu'un administrateur ou un juge décident dans une question d'intérêt, quand ils n'y sont pas impliqués personnellement. C'est que, pour la conscience catholique, rien de plus clair que cet adage : « le riche est plutôt le dépositaire que le propriétaire de ses richesses. »

Voilà donc les principes d'économie que le chrétien déduit du dogme de la faute et de la condamnation originelles. Ils viennent au secours de ce principe philosophique : « Les richesses sont pour l'homme un moyen de subsister et non une source de plaisir; le plaisir qu'on leur a demandé a été funeste à toute l'humanité; m'en priver est donc le moyen d'éviter de nouveaux périls et de réparer les fautes passées. Mais cela ne me dispense pas de la loi du travail. Et si, grâce à mes fatigues, j'augmente mes capitaux, ils pourront servir au bien de mes frères, et avant tout au bien de ceux qui me donnent leur secours moyennant un salaire.

Vous voyez comment le catholicisme établit entre le riche et le pauvre non seulement des relations d'affaires mais des liens d'affection et de soutien mutuel.

940. — A ces sentiments joignez l'exemple d'un Dieu Rédempteur qui s'est fait pauvre pour l'homme. Quelle force le mépris des richesses n'aura-t-il pas alors dans le cœur du chrétien'; combien n'en sera-t-il pas plus libre pour user toujours des biens matériels conformément aux principes de l'ordre. D'un autre côté, avec quelle confiance le pauvre n'exposera-t-il pas au riche ses désirs et ses propres besoins, quand il verra que toute sa conduite est inspirée par la doctrine catholique? Aujourd'hui nombre de philanthropes et de doctrinaires, effrayés par les bouleversements et les pillages, exaltent hautement l'Evangile, afin de ramener à l'ordre les communistes. Avec une éloquence douce comme le miel, ils vantent et même exagèrent la noblesse conférée au travail par le pauvre et divin artisan de Nazareth. Mais tant que ces prédicateurs ne se feront pas eux-mêmes artisans, pour acquérir cette gloire qu'ils admirent, tandis qu'ils ne joindront pas à leur doctrine la

pratique de la mortification et de la charité chrétienne ;
tant qu'ils exalteront le frugal repas de l'ouvrier au
milieu des fumées du vin et des mets succulents, la
simplicité d'une pauvre échoppe en foulant aux pieds
des tapis de Flandre et en s'étalant sur des divans de
velours, je crains fort que leur éloquence ne porte point
coup, et que l'artisan leur réponde : « Noblesse du tra-
« vailleur ; oui ; c'est bel et bon. Mais pour notre esto-
« mac et celui de nos enfants, c'est du pain qu'il nous
« faut, et non pas des paroles. »

Au contraire, que l'ouvrier voie le riche obéir comme
lui à la loi du travail, qu'il le voie partager spontanément ses richesses avec le pauvre, comme font tant de
seigneurs et de dames vraiment catholiques, parcimo-
nieux quand il s'agit de luxe, mais prodigues pour l'aumône. Oui, que les riches donnent ce spectacle aux
classes laborieuses, et vous verrez avec quelle facilité
elles accepteront et pratiqueront les enseignements
évangéliques si efficaces pour remettre l'ordre économique dans le monde chrétien.

941. — L'influence dominante des principes catholiques procurera à l'économie politique d'autres secours :
ceux qui fortifient la volonté. Parlons d'abord do celui
qui appartient exclusivement au catholicisme, la charité. Si celle-ci ne venait adoucir la sentence qui nous
condamne tous au travail, l'on demanderait en vain aux
maximes évangéliques de guérir la société. Mais que
l'étincelle de l'amour divin vienne à embraser les âmes,
alors l'exemple du Rédempteur acquiert une force
comme infinie. A la lumière de l'Évangile, le riche con-

sidère le dernier des hommes comme son frère; il voit en ce pauvre un intendant de Jésus-Christ qui, en son nom, vient lui demander de son superflu; alors la charité prend de telles proportions que, s'oubliant lui-même, le chrétien devient souvent héroïque jusqu'à une sorte d'imprudence et de folie. Alors un saint Paulin de Nole donne tout son avoir aux pauvres et se vend lui-même comme esclave pour délivrer le fils d'une veuve infortunée. Alors, un saint Thomas de Villeneuve, après avoir dépensé au profit des malheureux tout l'or de la mense épiscopale, ne se garde pas même un grabat pour y reposer à sa dernière heure. Le pauvre auquel il l'a donné devra le lui prêter pour y mourir. Exemples admirables, et dont l'héroïsme, je le sais, n'est pas toujours égalé. Mais combien d'autres cependant, et par milliers, qu'on peut leur comparer. Combien sont donnés au monde par des chrétiens encore vivants, et qui se sont faits, au profit des indigents, les administrateurs de biens dont ils auraient pu jouir seuls très légitimement. Or, quelle est la source d'une telle générosité, sinon l'amour de Dieu, et par suite l'amour des plus nécessiteux parmi les hommes.

942. — Au point de vue de l'économie, ce sentiment de la charité donne naissance à une autre force très digne d'être étudiée par les philosophes. Je l'appellerai la spontanéité de l'ordre. Notons encore une fois que cette spontanéité est le cachet propre des œuvres divines, tandis que les œuvres de l'homme ont au contraire un caractère tout opposé. Pourquoi cela ? Par cette raison très simple que Dieu crée les choses en les adaptant

à leur fin, tandis que l'homme se sert, pour ses buts particuliers, de créatures dont les qualités ne s'harmonisent pas avec ses vues. D'où, pour lui, la nécessité de neutraliser certaines forces par des forces opposées. — Par exemple : Dieu crée la société domestique. Et pour y garantir les membres les plus faibles, il met au cœur du chef la tendresse paternelle. Quand l'homme, au contraire, veut fonder une société, il ne sait garantir et défendre la faiblesse des sujets qu'en lui opposant les droits du supérieur.

C'est précisément ce que nous voyons dans les relations commerciales. L'homme veut-il en assurer la sécurité, sans tenir compte de la conscience et de la dépendance, il a recours à un pouvoir excessif pour combiner entre eux des intérêts et des droits qui se combattent. D'un côté, il dit au riche de faire tout ce qu'il pourra pour s'enrichir toujours davantage en exploitant le pauvre ; et, de l'autre côté, il prêche aux pauvres l'association et souvent la grève pour tenir le riche en respect (1). Enfin a-t-il réussi à créer cet antagonisme ? Il croit avoir donné la vie à la société et il se fait le panégyriste de la concurrence.

943. — L'Évangile use de moyens bien différents pour unir les membres d'une société. Il impose au riche le devoir de la générosité par l'aumône ; au pauvre, celui de la patience dans les privations... De cette façon,

______

(1) La France, en particulier, connaît depuis plus de trente ans l'histoire des grèves. Elles sont devenues une sorte de révolution en permanence et creusent chaque jour plus profond le fossé qui sépare les capitalistes des travailleurs.

il fait du riche l'économe du pauvre, et du pauvre un frère reconnaissant pour le riche. Quoi d'étonnant alors, si les classes populaires prennent pour défenseurs de leurs intérêts ces riches en qui les incrédules leur font voir des hommes à mépriser et à combattre.

944. — Pour produire comme naturellement cette confiance mutuelle, le catholicisme met en œuvre non seulement la charité, mais encore l'ensemble de sa doctrine et de ses institutions. Aussi opère-t-il des merveilles auxquelles la philosophie même la plus raisonnable ne saurait aspirer. En effet, pour que le pauvre ait confiance dans le riche, il faut que le premier trouve écrites dans sa propre conscience les lois qui obligent le second à le secourir. Or, ces lois, pourra-t-il jamais les connaître, si une autorité commune ne les promulgue également et pour le riche et pour le pauvre ? La foi et la soumission à l'autorité ecclésiastique est donc la base essentielle de cette confiance réciproque.

945. — Toutefois cela ne suffit pas... Personne ne conçoit l'espoir de l'impossible. Or faire descendre le grand et le puissant jusque dans le taudis du pauvre est chose qui répugne trop à notre nature corrompue pour que nous la regardions comme une œuvre ordinaire... C'est alors que chez les catholiques la grâce vient fortifier la nature... Et c'est, en réalité, parmi eux, un usage si commun de voir les grands s'abaisser, non seulement quand ils entrent dans un cloître, mais encore lorsqu'ils restent au milieu de leurs richesses, que ce fait n'excite pas même l'ombre d'un étonne-

ment (1). Et maintenant faites cette réflexion : Le pauvre connaît les prodiges opérés par la grâce dans le cœur du riche. Comment en espérerait-il autant de celui qui ne se sert de la fortune que pour se plonger dans les délices ?

946. — Sans doute, plus d'un économiste nous tournera en dérision, en voyant que nous comptons sur la générosité spontanée des riches pour procurer aux prolétaires une certaine aisance. Mais qu'ils se moquent tant qu'il leur plaira.. Je n'en serai point ému, sachant très bien que les merveilles des œuvres catholiques ne se comprennent et ne s'expliquent point sans la foi et sans la charité. Le sarcasme ne peut entamer un seul mot de l'Evangile, ni retrancher des annales de l'histoire les faits innombrables qu'elle enregistre à la gloire de la charité chrétienne. — Le sarcasme peut-il anéantir tant d'hôpitaux érigés depuis les premières persécutions jusqu'à nos jours afin d'y recevoir les malades de toutes sortes ? Peut-il faire oublier les largesses de tant de princes qui se sont appauvris pour soulager le prochain ? Les rieurs confisqueront-ils tous les biens légués à l'Eglise à la condition que le tiers au moins en soit distribué aux pauvres ?

Oui ; que les économistes tournent en ridicule celui

(1) Personne, à Rome, qui n'ait souvenir de la princesse Borghèse, cette mère des pauvres délaissés et qui, à ses funérailles, n'eut point de plus magnifique éloge que leurs larmes et leurs sanglots !... La ville éternelle a vu aussi, dans la terrible inondation de 1846, le prince Borghèse lui-même sillonner le Tibre dans une petite barque et porter de maison en maison leur pain de chaque jour aux malheureux. Or qui parle de ces faits ? Parmi nous catholiques ils sont chose ordinaire. — Quant aux libéraux, ils auraient soulagé ces misères en donnant un bal au profit des inondés !...

qui espère dans la charité catholique ; mais qu'ils prennent garde de se contredire eux-mêmes... Maintes fois ils ont déclamé avec blasphème contre les largesses des riches orgueilleux au profit des monastères et contre la générosité de ces monastères trop faciles à abriter des paresseux et des vagabonds... Or, savent-ils, ces rieurs, quels sont ces vagabonds dont l'oisiveté enflamme si fort leur zèle, eux qui sont d'ailleurs toujours prêts à se taire devant les riches impitoyables, quand ils ne sont pas les complices de leurs voluptés raffinées ? Ces vagabonds ne sont autres que ces prolétaires féroces qui, partout où le riche ne pense qu'à jouir, s'en vont par milliers, la rage au cœur et la flamme incendiaire à la main, crier à tous qu'ils ont droit au travail, que la propriété est un vol, que la terre est pour tous et doit appartenir à tous ! Ces spectacles de terreur si fréquents en pays hétérodoxes, le catholique ne les connaît pas. Et savez-vous pourquoi ? — Parce que chez les catholiques le riche se regarde plutôt comme un dépositaire que comme un propriétaire de ses biens ; et parce que, tous les jours, il entend non les hurlements d'une populace furieuse qui le pousseraient à fermer et sa caisse et sa maison, mais la douce voix de sa conscience qui l'engage à ouvrir tout grands ses trésors aux malheureux et lui promet, pour ses bienfaits, un revenu de cent pour un.

947. — Tout dans le catholicisme concourt donc à rétablir l'ordre et l'harmonie dans les relations du pauvre et du riche ; tout : les idées, les préceptes, les sentiments, les exemples. L'idée de richesse, sans perdre

ses attraits pour les sens, met la raison en garde et en crainte ; le travail, loin d'avilir le pauvre, est un devoir même pour le riche ; ce devoir accompli donne au riche le droit à la vie ; il le donne également au pauvre ; celui-ci se confie dans le riche parce qu'il sait que le devoir et la piété ont tout empire sur sa conscience ; et le riche fortifié par la grâce traite le pauvre en véritable frère ; tous deux enfin puisent le secours le plus fort et le plus doux dans l'exemple de ce Dieu qui se fatigue et souffre dans le pauvre, mais aussi amasse et distribue la richesse par la main de celui qui la possède. Cet ensemble de forces surnaturelles, où le trouverez-vous en dehors du catholicisme ?

948. — Aussi dans les sociétés non-catholiques aucun moyen de combattre et surtout d'exterminer le terrible ennemi de la propriété, le communisme ; à moins qu'on ne recoure à la servitude et à l'abrutissement du prolétaire. Lisez ce qu'ont écrit pour défendre la propriété Thiers, Bastiat, Guizot ou tout autre économiste incrédule. Ce que vous pourrez retirer de leurs élucubrations se réduira à une sèche reconnaissance du droit selon la raison. Mais cette raison parle aussi en faveur du pauvre. Et le pauvre qui écoute le pour et le contre sera-t-il impartial, quand il s'agira de se déterminer ? Ne comprendra-t-il pas que son droit propre peut être foulé aux pieds parce que lui est faible, qu'il devra être foulé aux pieds parce qu'ainsi le veut l'intérêt du riche ? Ne voit-il pas qu'en réalité il en est ainsi, puisque lui meurt de faim à la porte du riche, à l'odeur des splendides festins, au bruit d'une musique

enivrante et à la vue d'un luxe qui semble l'insulter par ses excès ?

Faites au contraire que le pauvre voie tous les riches bien persuadés qu'ils sont en conscience obligés de lui porter secours, qu'ils sont pour cela aidés par une grâce toute puissante ; et qu'en réalité cette grâce est efficace et se montre par des effets, alors il pourra se persuader que tous les droits méritent un égal respect, que l'Evangile a pensé à lui et que l'enfer n'a pas été creusé pour lui seul.

949. — Donc point d'opposition efficace au flot montant du communisme, si en prêchant aux pauvres on ne prêche en même temps aux riches, et si l'on ne convertit le riche aussi bien que le pauvre. Je voudrais même que les riches d'abord fussent bien convaincus de cette vérité et en fissent leur profit, en pensant que pour eux le péril est imminent. La vraie révolution, c'est-à-dire celle qui s'est faite dans les idées, a commencé par les riches. En effet, le coryphée de l'impiété, Voltaire, ne les a-t-il pas enivrés avant tous les autres de ses flatteries sacrilèges? « Il n'y a plus, dit-il, que les gredins qui croient au consubstantiel. » Et alors les gens comme il faut se sont moqués du consubstantiel : ils ont tourné en dérision ses préceptes, ses conseils, ses exemples.. ; ils se sont donné du bon temps... Et ils ont créé cette nécessité d'un luxe immodéré qui appauvrit le riche et affame le pauvre.. puisque les riches n'ont plus, disent-ils, de quoi apaiser la faim des malheureux. Mais le consubstantiel (ou plutôt, pour ne pas répéter les paroles de l'impiété), le Verbe éter-

nel prend aujourdui sa revanche. Il envoie les grodins porter cette réponse aux gens comme il faut. C'est que les malheureux comprennent que l'inégalité est désormais trop grande entre eux et les riches pour que la nature et la raison n'en soient pas profondément blessées. Lorsque la différence se réduisait à un ameublement de plus dans une chambre, à une chambre de plus dans une maison, à un plat de plus à la table du riche, le pauvre pouvait dire, en s'asseyant avec sa famille à une table frugale, mais suffisante : « En somme, nous sommes égaux au riche... Il se fatigue dans les travaux de sa condition ; et pour un corps plus faible, il a besoin d'une nourriture plus délicate. Notre nourriture est grossière et en rapport avec notre travail ; mais nous jouissons peut-être de plus de santé... »

Mais quand le contraste en est venu à ce point que vous voyez d'un côté un épicurien s'amollir dans l'oisiveté, et nager dans les plaisirs, et de l'autre un ouvrier accablé et mourant sous le poids de la fatigue au sein d'une famille affamée, alors, que reste-t-il de l'égalité naturelle entre les hommes ? Et comment persuaderez-vous au pauvre de la respecter, quand le riche en fait litière ?

Ces observations montrent qu'il n'y a point aujourd'hui de salut pour la société, sans le concours des riches. Et ce concours ne peut être sincère, efficace, durable, en dehors de l'Eglise catholique... Elles montrent aussi que si les riches ne réprouvent pas leur luxe et leur mollesse pour en revenir à la pratique sérieuse du catholicisme, en voyant dans leur superflu des biens destinés aux pauvres par la Providence, ceux-ci deviendront les exécuteurs de la justice divine contre leur prodigalité, comme les sujets l'ont été trop souvent contre la tyrannie des princes et des rois. Sans doute, pauvres et sujets sont coupables en s'arrogeant le droit d'exécuter les vengeances divines. Ils accomplissent pourtant une de ces lois providentielles par lesquelles la sagesse infinie maintient en équilibre l'ordre matériel, malgré ces orgueilleux qui bouleverseraient le monde s'ils pouvaient violer impunément l'ordre moral.

950. — De ces raisonnements découlent deux conséquences. La première, c'est qu'une science économique même raisonnable ne sera jamais que spéculative, en dehors du christianisme. Dans le christianisme seul, elle deviendra pratique; parce que seul il la rend possible.

En fait, trouve-t-on en dehors du catholicisme une science de l'ordre? Je ne crois pas qu'il y en ait une parfaitement concordante dans toutes ses parties, et surtout complète. Que parmi les incroyants il se trouve des esprits honnêtes qui ont horreur de l'oppression politique, de l'abaissement excessif des salaires, de la mauvaise éducation du peuple, des impôts toujours plus lourds placés sur les choses les plus nécessaires, etc..., le nier serait, à mon avis, une injustice. Beaucoup de ces hommes ont travaillé à soulager le peuple avec des efforts d'autant plus remarquables que leur dévouement se bornait à des principes et à des moyens purement naturels et par là même moins efficaces. En attendant, qu'ont-ils produit jusqu'à ce jour, et quelle proportion y a-t-il entre leurs écrits ou discours et les effets obtenus? Sans affirmer que tant d'honnêtes et nobles désirs ont été absolument stériles, je dirai, sans crainte d'être injuste, que la réalité des œuvres est restée bien inférieure à la grandeur des moyens ; je dirai que, dans les hauteurs presque royales du monde industriel, la cupidité l'emporte de beaucoup sur l'esprit de bienfaisance ; que les flots du Pactole s'amassent presque en marais sur les sommets de la montagne, mais s'écoulent très peu dans les bas-fonds des vallées ; je dirai qu'il est bien plus facile de trouver chez les incroyants de bonnes paroles que de réels sacrifices, et enfin qu'à des centaines de bonnes Sœurs catholiques, de petits Frères ignorantins et de vrais libérateurs des esclaves, la philanthropie opposerait à peine quelques faibles rivaux. Et pourquoi? Parce que, s'il est vrai que les richesses aux yeux de la raison sont simplement utiles et par conséquent un bien secondaire, il est vrai aussi qu'elles conservent une grande puissance d'attraction sur la volonté, lorsque leur charme n'est point contre-balancé en nous par les vues de la foi, par les joies pures de la charité.

951.—Il est impossible que la science économique soit une science pratique en dehors du catholicisme. C'est la première conséquence des principes établis plus haut. Voici la seconde. Elle découle naturellement de la première.

Voulez-vous réorganiser une société au point de vue économique? Renouvelez dans son sein l'esprit du catholicisme. Alors vous pourrez déduire hardiment de l'ordre moral toutes les conséquences qu'il contient en germe; et vous serez sûrs de trouver dans les catholiques des esprits toujours prêts à se soumettre aux vérités les plus difficiles à croire, des cœurs assez généreux pour accomplir d'héroïques sacrifices. Vous imposerez au riche le devoir du travail, de la frugalité, de la libéralité; vous prêcherez au pauvre la patience, et celle-ci lui assurera le soutien de sa vie, non pas en l'armant contre la propriété et le capital, mais en l'attachant au riche comme à un bienfaiteur, par les sentiments de l'humilité et de la reconnaissance.

952. — Mais pour atteindre ce but, il faut embrasser dans leur intégrité et les dogmes et l'esprit du catholicisme. Il faut ressusciter le mépris des richesses et remettre la pauvreté en honneur dans le peuple. Car tant que la société, sous prétexte d'abus à réformer, continuera sa guerre protestante contre l'humilité chrétienne, contre l'aumône, contre les moines, personnification vivante de la pauvreté, tant que le mépris des commodités et de la fortune, qui a fait la gloire de quelques payens, les Diogène, les Phocion, les Cincinnatus... ne sera accueilli chez nous que par des sarcasmes et des dérisions, l'argent continuera d'être l'idole de la société; la soif insatiable de la fortune ne connaîtra dans ses désirs et ses efforts d'autres limites que celles du possible... Et dans les limites du possible, il faut renfermer tout ce que procure le crime, tout ce que cache le mystère, tout ce que la violence peut ravir avec sécurité.

953. — Transition. Ces prémisses étaient néces-

saires, mais elles suffisent pour que l'on comprenne les désastres financiers des gouvernements modernes non catholiques, en particulier quand la représentation nationale fait partie de leur constitution. Le chapitre suivant entrera dans le champ des applications.

TABLE ALPHABÉTIQUE DES IDÉES

PRINCIPALES TRAITÉES DANS LE TROISIÈME VOLUME

E

F

H

I

L

M

O

P

R

TABLE GÉNÉRALE DES MATIÈRES

TOME III

CHAPITRE PREMIER

Introduction et division.

CHAPITRE II

La nation modernisée.

§ I

Eclaircissements sur la proposition.

§ II

Abolition de l'organisme naturel.

Le principe utilitaire. — Dissolution qu'il produit. — Manie de la politique. — Propagation de ce dissolvant. — Confir-

CHAPITRE IV

Pouvoir exécutif.

§ I

Préliminaires.

§ II

Ministère responsable : Puissance des gouvernants.

§ III

Confirmation par les faits.

§ IV

Docilité des sujets.

§ V

L'Etat et la Patrie.

§ VI

L'Etat.

CHAPITRE V

L'Administration dans ses théories.

§ I

Préliminaires.

§ II

La richesse d'après le principe utilitaire.

§ III

La richesse selon le principe philosophique.